珞珈经管论丛

课题研究受到湖北省技术创新专项软科学项目（2018ADC026）资助

环境视角下技术转移对高技术产业效率的影响

彭峰 周银珍 周淑贞 著

WUHAN UNIVERSITY PRESS
武汉大学出版社

图书在版编目(CIP)数据

环境视角下技术转移对高技术产业效率的影响/彭峰,周银珍,周淑贞著.—武汉:武汉大学出版社,2018.4
珞珈经管论丛
ISBN 978-7-307-19988-0

Ⅰ.环… Ⅱ.①彭… ②周… ③周… Ⅲ.技术转移—影响—高技术产业—产业发展—研究 Ⅳ.F264.2

中国版本图书馆 CIP 数据核字(2018)第 020216 号

责任编辑:陈　豪　　责任校对:李孟潇　　版式设计:韩闻锦

出版发行:武汉大学出版社　(430072　武昌　珞珈山)
（电子邮件:cbs22@whu.edu.cn　网址:www.wdp.com.cn）
印刷:虎彩印艺股份有限公司
开本:720×1000　1/16　印张:14.75　字数:212 千字　插页:1
版次:2018 年 4 月第 1 版　　2018 年 4 月第 1 次印刷
ISBN 978-7-307-19988-0　　定价:48.00 元

版权所有,不得翻印;凡购我社的图书,如有质量问题,请与当地图书销售部门联系调换。

序

随着对自主创新能力的日益重视，高技术产业更加注重在技术转移中加强本土企业与外资企业的技术合作，提升本土企业技术效率的努力还体现在促进本土企业之间、企业与大学和科研院所之间的技术转移与产学研合作创新。金融危机后，出口导向的高技术产业受到冲击，竞争的加剧和要素成本的上升导致高技术企业纷纷将加工制造环节从沿海地区向内地或者其他国家转移。与此同时，东部地区日益严格的环境规制促使一些高技术企业将高污染的加工制造环节向中西部地区转移，引发了人们对这些地区将成为"污染避难所"的担忧。因此，基于环境视角考察技术转移与高技术产业效率变化的关系，将为各地区因地制宜地制定技术转移政策、建设技术创新体系提供借鉴。

现有研究大多孤立分析技术转移与高技术产业效率之间的关系，也很少考虑吸收能力异质性、行业差异以及环境因素。鉴于此，本书的研究内容主要包括以下四个方面：（1）建立系统分析框架考察技术转移对高技术产业效率的影响。运用随机前沿生产函数模型分析国外技术引进、本土技术转移和外商直接投资在提升高技术产业技术效率中的作用，并在统一框架下进一步探讨这三种技术转移方式与自主研发的相互作用及其对产业效率的影响。（2）考察技术转移对高技术产业技术效率、技术进步和生产率的影响差异。采用 DEA 方法测度中国省际高技术产业 Malmquist 生产率变化指数、效率变化指数和技术进步指数，运用一阶差分法分析各种技术转移方式在提升产业效率中的作用，并探讨了吸收能力异质性对溢出效应的影响。（3）比较考虑环境因素和忽视环境因素两种情况下技术转移对产业效率的影响差异。运用方向性距离函数测度产业环境技术效率变化指数，并构建系统框架分析开放经济条件下环境技术效率变化的影响因素。在此基础上，运用考虑非合意产出的SBM模型测度中国省际高技术产业的环境技术效率，并利用系统GMM方法实证检验技术转移对环境技术效率的影响。（4）运用规范的案例研究方法从企业层面分析技术转移对产业效率的作用机制，基于情境理论对高技术企业如何实现有效的技术转移进行了深入探讨。

  本书以笔者博士学位论文《高技术产业中技术转移与效率变化：中国工业企业的证据》为基础进行了拓展，部分内容以学术论文的形式发表在《经济评论》《科学学与科学技术管理》等CSSCI期刊上，笔者谨向这些学术期刊致以谢意！衷心感谢武汉大学李燕萍教授、南昌大学邓群钊教授长期以来的关心和指导！本书在完成过程中，得到邓曦东教授、田野教授、段跃芳教授、李竞妍老师、李勤老师等多位领导和同事的支持帮助，在此一并致谢！最后，要特别感谢武汉大学出版社詹蜜、陈豪编辑及其同仁的辛勤工作！

  本书的出版得到了湖北省技术创新专项软科学项目（2018ADC026）资助，谨此致谢！

笔 者

2017年9月

目　录

1　引言 ·· 1
  1.1　研究背景和问题的提出 ··································· 1
    1.1.1　研究背景 ··· 1
    1.1.2　研究问题的提出 ···································· 3
  1.2　研究思路、内容与方法 ··································· 5
    1.2.1　研究思路 ··· 5
    1.2.2　研究内容 ··· 6
    1.2.3　研究方法 ··· 7
  1.3　研究创新点 ··· 9

2　理论基础和文献综述 ··· 11
  2.1　理论基础 ··· 11
    2.1.1　技术生命周期理论 ································ 11
    2.1.2　技术追赶理论 ······································· 14
    2.1.3　技术能力理论 ······································· 15
    2.1.4　技术创新理论 ······································· 18
  2.2　文献综述 ··· 21
    2.2.1　技术转移与技术溢出 ···························· 21
    2.2.2　技术转移与高技术产业效率 ················ 28
    2.2.3　高技术产业集聚与产业效率变化 ········ 29
    2.2.4　高技术产业创新效率 ···························· 34
  2.3　现有研究评述 ··· 43

3 高技术产业中技术转移与技术效率现状分析……………… 45
3.1 高技术产业发展历程和产业政策变迁……………… 45
3.2 技术转移现状……………… 56
3.3 技术转移存在的问题……………… 59
3.4 高技术产业效率测度与影响因素分析……………… 61
3.4.1 模型设定……………… 61
3.4.2 变量和数据……………… 65
3.4.3 估计结果与分析……………… 66
3.4.4 结论……………… 73
3.5 本章小结……………… 74

4 技术转移对高技术产业效率影响的实证研究……………… 75
4.1 国际贸易与高技术产业效率……………… 75
4.1.1 模型设定与变量测算……………… 76
4.1.2 实证结果分析……………… 80
4.1.3 结论……………… 83
4.2 技术转移、吸收能力与高技术产业效率差异……………… 84
4.2.1 模型设定……………… 84
4.2.2 变量与数据……………… 87
4.2.3 估计结果与分析……………… 88
4.2.4 结论……………… 97
4.3 技术转移、行业异质性与产业效率……………… 98
4.3.1 高技术行业的异质性分析……………… 98
4.3.2 高技术产业与工业行业的差异性分析……………… 114
4.4 技术转移对高技术产业创新效率的影响……………… 120
4.4.1 方法与模型……………… 123
4.4.2 结果与讨论……………… 126
4.4.3 结论……………… 129
4.5 本章小结……………… 130

5 环境规制下技术转移对高技术产业效率的影响 ………… 132
5.1 环境规制与中国高技术产业效率变化 …………… 132
- 5.1.1 技术效率的测度 ………………………… 134
- 5.1.2 技术效率影响因素分析 ………………… 139
- 5.1.3 估计结果与分析 ………………………… 140
- 5.1.4 结论与建议 ……………………………… 147

5.2 技术转移与高技术产业环境技术效率 …………… 148
- 5.2.1 环境技术效率的测度 …………………… 150
- 5.2.2 计量模型 ………………………………… 154
- 5.2.3 实证结果与分析 ………………………… 155
- 5.2.4 结论 ……………………………………… 160

5.3 环境规制下技术转移与高技术产业创新效率 …… 161
- 5.3.1 方法与模型 ……………………………… 164
- 5.3.2 估计结果 ………………………………… 168
- 5.3.3 结论 ……………………………………… 171

5.4 本章小结 ……………………………………………… 171

6 高技术企业如何通过技术转移提高效率：以长飞公司为例 ………………………………………… 173
6.1 长飞公司从技术引进到自主创新 ………………… 173
- 6.1.1 技术引进 ………………………………… 174
- 6.1.2 消化吸收 ………………………………… 174
- 6.1.3 模仿性创新 ……………………………… 175
- 6.1.4 突破性创新 ……………………………… 177

6.2 案例剖析 ……………………………………………… 181
- 6.2.1 有效技术知识转移的情境因素 ………… 181
- 6.2.2 技术转移中的情境构建 ………………… 185
- 6.2.3 积极完善产学研合作的技术创新体系 … 187

6.3 讨论与启示 …………………………………………… 189

7 结论与展望 ………………………………………………… 190
  7.1 结论 ……………………………………………………… 190
  7.2 政策启示 ………………………………………………… 191
    7.2.1 在技术转移中实现产业效率提升 ………………… 191
    7.2.2 在技术转移中实现创新创业人才培养 …………… 196
  7.3 研究局限与展望 ………………………………………… 203

参考文献 …………………………………………………………… 204

1 引　　言

1.1 研究背景和问题的提出

1.1.1 研究背景

技术转移是高技术产业技术进步的重要途径。20世纪90年代，中国在从国外引进生产设备和购买技术专利的同时，通过落实《外商投资产业指导目录》和外商投资优惠政策吸引了大量具有技术优势的跨国企业在高技术领域持续投资，这些技术转移措施在一定程度上缓解了高技术产业发展初期面临的技术瓶颈和资金制约问题。近年来，随着技术能力的提升，高技术产业更加注重在技术转移中加强本土企业与外资企业技术合作，提升本土企业技术效率的努力还体现在促进本土企业之间、企业与大学和科研院所之间的技术转移与产学研合作创新。

技术转移是技术创新体系建设的重要环节。为了促进高技术产业发展和技术转移，决策层陆续制定出台了一系列政策法规。《国家中长期科学和技术发展规划纲要(2006—2020年)》(2006)中指出，"加强对引进技术的消化、吸收和再创新，加速高技术产业化和先进适用技术的推广"，《国家技术转移促进行动实施方案》(2007)提出，"构建新型技术转移体系，探索有利于技术转移和扩散的运行机制和有效途径"，在《技术市场"十二五"发展规划》(2013)中进一步指出，"加强技术市场制度化建设，营造有利于技术转移的良好环境"。这些政策措施使高技术产业在加强国际技术合作和利用国际技术转移的同时，也注重通过产学研合作建设技术创新体系，在很大程度上促进了高技术产业的技术进步，在高速铁路、无线宽带通信、高性能计算机、新能源汽车等领域已步入世界先进行列。然而，在取得显著技术进步的同时，高技术产业的技术效率却没有得到相应提升。相反，对技术效率的忽视造成了高技术产业近乎粗放式的发展，其并没有呈现出高附加值低污染的特点，环境事件反而频频见诸报端：苹果在华供应链企业大量排放含重金属、氰化物的废水以及锡烟、铅烟等多种污染物；深圳宝龙工业园比亚迪喷涂工艺排放的刺激性气体长期困扰着周围居民；江西星火有机硅厂的废气污染致千亩良田大幅减产……这些仅是高技术产业环境污染的冰山一角。在生态日益脆弱的东部地区，环境规制使大量高技术企业将高污染的加工制造环节向中西部地区转移，加剧了人们对这些地区将成为"污染避难所"的担忧。金融危机后，出口导向的高技术产业受到冲击，竞争的加剧和要素成本的上升促使高技术企业纷纷将加工制造环节从沿海地区向内地或者其他国家转移，高技术产业技术效率的问题进一步凸显。如何利用技术转移提升高技术产业效率，协调环境保护与产业发展的关系，引起了社会各界广泛的关注。

技术转移与技术效率关系的研究是产业技术创新的重要研究领域。早期的技术追赶理论和产业组织理论认为，发达国家对后发国家具有技术外溢效应，后发国家可以通过技术引进实现更快的技术进步，但随着后发国家技术水平的提高，技术引进所产生的学习溢出效应逐渐减弱（林毅夫、张鹏飞，2005）。技术引进也有可能替代本国的技术创新而挤出研发投入，一些拉美国家在引进外资和先进技术时忽视了提升自主创新能力，在取得短期的经济增长之后陷入了技术依赖的陷阱。此外，对出口导向的产业而言，企业为了满足国外技术标准和消费者需求，不断引进国外先进技术和设备，造成了对本土企业市场空间的挤压和替代，抑制了本土企业的技术创新（陈爱贞、刘志彪、吴福象，2008）。[①] 因而，建立系统分析框

---

① 彭峰，李燕萍. 技术转移方式、自主研发与高技术产业技术效率的关系研究[J]. 科学学与科学技术管理，2013，34(5)：44-52.

架考察技术转移对高技术产业效率的影响，不仅有助于深入理解技术转移对高技术产业技术效率变动的作用机理，还能部分解释有关技术扩散效应的理论研究和经验研究之间的分歧，从而丰富和拓展现有技术转移与高技术产业技术效率关系研究的理论成果。此外，中国高技术产业发展存在巨大的区域差异，本书不仅有助于加深对高技术产业技术效率的认识，还从技术转移角度探讨高技术产业技术效率变动差距的原因，为提升高技术产业技术效率和促进区域均衡发展提供可行和具体的政策建议。

1.1.2 研究问题的提出

现有关于技术转移与高技术产业效率关系的文献还没有形成系统性的研究。这些文献大多孤立分析技术转移与高技术产业效率之间的关系，也很少考虑吸收能力异质性、行业差异以及环境因素。

(1) 现有对高技术产业中技术转移与效率变化研究的文献忽视了技术转移与自主研发的相互作用及其对技术效率的影响。技术转移与自主研发是我国高技术产业效率提升的两个重要途径，这两个方面相互作用，相互影响。一些文献实证检验了技术转移对自主研发的影响。邢斐和张建华(2009)发现技术贸易对企业自主研发产生替代效应，但能通过技术溢出提升企业技术能力，FDI 的技术溢出效应对自主研发没有显著影响；王华等(2010)证实国际技术许可对高技术行业的技术创新不存在显著影响。这些研究表明技术转移对自主研发存在着挤出和替代效应，从而间接对企业效率产生影响。但现有文献大多孤立分析技术转移或者研发投入和高技术产业技术效率的关系(刘志迎、叶蓁、孟令杰，2007；王玉、许俊斌，2011；李燕萍、彭峰，2012；Zhang 等，2012)。

(2) 现有对技术转移与效率变化研究的文献缺乏吸收能力异质性与行业差异研究。已有的技术转移和产业效率关系的文献主要是针对工业行业的实证研究。比如，李小平等(2008)认为进口贸易显著地促进了工业行业生产率增长，而高凌云和王洛林(2010)的研究结论则相反；张海洋(2005)和吴延兵(2008)均发现低水平的自主研发阻碍了工业行业生产率增长。以上研究结论的差异可能是由于不同时期不同行业的样本数据所致,这说明检验技术转移和产业效率的关系需要针对较长时期的细分行业。高技术产业的研发投入高于其他工业行业,这些研发投入是否有助于形成有效的吸收能力?此外,不同技术转移方式对产业技术效率、技术进步和生产率的影响也可能存在差异,现有文献没有提供有力的解释。

(3)现有对高技术产业中技术转移与效率变化研究的文献很少考虑环境因素。近年来,理论研究已经将非合意产出整合到效率分析框架中,出现了采用方向性距离函数测度产业效率的文献。胡鞍钢等(2008)采用CO_2、COD、SO_2、废水总排量和固体废弃物总排量作为环境指标评价了中国30个省市的技术效率。Ke等(2008)运用产出距离函数和超对数函数测算了1996—2002年中国30个省市的环境效率。沈可挺、龚健健(2011)利用方向性距离函数测算了高耗能产业的生产率,发现其增长主要由技术进步推动,技术效率还存在较大的改进空间。许冬兰、董博(2009)采用径向DEA方法考察了1998—2005年环境规制对中国工业技术效率的影响,发现环境规制提高了工业技术效率。李玲、陶锋(2012)发现重度污染产业当前环境规制强度相对合理,能够促进技术创新和环境效率改进。但这类文献很少有针对高技术产业的实证研究。

鉴于此,本书主要从以下五个方面研究技术转移对高技术产业效率的影响:(1)建立了高技术产业中技术转移与效率变化关系研究的系统分析框架。运用随机前沿生产函数模型分析国外技术引进、本土技术转移和外商直接投资在提升高技术产业技术效率中的作用,并在统一框架下进一步探讨这三种技术转移方式与自主研发的相互作用及其对技术效率的影响。(2)考察技术转移对技术效率、技术进步和生产率的影响差异。采用DEA方法测度中国省际高技术产业Malmquist生产率指数,运用一阶差分法比较分析各种技术转移方式在提升生产率中的作用,并探讨了吸收能力异质性对溢出效应的影响。(3)比较分析在考虑环境因素和忽视环境因素两种情况下技术转移对技术效率的不同影响。运用方向性距离函数测度产业环境技术效率,并构建系统框架分析开放经济条件下环境技术效率的影响因素。在此基础上,运用考虑非合意产出的SBM模型测度高技术产业的环境技术效率,并利用系统 GMM 方法实证检验技术转移对环境技术效率的影响。(4)构造具有拓扑关系的湖北省高技术产业关联网络。明确各类高技术产业在关联网络中的作用和地位。分析高技术产业关联网络的结构特征,识别在网络结构中发挥重要作用的关键产业;区分处于高技术产业关联网络的中心位置和边缘位置的产业,为高技术产业结构优化提供依据。(5)运用规范的案例研究方法从企业层面探讨技术转移对技术效率的作用机制,对高技术企业如何实现有效的技术转移进行了系统研究。

1.2 研究思路、内容与方法

1.2.1 研究思路

本书在回顾高技术产业发展的典型事实以及技术转移政策变迁的基础上,提出技术转移与技术效率变动之间的关系问题,并指出本研究的理论和现实意义;然后,梳理和评述国内外关于技术转移与技术效率变动关系的文献,确定研究应该突破的方向;通过借鉴和改进已有研究成果,建立了技术转移对高技术产业效率影响的理论分析框架,将技术转移和自主研发的相互作用纳入理论模型,分析技术转移、自主研发对高技术产业技术效率的作用机制,从而对高技术产业效率进行准确测度和评价。接下来,从三个方面深入研究技术转移对高技术产业效率的影响:高技术产业能否从国际贸易中获得技术溢出?技术转移对产业技术进步和生产率又产生了什么样的影响?技术转移对高技术产业和工业行业效率的影响存在何种差异?这一部分通过三个实证研究考察技术转移对传统技术效率的影响。紧接着,本书将环境因素纳入到分析框架中,研究技术转移对高技术产业环境技术效率的影响:比较分析在考虑环境因素与忽视环境因素两种情况下,技术转移对产业效率的影响差异,在此基础上实证分析技术转移对环境技术效率的作用。最后,本书深入到企业层面,运用案例研究分析技术转移对技术效率的作用机制,探讨高技术企业如何利用技术转移提升技术吸收能力和技术创新能力，进而从企业层面为实现有效技术转移提供建议。以上四个部分层层递进，对高技术产业如何利用技术转移提升效率这一问题形成系统研究。

1.2.2 研究内容

本研究一共分为7章，研究内容如下：

第1章为引言，包括研究背景和问题的提出，研究思路、内容与方法，以及研究的创新点。

第2章是理论基础和文献综述。首先简述了技术生命周期理论、技术追赶理论、技术能力理论和技术创新理论的产生背景、各发展阶段的代表人物、主要观点和启示。其次梳理国内外有关技术转移对高技术产业技术效率影响的实证文献，分析技术转移对技术效率变动的作用机理和方式，确定需要进一步研究的问题。

第3章是高技术产业中技术转移与技术效率现状分析。首先回顾了高技术产业中技术转移实践和产业政策变迁，明确技术转移现状和存在的问题；其次，在对已有相关研究进行拓展的基础上，建立了技术转移对高技术产业技术效率影响的理论分析框架。将技术转移和自主研发的相互作用纳入理论模型，分析技术转移过程中不同技术转移方式以及自主研发对高技术产业技术效率的作用机制，并利用随机前沿生产函数模型对高技术产业效率进行测度和评价。

第4章是技术转移对高技术产业效率影响的实证研究。首先，利用系统GMM方法实证检验了高技术产业能否从"逆比较优势"的国际贸易中获得技术溢出；其次，采用Malmquist指数法测算高技术产业效率、技术进步和生产率变化指数，比较分析技术转移对产业效率、技术进步和生产率的影响差异；最后，基于高技术产业和工业行业的面板数据，实证分析技术转移对技术效率的影响是否存在行业异质性。这一章重点分析高技术产业中技术转移对传统技术效率的影响。

第5章研究了环境规制下技术转移对高技术产业效率的影响。在核算高技术产业省际污染排放的基础上，运用方向性距离函数测度高技术产业环境效率变化指数，构建系统框架分析开放经济条件下高技术产业环境技术效率变化的影响因素。在此基础上，运用考虑非合意产出的 SBM 模型测度省际高技术产业的环境技术效率，并利用系统 GMM 方法比较分析不同技术转移方式对高技术产业技术效率的影响差异，以及对高技术产业可持续发展的政策启示。这一章主要分析高技术产业中技术转移对环境技术效率的影响。

第 6 章运用规范的案例研究方法从企业层面分析技术转移对技术效率的作用机制，对高技术企业如何构建技术转移情境和完善产学研合作创新体系，从而实现有效的技术转移进行了探讨。

第 7 章是结论与展望。总结本书的主要研究结论，提出促进技术转移和产业效率提升的政策建议，并指出本书研究的局限性和需要进一步研究的方向。

全书研究框架如图 1-1 所示。

1.2.3 研究方法

本研究主要以科技管理学、科技政策学、产业经济学、技术经济学等基本理论为指导，根据各章具体研究内容采用不同的研究方法。

1. 文献研究法

运用文献研究法梳理国内外有关高技术产业中技术转移对技术效率影响的研究文献，在分析归纳现有文献的基础上，形成技术转移与技术效率关系研究的初步方案和研究框架。

2. 实证研究法

基于中国省际高技术产业的面板数据，在利用 SFA 对高技术产业效率进行测度和评价的基础上，建立统一框架考察国外技术引进、本土技术转移、FDI 等技术转移方式对产业效率的影响，将吸收能力异质性、行业差异和环境因素纳入到分析框架中，根据研究需要运用动态面板回归、一阶差分法和固定效应法等多种计量方法进行实证分析。利用方向性距离函数和 SBM 模型测度高技术产业环境技术效率，并运用 GMM 方法实证检验技术转移对产业效率的影响。

1 引 言

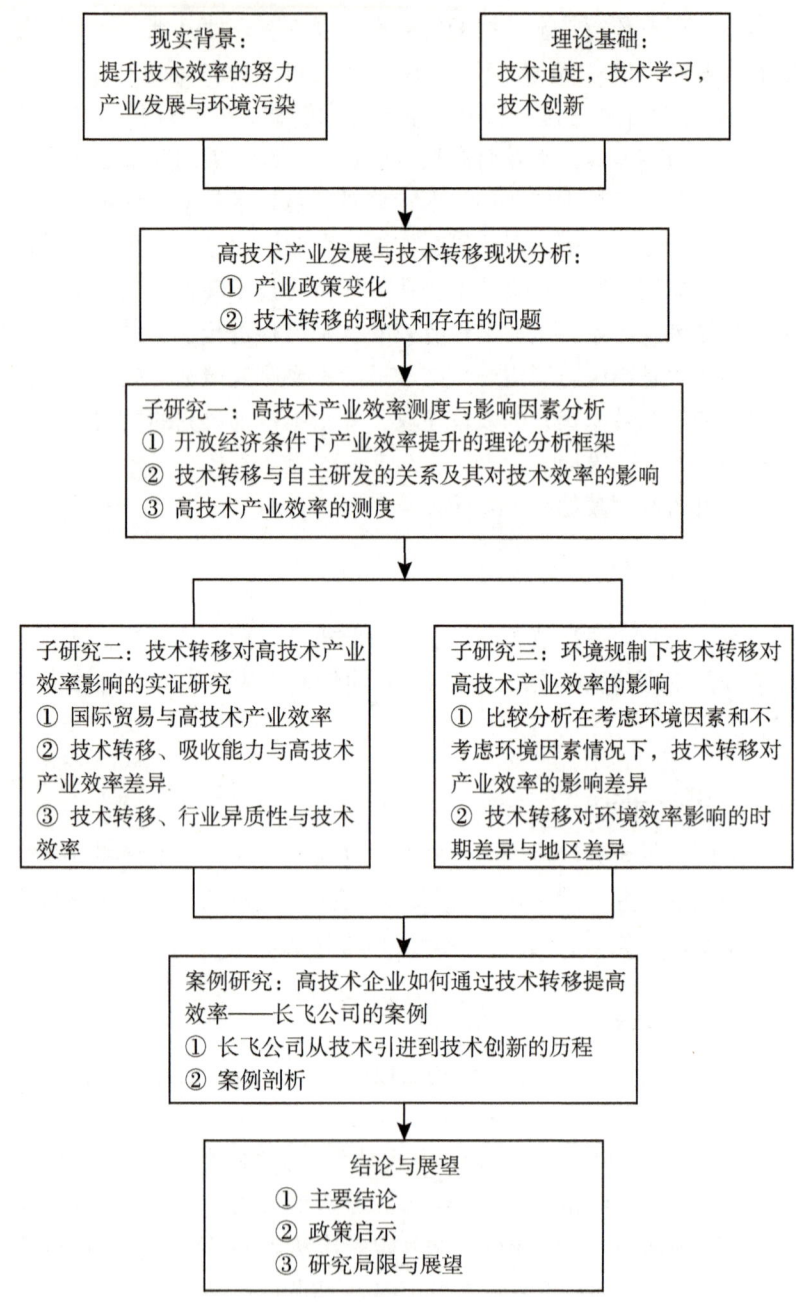

图 1-1　全书研究框架

3. 案例研究法

通过对高技术企业技术转移的案例分析，考察技术转移对技术效率的作用机制。探讨高技术企业如何构建技术转移的相应情境，提高技术吸收能力和技术创新能力。

1.3 研究创新点

本书基于中国工业企业的面板数据，系统地研究了技术转移在提升高技术产业效率中的作用。在研究中考虑了不同技术转移方式与自主研发的相互作用及其对高技术产业效率的影响；深入考察了技术转移对高技术产业效率与工业行业效率的不同影响；比较分析了在考虑环境因素和忽视环境因素情况下技术转移对产业效率的影响差异；并从企业层面探讨了技术转移对技术效率的作用机制。本书的创新点如下：

(1)本书建立了技术转移对高技术产业效率影响的系统分析框架。在核算省际高技术产业的技术引进知识存量和研发资本存量的基础上，采用随机前沿生产函数模型实证分析了技术转移、自主研发与高技术产业效率的关系。在控制产权结构、人力资本水平和地区差异的情况下，比较分析了不考虑技术转移与自主研发相互作用和考虑技术转移与自主研发相互作用两种情况下估计结果的差别，并进一步研究技术转移对高技术产业效率影响的区域差异。

(2)本书在研究技术转移对产业效率的影响时考虑了行业的异质性。比较了各种技术转移方式对高技术产业和工业行业两者技术效率、技术进步和生产率影响的差异，并分析了产生这些差异的原因，从而使得对高技术产业发展的政策建议更具有针对性。

(3)本书在研究技术转移与高技术产业效率的关系时考虑了环境因素的影响。在核算中国省际高技术产业污染排放的基础上，运用方向性距离函数测度产业的环境技术效率变化指数，并构建系统框架分析开放经济条件下技术效率变化的影响因素。在此基础上，运用考虑非合意产出的 SBM 模型测度 2000—2011 年中国省际高技术产业的环境技术效率，并利用系统 GMM 方法实证检验技术转移对环境技术效率的影响。

(4)本书运用案例研究从微观层面探讨了高技术企业如何利用技术转移提升技术效率。通过对长飞公司从技术引进到技术创新的案例进行剖析，分离出决定技术转移有效性的情境因素，提出了技术转移中的情境构建方法，从而为高技术企业提高技术吸收能力和技术创新能力提供了经验借鉴。

2 理论基础和文献综述

2.1 理论基础

2.1.1 技术生命周期理论

技术生命周期理论可以分为宏观观点和 S 曲线观点(Taylor、Taylor，2012)。宏观观点认为，技术周期起始于技术非连续状态，这时的技术是创新性的、突破性的、根本性的、突发性的和跳跃性的；接着进入发酵期，技术是变化的和不确定的，潜在用户的选择也不明确，各种技术的激烈竞争将导致主导设计和行业标准的出现；然后技术进入渐进变化阶段，这时的技术是进化的、连续的、渐进的和细节性的变化，直到新的非连续状态出现(Kaplan、Tripsas，2008)。如图 2-1 所示。

技术生命周期的 S 曲线观点认为，技术发展符合 S 曲线的形式，在初期，由于需要解决技术基本的不确定性而发展缓慢，但随着技术障碍逐步克服，新技术进入快速发展阶段，由于技术内在的局限性，新技术会再次减速。技术生命周期可以分为萌芽期、成长期、成熟期和停滞期四个阶段(Cetindamar 等，2010)，如图 2-2 所示。尽管 S 曲线的观点得到了广泛运用，但经验研究仍质疑其合理性：在显著的绩效提高时，技术的演化应该是跳跃的，而不是平滑的 S 曲线(Sood、Tellis，2005)。

无论是主导设计还是技术范式，技术机会的变化始终是技术生命周期演进的推动力(Scherer，1999)。在技术发展接近自然极限的过程中，技术机会将越来越少，对技术机会的识别和利用不仅决

2 理论基础和文献综述

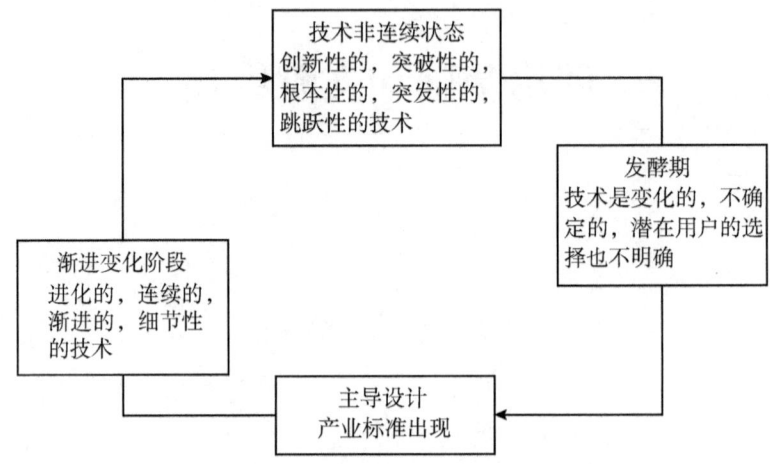

图 2-1　宏观的技术生命周期

资料来源：Kaplan、Tripsas，2008。

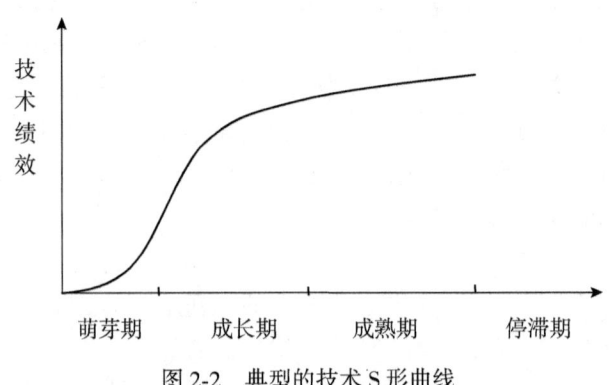

图 2-2　典型的技术 S 形曲线

资料来源：Cetindamar 等，2010。

定着企业持续技术创新的可能性，也决定着企业能否保持竞争优势（张妍、李兆友，2007）。识别技术机会的关键在于对比分析主导技术和新技术的推动力量与需求的拉动力量，即技术的"可代替性"程度，在技术生命周期的四个阶段，技术机会有所不同(李宇，2010)，如表 2-1 所示。

表 2-1　　　　　　　技术生命周期中的技术机会

技术生命周期	技术机会来源	企业规模	成功因素	技术创新类型
萌芽期	模仿与低成本进入	私人作坊、中小企业	市场需求间隙填补	产品创新
成长期	企业学习能力、企业网络	中小企业为主	投资能力与组织生产能力	产品创新、工艺创新
成熟期	技术扩散与新的技术范式	大企业为主	技术跃迁	工艺创新为主
停滞期	技术替代	企业为主	二次创新	产品创新

资料来源：李宇，2010。

在技术生命周期的不同阶段，技术动态性存在差异，追赶者需要的技术学习能力也不同。在技术学习能力较弱时，应选择成熟期技术进行追赶；当技术学习能力提高后，可选择萌芽期技术进行赶超（李正卫，2005）。相应的对企业技术管理能力的要求也有差异，在萌芽期，要求对技术和竞争者进行监测，并评价和选择有利的技术机会和市场机会，以保证技术开发沿着正确的方向进行（Hanna等，2009）；在技术成长期，技术完成了由产生到商业化的过程，企业应注重更快地开发新技术，实现技术创新（Udo-Ernst，2002）；在成熟期，企业竞争的焦点转向成本、价格和质量（王永刚，2002）；在停滞期，企业要能够针对不同的技术风险实施相应的措施，较好地规划和实施企业的各种研发活动，尽快开发出新的技术（吴伟伟等，2012）。

然而，发展中国家通常会引进成熟技术，在引进初期可以获得较高的市场收益，但对这种技术进行改进创新的余地较小，引进方也可能放弃原有的技术经验，从而不利于企业的自主创新。对于技术更新迅速的行业，如高技术产业，引进方可能会在引进这类技术之后，继续依赖技术引进（陈向东，2008）。

2.1.2 技术追赶理论

美国学者波斯纳(Posner)在技术差距模型中指出,国际贸易在很大程度上是以技术差距为基础进行的,技术差距使技术领先的国家具有比较优势,从而出口技术密集型产品,但随着专利转让、技术合作、对外投资或者国际贸易的发展,创新国的领先技术转移到国外,模仿国利用低劳动成本优势生产这种产品并减少出口。技术差距产生的国际贸易量会逐渐减小,最终技术被模仿国掌握,国际贸易随着技术差距的消失而终止(Posner,1961)。该模型意味着后发国家可以利用技术引进和技术扩散实现赶超。

后发国家可以通过引进先进国家的技术和设备来节省科研费用和时间,快速培养人才,在较高的起点上推进工业化,而引进资金可以解决后发国家工业化中资本不足问题,实现与发达国家的技术收敛(Gerschenkron,1962)。技术引进可以是采用发达国家成熟的技术、设备、计划以及相应的组织结构等(Levy,1966)。Elkan(1996)在其建立的技术转移一般均衡模型中,假设技术的转移、模仿和创新可以有效提升所有国家的资本存量,那么后发国家可以通过技术引进实现技术和经济赶超,不同经济发展水平国家的生产能力和经济增长速度将趋于收敛。林毅夫和张鹏飞(2005)建立了后发国家实现技术追赶的内生增长模型,后发国家可以通过从发达国家引进技术实现比发达国家更快的技术进步,最终将取得向发达国家的收敛。

也有学者对技术差距在长期内收敛提出了质疑,对第二次世界大战后57个国家技术差距的研究表明,发达国家和发展中国家都从技术赶超中获益,但技术中性表明发达国家从技术进步中受益更多,因此,技术差距是否收敛并不确定(Kumar、Russell,2002)。这类研究导致技术差距的后来者红利论断的弱化,学者们开始关注技术差距的影响因素,比如,技术转移因素由转移行为转向转移能力的培育到产业技术转移体系;政策因素由技术政策到经济和环境综合政策转变。技术差距的减小并不是用新技术替代旧技术,而是技术进步、经济和制度结构发展的过程。技术差距不仅影响到对外

2.1 理论基础

贸易，也会对技术效率产生影响（周密，2009）。

产业技术模式的特征是影响后进国家产业技术追赶绩效的关键，产业技术模式的特征对后发国家产业技术追赶效率有着重要影响，技术模式的特征可以从技术机会、技术生命周期、外部知识的可获取性、技术轨迹的不确定性、技术的积累性和技术知识特征等方面进行分析（Breschi 等，2000；Park、Lee，2006）。在技术创新频率低、外部知识获取困难的行业中，后发企业的技术追赶从模仿成熟技术开始，通常以路径追随式技术追赶；在技术创新频率较高、技术轨迹可预测的行业中，后发企业技术创新的激励强，而风险相对较低，可能跳过技术轨迹的某些阶段实现跳跃式技术追赶；在技术创新频率高、技术轨迹难预测的行业，存在较多的技术机会，但技术创新的风险较高，后发企业可以利用"机会窗口"实现路径创造式技术追赶（唐春晖、唐要家，2006）。中国高技术产业存在多路径追赶模式，比如在通信设备制造行业中，部分企业从引进新产品制造技术切入追赶，部分企业从成熟技术产品切入追赶，还有企业从自主开发新技术产品切入追赶（刘建新等，2011）。

2.1.3 技术能力理论

20 世纪 80 年代，作为解释发达国家贸易和经济增长差异的重要因素的技术变化，无法解释发展中国家的技术追赶和产业竞争力提升，经济学界和管理学界出现了对发展中国家技术能力的理论研究。技术能力理论认为，技术具有缄默性、累积性、专有性和路径依赖性特点，企业不能及时和无成本地获得，企业需要具备一定的吸收能力并掌握相应的技术手段，企业间的技术差距会长期存在，技术差距主要取决于企业学习和掌握技术的努力程度及其效率。无论是领先者还是落后者，要想维持技术领先地位或者提升技术能力，就需要通过学习的途径，技术变化是有意识学习的结果。因而，技术能力的发展是一个动态变化过程。技术能力是企业竞争力的来源，是发展中国家产业竞争力的重要影响因素（黄志斌，2002）。早期技术能力理论的代表人物有 Lall、Amsden 和 Kim。Lall（1992）在《技术能力与工业化》一文中提出了分析国家技术能力的"三叉模型",技术能力是能力、激励和机构的互动,三方高度相关形成合力。Amsden(1992)认为:学习是积累和提高技术能力的重要途径,而技术能力是产业竞争力的重要决定因素;技术引进是后发国家在初始阶段技术学习的主要来源;学习者之间的竞争通常以低工资、政府支持以及产品质量改进和生产率提升为基础;工业化模式决定着企业在市场竞争中的战略重点;后发国家的技术追赶表现出一定的阶段性;政府影响着产业界的学习动力,并在相当程度上决定着产业界学习和国家工业化进程的速度。Kim(1997)指出,不同于发达国家,发展中国家技术能力的发展呈现逆向发展,由成熟技术向前沿技术进化,表现为引进、吸收和提高的过程(如图2-3所示)。

发展中国家通过学习过程来提高技术能力。学习需要资金和明确的目标,这种行为常出现在生产、设计、制造、研究开发和销售部门,而不仅是干中学;学习的知识有多种来源,内部学习通常出现在生产、研究开发以及市场部门,外部学习包括知识引进、与供应商和顾客的交流以及科技进步。企业特有的技术学习方式在长期中决定着企业技术进步的方向,学习提高了企业的知识存量。技术学习不仅包括企业内部的学习,也包括企业外部的学习(谢伟、吴贵生,2000)。

在这之后,国内外学者从不同视角对技术能力的内涵进行界定,发展了技术能力理论。演化经济学视角下技术能力是一个从技术引进到技术创新的动态过程,呈现螺旋式上升(高鸿鹰,2005)。组织学习视角下技术能力是监测搜索技术信息,通过学习消化吸收技术知识,实现自主创新。企业实现技术追赶的途径包括路径创造式追赶、路径跨越式追赶和路径追随式追赶(Lee、Lim,2001)。制度经济学视角强调技术能力的形成过程包含着制度因素的影响,技术能力建立在知识积累的基础上,通过将储备知识转化为技术和技能,应用于生产实现创新,同时要考虑基础设施和科技环境在知识储备和信息激活中的作用(Nawaz,1994)。

受市场需求情况、行业技术机会、创新可能性、产业结构以及环境等因素的影响,企业技术创新活动呈现出差异性(Breschi等,

2.1 理论基础

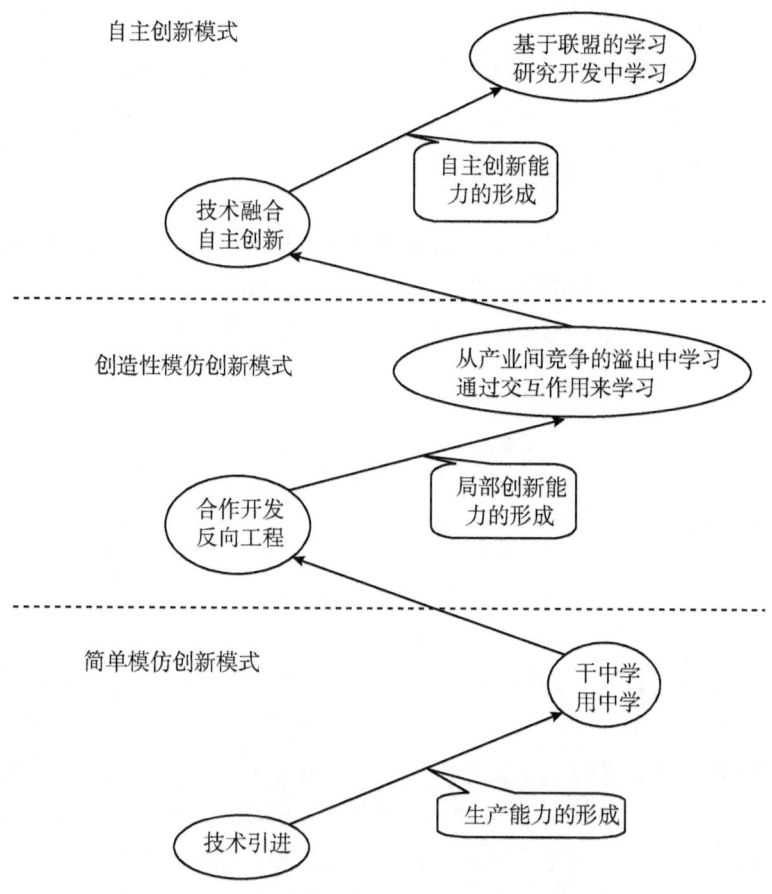

图 2-3 技术能力的积累与创新模式的演进
资料来源：陈杰，2004。

2000；Weerawardena 等，2006）。Breschi 等（2000）将后发国家产业技术模式定义为知识基础的特征、技术机会、创新独占性及技术进步的积累性四个方面；Park 和 Lee（2004）认为除了上述四个因素外，还包括知识原始存量、技术的生命周期、技术轨迹的不确定性以及外部知识的可获取性。洪勇和苏敬勤（2009）以产业环境驱动、外部技术转移、内部技术努力和技术合作网络四个维度为基础，建立了发展中国家企业技术能力影响因素的理论模型。发展中国家企业技术能力提升大多遵循"引进——吸收——创新"的模式，但发展中国家企业也可以通过自主创新提升技术能力(吴佩、陈继祥，2011)。

2.1.4 技术创新理论

熊彼特于1912年在《经济发展理论》中开创性地提出了解释技术创新和经济发展的分析框架，并在1942年的《资本主义、社会主义和民主》中进一步阐述了创新在经济发展中的作用。如图2-4所示。

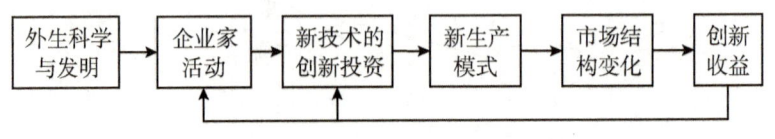

图2-4 熊彼特企业家创新模式

熊彼特认为，创新是企业对生产要素进行重新组合，包括以下五种情况：引入一种新产品或者改进一种产品的质量；采用一种新的生产方式；开辟一个新生产；获得一种原料或者半成品的新供应源；采取一种新的组织方式。① 熊彼特(1942)强调大企业在技术创新中的作用，提出了技术创新内生的思想。熊彼特指出，成功的技术创新使企业获得超额利润和暂时的垄断地位，随后大量模仿者的加入将削弱垄断者的优势。如图2-5所示。

熊彼特认为，对垄断利润的预期为创新提供了激励，垄断有利于技术创新；经济波动可分为繁荣、衰退、萧条和回升四个阶段，波动起因于技术创新；创新集群的出现激发了企业家才能，促使经济繁荣发展。② 在随后的几十年里，技术创新理论得到快速发展，

---

① 约瑟夫·熊彼特. 经济发展理论[M]. 北京：商务印书馆，1990.

② Schumpeter J A. Capitalism, Socialism and Democracy (1947) [M]. Kessinger Publishing, 2010.

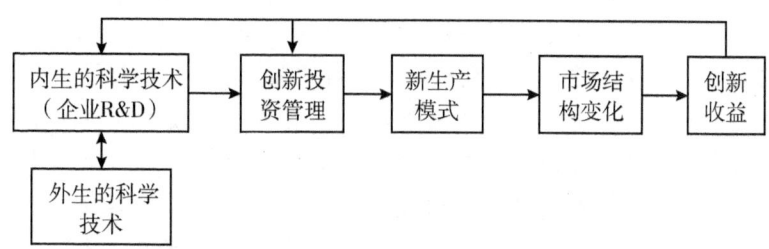

图 2-5 熊彼特大企业创新模式

逐渐形成了两大派别：新古典学派和新熊彼特学派。

1. 新古典学派

新古典学派侧重研究技术创新对经济增长的贡献，试图将技术创新纳入新古典经济学的理论框架。索洛(1957)将技术创新视作外生变量，用全要素生产率间接测度技术进步对经济增长的贡献，而阿罗(1962)、洛卡斯(1988)和罗默(1986、1990)等将技术创新内生化，建立了技术进步内生增长模型。阿罗(1962)将累积总投资的增加视作学习和获得知识的过程，提出了"干中学"模型；洛卡斯(1988)认为人力资本的增长将促进经济增长；罗默(1990)指出，知识增长是经济长期增长的关键。新古典学派将技术创新视作"黑箱"，而良好的市场机制将使这个黑箱合理运行，他们关注的是技术创新对经济增长的作用而不是黑箱内部的运作(陈杰，2004)。

2. 新熊彼特学派

新熊彼特学派将技术创新视作相互作用的复杂过程，技术创新以演进的方式重塑其由此产生的市场结构，注重研究技术创新过程中黑箱的内部运行机制(多西，1992)。弗里曼(1987)将技术创新分为：渐进式创新(对现有产品或者工艺的改进)，根本性创新(产生全新产品或者工艺)，技术体系的变革(根本性创新和渐进式创新的组合)，技术经济范式的变革(技术体系的重大变革，对经济体系产生重要影响)。Mansfield(1961)考察了同一部门内技术扩散的速度和影响技术扩散的各种经济因素的作用,Mansfield 假设:完全竞争市场条件下,专利权对模仿者的影响很小,新技术在扩散过程中不变化,企业规模的差异不会影响采用新技术。在此基础上,Mansfield 认为新技术的扩散速度受到三个因素的影响,即模仿比例、模仿相对盈利率和采用新技术的投资额。Mansfield 关于技术创新与模仿之间关系以及两者变动速度问题的研究,拓展了熊彼特创新理论,在一定程度上有助于对技术扩散和技术模仿的解释,但其假设前提与实际情况相差很大,对现实经济的解释有限(张凤海、侯铁珊,2008)。Kamien 和 Schwartz(1975)考察了技术创新与市场结构的关系,提出了决定技术创新的三个主要因素:竞争强度、企业规模和垄断力量。Kamien 和 Schwartz(1975)认为,竞争程度决定着创新动力,企业规模决定着技术创新所开辟的市场大小,垄断程度决定着技术创新的持久性,因此,介于垄断和完全竞争之间的中等程度竞争的市场结构是最有利于技术创新的市场结构。Dubey 和 Wu(2002)根据 Cournot 模型分析证实竞争程度太高和过低都不利于创新,产业在中等程度竞争时创新最容易出现。

3. 其他理论

在熊彼特创新理论基础上,结合技术扩散理论和产品生命周期理论形成了技术创新的演化理论。该理论认为技术的发展和经济的演化是技术经验的积累过程和惯例的学习过程,由于惯例的存在,技术的发展和制度的演化是一个具有路径依赖、自我维持和调整的过程(Nelson、Winter,1982)。除此之外,Freeman、Nelson 和 Lundvall 还提出国家创新体系,大量学者对国家创新体系进行研究。尽管仍存在较大的分歧,但国家创新体系的研究者大多认为"创新过程中各主体之间的联系对于改进技术绩效至关重要。这些主体如何相互联系构成一个知识创新以及它们所使用技术的集合体在很大程度上决定着一个国家的创新绩效"(Cassiolato、Lastres,2000)。对国家技术创新体系较为通用的定义是经济合作与发展组织(OECD)给出的,OECD(1996)认为,创新是不同主体和机构间复杂的相互作用的结果。技术变革是系统内部各要素之间相互作用和反馈的结果,并不以线性方式出现。这一系统的核心是企业,以及企业组织生产和创新、获取外部知识的方式。外部知识的主要来源包括其他企业、大学、公共或私有的研究机构和中介组织。如图2-6所示。

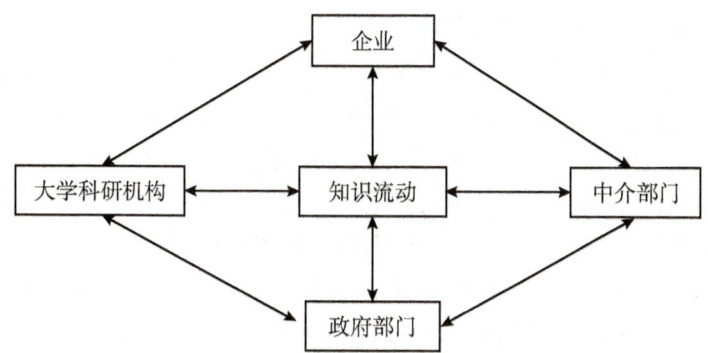

图 2-6　经济合作与发展组织定义的国家技术创新体系结构

2.2　文献综述

现有对高技术产业中技术转移与效率变化的研究还很零散,缺乏系统性分析。然而,学术界对国际技术转移与工业行业效率研究的文献颇为丰富,这些文献为本书建立分析框架提供了理论和实证借鉴。根据本书具体研究需要,本章从技术转移与技术溢出、高技术产业中技术转移与效率变化两个方面对已有文献进行梳理和评述。

2.2.1　技术转移与技术溢出

1. 技术引进

国际贸易和 FDI 是技术转移的两种重要途径。国际贸易在使开放国获得产品和服务的同时,获得学习国外技术以及其他形式知识的机会,从而促进国内技术创新。Coe 和 Helpman(1995)提出了国际 R&D 溢出的分析方法，研究发现国外 R&D 资本溢出对 OECD 国家的生产率增长具有显著的促进作用。Coe 等(1997)证实了发展中国家与发达国家的国际贸易促进了发展中国家的技术进步。此后，国内外学者运用不同的样本数据对国际贸易与生产率增长的关系进行了检验(Harmse、Abuka, 2005; Mendi, 2007; Andersson 等, 2008; Parameswaran, 2009)。这些研究表明，进口贸易和出口贸易对生产率有着不同的影响。

进口贸易主要通过"溢出效应"和"竞争效应"影响进口国生产率(高凌云、王洛林, 2010)。国外 R&D 投入对进口国的生产率产生正溢出效应，进口的种类和数量越多，技术溢出的机会越大(Coe、Helpman, 1995; 李小平等, 2008)。另一方面，进口迫使开放国采取改进产品质量、优化要素配置等方式提高生产率。一些文献证实了进口贸易对进口国生产率增长的显著贡献(Pavcnik, 2002; Connolly, 2003; Patrick, 2006; Dovis、Milgram-Baleix, 2009)。但不同国家对进口贸易溢出的吸收能力存在很大差异，人力资本积累水平和 R&D 资本存量对进口贸易技术扩散具有显著的正向作用(Keller, 2001; Falvery 等, 2004)。虽然进口贸易作为技术溢出渠道且有助于提高进口国生产率的观点得到了广泛认可，但对出口贸易与生产率增长之间关系的研究存在两种相互对立但不是完全排斥的假说："自我选择效应"和"出口学习效应"假说(Clerides 等, 1998; Melitz, 2003)。学界对这两种假说进行了大量实证研究，出口的"自我选择效应"假说得到了普遍支持，而支持"出口学习效应"假说的文献则很少，而且仅对发展中国家存在"出口学习效应"(Kimura、Kiyota, 2006; Wagner, 2007; 钱学锋等, 2011)。最近的一些文献试图控制国际贸易的内生性，以获得国际贸易对生产率影响的准确结论，彭国华(2007)构造由地理因素决定的国际贸易的工具变量，应用双边贸易引力模型证实了国际贸易对生产率的促进作用；余淼杰(2010)进一步证实出口企业相对于非出口企业有较高的生产率提升。

朱平芳和李磊(2006)对 1998—2003 年上海市大中型工业企业随机样本面板数据的分析发现，国有企业的有形技术购买显著地提高了劳动生产率和技术水平,其促进作用强烈依赖于企业的科技人力资源。甄丽明和唐清泉(2010)对中国上市公司的实证检验发现技术引进对企业绩效的直接影响不显著,引进技术是通过与企业内部吸收能力的协同效应间接影响企业绩效的。陈爱贞等(2008)认为,纺织服装企业所采取的动态引进国外设备的模式,抑制了本土纺织缝制设备企业的技术创新潜力,下游动态技术引进所造成的市场需求转移严重制约了本土设备企业的技术升级。孙玉涛和刘凤朝(2011)也证实了硬件技术引进具有负向溢出效应,软件技术引进对技术创新能力具有正向溢出效应,但这取决于东道国的人力资本水平。

2. 外商直接投资(FDI)

作为国际技术溢出的另一个重要渠道,FDI 对东道国企业产生竞争效应、示范效应、劳动力流动效应以及前后向关联效应(Kinoshita,2001)。大量研究表明,FDI 对发达国家产生正向溢出效应:Xu(2000)发现美国制造业跨国公司在发达国家存在着显著的技术溢出,Haskel、Pereira 和 Slaughter(2007)对英国企业的研究、Keller 和 Yeaple(2009)对美国企业的研究都发现 FDI 对当地企业存在着正向溢出效应。Fu(2012)还证实了国外跨国公司的管理实践对英国本土企业存在管理知识溢出。然而,在 FDI 对发展中国家是否也存在技术溢出的问题上没有一致的结论。对委内瑞拉企业层面的数据研究表明,FDI 对本土企业的整体生产率存在负面的溢出效应(Aitken、Harrison,2006)。对巴西 1996—2001 年的劳动力市场的研究表明,劳动者在跨国企业和本土企业之间的流动带来技术扩散效应,提高了劳动者的平均生产效率(Poole,2009)。

大量文献实证检验了 FDI 对中国工业行业的溢出效应。沈坤荣和耿强(2001)通过构建内生增长模型分析了 FDI 在中国的技术外溢效应,发现 FDI 的增长导致了经济增长率的增加,但产出增长对 FDI 的增加并不存在因果关系。张建华和欧阳轶霏(2003)对广东省的 FDI 技术外溢进行了研究,结果表明 FDI 存在显著的外溢效应。潘文卿(2003)采用 1995—2000 年平行数据分析了外商投资对中国工业部门的外溢效应，结果表明FDI对国内工业部门有正向外溢效应。徐涛(2003)在资金非同质性假设的基础上建立内生增长模型分析FDI与中国技术进步的关系，结果表明FDI对技术进步有明显的促进作用。张海洋(2005)对中国工业部门外资技术扩散的研究发现，外资主要是通过降低市场垄断程度、促进竞争、提高资源配置效率等途径产生的竞争效应促进工业行业生产率的提高，但高科技行业的内资部门出现了逆向技术扩散。朱平芳和李磊(2006)通过对1998—2003年上海市大中型工业企业的一个随机样本面板数据的分析发现，三资企业随FDI转移的无形技术和其较高质量的人力资本使其劳动生产率和全要素生产率比内资企业高，但是三资企业内部转移的有形技术对其技术水平的提高没有显著的贡献。孙文杰和沈坤荣(2007)利用分位数回归对1998—2004年行业层面大中型企业的数据进行计量分析发现，技术引进(FDI)对中等技术创新强度行业的内资企业技术创新的促进作用较明显，当内资企业生产率处于外资企业的40%~95%时，外资企业的促进效应最显著。谢申祥和王孝松(2011)建立了一个垄断市场模型比较不同政策背景下技术获取和市场大小对FDI区位选择的影响，研究发现，无论是否存在政策竞争，FDI均能提高东道国的收益；政策竞争将导致较大市场容量的国家对FDI更具有吸引力，政策竞争也改善了FDI所引致的两国整体福利。

　　FDI的技术外溢效应还受到行业差异、人力资本和制度环境等因素的影响，对中国高技术产业的大部分行业产生了正向的技术溢出效应(蒋殿春、张宇，2006)。殷醒民和陈昱(2011)对1990—2005年中国长三角地区16个城市的实证研究发现，FDI通过与当地的人力资本结合对长三角地区经济产生了显著的正向溢出效应。蒋殿春和张宇(2008)认为经济转型过程中FDI技术溢出机制受到制度因素制约，FDI对内资企业的溢出效应不显著，完善制度环境将有助于FDI技术溢出。陈羽等(2012)认为行业内国有企业与FDI较大的技术差距，将使国有企业获得较多的FDI水平技术溢出效应，但后向技术溢出效应较低。

　　现有相关文献实证检验了进口和外商直接投资这两种主要的技

术转移方式对中国工业行业的溢出效应,但这些研究没有一致的结论。比如,高凌云和王洛林(2010)发现进口贸易对工业行业产生了负向溢出效应,而张建清和孙元元(2011)则认为进口贸易存在着显著的技术溢出;喻世友等(2005)证实外资对内资工业行业存在显著的正向溢出效应,但毛日昇和魏浩(2007)得出外资对内资技术密集型行业具有显著的正向技术外溢效应。最近有微观层面的证据表明从发达国家进口技术设备提高了中国企业效率(Bilgin等,2012)。另有一类文献比较了不同技术转移方式的溢出效应。李小平(2007)对自主R&D、国外技术引进的产出和生产率与回报率进行了实证研究,发现国外技术引进只对技术进步有促进作用,本土技术转移的生产率与回报率较差。吴延兵(2008)运用1996—2003年中国地区工业面板数据研究发现国外技术引进对生产率有显著促进作用,但本土技术转移对生产率并没有显著影响,并且国外技术引进只对西部地区的生产率有显著正效应。邢斐和张建华(2009)对中国工业企业1999—2004年的面板数据进行系统GMM估计发现,技术贸易通过技术溢出提升了企业技术创新能力,但FDI的技术溢出效应并不显著。

3. 技术转移与自主研发关系的相关研究

关于技术引进和R&D对效率影响的比较分析。金雪军等(2006)借助CES生产函数,运用非线性最小二乘法分析中国改革开放以来的具体数据,发现技术引进和R&D投入虽然增加了我国技术知识存量,但并没有促进全要素生产率的提高,且技术引进和R&D投入之间的比例不合理。王乃静(2007)总结了潍柴动力股份有限公司在技术引进、消化吸收和再创新中的成功经验。华海岭等(2011)对我国大中型工业企业技术改造和技术获取投入效率的研究表明,大中型工业企业的技术对外依存度有下降趋势,省域大中型工业企业技术改造和获取投入效率普遍较低,我国大中型工业企业自主创新投入在不断增加,但技术获取消化吸收及创新的能力尚不强。赵文红和梁巧转(2010)以陕西省的178家企业为研究对象,分析了外部技术获取和内部技术获取对企业绩效的影响,并检验了内部技术获取在外部技术获取和企业绩效的关系上是调节作用还是中介作用，研究表明，外部技术获取和内部技术获取都对企业绩效有较显著的正面影响，内部技术获取对外部技术获取和企业绩效间的关系存在部分中介作用，但调节作用并不显著。宋宝香等(2011)以苏州制造业本土企业为例选取外部技术获取模式、转移技术特性、企业特性和技术学习过程四个方面进行实证分析，研究发现，在利用外部技术资源过程中，企业的技术战略、学习文化和技术学习过程对提升技术能力有着重要影响，整体上外部技术获取对技术能力的提升作用非常有限。

关于技术转移与自主研发的相互作用。金雪军等(2008)从总量和结构两个角度分析技术引进对 R&D 投入的影响，研究发现，从总量上看两者之间存在着长期稳定的关系，R&D 投入促进了技术引进，技术引进却没有促使 R&D 投入的增加；技术引进对 R&D 投入结构的影响存在不确定性。孙建等(2009)研究了我国工业企业技术引进与自主创新的替代互补关系，结果表明，我国工业企业自主创新与技术引进之间具有较弱的互补关系；科技人才是影响自主创新与技术引进的重要因素。从企业规模、所有制类型及技术水平三个层次的考察发现，技术引进与自主创新的互补关系在大中型工业企业、高科技工业企业以及国有控股工业企业中较强，而二者在低技术工业企业中则显现出替代关系。李正卫等(2010)利用浙江省高技术产业中 1111 家企业 2003—2005 年的调查数据研究了不同类型的技术引进和产品出口对企业自主研发投资的影响，结果表明，总体上技术引进和出口对于企业的自主研发没有显著影响。

4. 技术转移效率的影响因素

由于地区间技术水平存在差异，在同等情况下，经济较落后地区技术引进的技术外溢作用更强，技术引进有助于缩小地区经济差距，实现地区经济收敛。基于中国 30 个省市(不包含西藏和港澳台)大中型工业企业数据的实证分析证实，技术引进不仅对经济增长产生显著正向作用，对地区经济收敛也产生显著影响(李光泗、徐翔，2008)。袁建新和刘幸赟(2010)认为我国技术引进的经济增长作用受技术消化吸收因素的影响最大,其次分别为技术使用、技术适用和技术流动。但是,技术的消化吸收、使用和流动性影响作用在东部省区更为明显,而技术的先进适用性在西部省区影响作用更加显著。

李鹏飞等(2008)通过对临朐和大沥两个处于不同发展阶段的铝型材产业集群的对比研究集群中技术扩散过程,结果表明,在集群发展尚处于早期的临朐,集群内部企业间技术学习效应明显,但在集群发展相对成熟的大沥镇,企业间的学习效应却并不显著,原因可能在于这些企业间的相互学习更多的是对现有技术的模仿和追赶,这种企业行为特征决定了S形的扩散曲线在发展中国家集群中的适用性。宋天华等(2011)利用德温特(DII)创新系统的数据对通信设备行业两家重要企业思科与华为的专利引文进行分析,结果显示,中国企业技术创新与扩散的宽度大,技术深度低,优势技术少;而跨国企业技术扩散的深度高,技术专业化程度比较高,优势技术多。程进等(2005)测算技术引进、吸收到创新的时滞,探讨了技术引进创新时滞产生的原因。彭新敏等(2007)以国内IT企业为样本进行了实证分析,发现技术特性、企业特性和环境特性中的诸多因素都会影响企业的技术获取模式选择,但研发经验、政府支持政策、企业对新技术成为市场标准的需求度则没有显著的影响。融资效率的提高有利于增强资本的可获得性,提高了R&D企业内部人力资本学习水平,促使人力资本由R&D企业流出转而建立新的企业,从而加速技术扩散(王永齐,2007)。制度变迁的初始禀赋、既得利益集团为获得制度租金而采取的博弈、政府效用函数最大化与政府偏好序列的约束使得目前政府供给主导型的技术创新制度具有强势路径依赖特征,需引入新的外生变量和内生变量打破目前的非效率均衡,并实施动态的制度变迁替代现有单纯技术引进路径,实现自主创新的良性循环(沈能、刘凤朝,2008)。高宇等(2011)研究了合作方技术获取对于企业绩效的作用路径和管理者社会资本对于合作方技术获取作用路径的影响机制,结果表明,合作方技术获取通过企业内部研发能力的改进作为部分中介实现对企业绩效的促进作用;合作方技术获取对于内部研发能力的正向效果由于企业高层管理者商业联系得到提高,而政治联系却降低了这一过程的效果。

5. 对技术转移的政策研究

汪和平等(2006)建立企业不同主体间有无知识产权保护措施以及消化吸收者和剽窃者间的两个博弈模型,提出在此区域内知识产权保护的意见与对策。姚利民和饶艳(2009)利用中国省市数据实证分析发现,提高知识产权保护水平有利于促进中国对国外先进技术的引进,人均GDP、市场开放度和研发投入强度等变量的门槛区间决定着知识产权保护促进各地区技术引进的效果差异,其在发达开放地区的作用要显著大于落后地区。贺京同等(2011)构建动态博弈模型,探讨在开放条件下如何通过专利宽度的规划来引导外来技术转移的方式以及技术输入国的创新模式,以最大限度促进技术进步。研究发现,当技术差距较小时,应选择较宽的专利宽度和技术许可的技术引进方式,引导创新主体接受许可并消化吸收;当技术差距较大时,应选择较窄的专利宽度并辅以研发补贴,并以直接投资方式引进技术,引导创新主体进行独立研发。

2.2.2 技术转移与高技术产业效率

发展中国家可以借助技术引进和吸收外商直接投资实现自主创新和技术追赶。通过在技术引进过程中的"干中学"和"用中学",后发国家逐渐积累了一定的技术能力,可以直接选择某些处于生命周期成熟前阶段的技术实现跨越式追赶(Elkan,1996)。进口主要通过"溢出效应"和"竞争效应"影响进口国企业生产率。发达国家的研发投入对进口国的生产率产生正溢出效应,进口的种类和数量越多,技术溢出的可能性越大(Coe、Helpman,1995)。另一方面,进口迫使开放国采取改进产品质量、优化要素配置等方式提高生产率(高凌云、王洛林,2010)。仇怡和吴建军(2010)根据中国1998—2007年省际高技术产业的面板数据证实了国际贸易不仅促进了产业集聚,同时提高了当地的技术水平。李正卫等(2010)对浙江省高技术产业中1111家企业的研究发现,非体现性技术引进对企业自主研发有显著的正向影响，而体现性技术引进则没有显著影响。

外商直接投资通过竞争效应、示范效应、劳动力流动效应以及前后向关联效应等渠道促进东道国技术进步（Kinoshita，2001）。余泳泽和武鹏（2010）对中国高技术产业的实证研究表明，外资企业较高的全要素生产率水平对内资企业产生了显著的正向技术溢出。沙文兵和李桂香（2011）则利用1995—2008年中国高技术产业17个细分行业的面板数据，研究证实了FDI技术溢出效应主要发生在中等外资开放程度的行业中，对外资开放程度较低的行业和对外资开放程度过高的行业没有产生显著的FDI技术溢出效应。孙玮等（2011）进一步发现FDI质量特征和所有制结构会直接影响FDI对高技术产业技术溢出的程度。外商投资规模对技术外溢的影响具有一定的"门槛条件"，与技术外溢存在着倒"U"形曲线关系（余泳泽，2012）。

2.2.3 高技术产业集聚与产业效率变化

1. 产业集聚的形成机制

国内外学者从不同角度对产业集聚的形成机制进行了解释。Scott（1992）认为交易成本与地理距离正相关，交易频率的增加导致交易总费用上升，企业为降低成本会在当地寻找交易对象，从而促使产业集聚。Ellison 和 Glaeser（1999）从生产成本优势角度解释产业集聚现象，企业选址主要考虑投入要素成本（如劳动力价格、地价等生产要素）的最小化。Porter（1990）从国家竞争力的角度研究产业集聚，他强调规模经济、技术外部性和金钱外部性对产业集聚的作用。Krugman（1991、1993）则强调市场效应是产业集聚的主要动因，规模经济、生产需求和运输成本的相互作用导致产业集聚。有投入产出关联的上下游产业更倾向于在空间上集聚，产业间的前后向关联使得上下游企业为产生外部经济性和节约运输成本而在空间上集聚（Venables，1996；Elbers、Withagen，2004；Wätzold、Drechsler，2014）。外部规模经济、内部规模经济、消费和生产结合的外部性、公共物品供给、知识的溢出效应和代理商的贸易收益是促进产业集群的向心力（Palivos、Wang，1996；Bridge 等，2013）。Elbers 和 Withagen（2004）提出了存在离心力和向心力的新经济地理学模型，发现环境外部性会降低集聚力。类似地，Lange 和 Quaas（2007）、Rauscher（2009）、Kyriakopoulou 和 Xepapadeas（2013）也证实环境污染会对产业集聚产生离心力。在产业生命周期的不同阶段，地理集中的驱动因素有所不同，在增长阶段吸引新进入者集聚，但仅在成熟阶段才有助于企业幸存（Wang 等，2014）。知识外部性与金钱外部性相互联系（Fujita、Mori，2005；Fujita，2007），知识的外部性和知识溢出的空间局限性，使得创新发明活动多在聚集地发生（Molina-Morales、Mas-Verdu，2011）。与传统制造业相比，高技术产业发展更多依靠知识创新和研发投入，高技术企业倾向于与其学习对象在地理上接近，因而更具备产业集聚的内在动力（Carrincazeaux 等，2001；Casanueva 等，2013）。

2. 产业集聚效应

产业集聚降低了产品的平均生产成本，导致递增的规模经济效应（Krugman，1999；Li 等，2012）；有助于企业快速获取新的互补技术，降低交易成本和分散创新风险，从外部资产和知识利用的结合中取得协同经济效应（Roelandt，2001；Bloom 等，2014）。产业集聚区域内会有较高的知识外溢水平（Jaffe 等，1993；Yang 等，2013），企业通过共享、匹配和学习提升生产效率（Duranton、Puga，2003；Ke，2010）。Tallman 等（2004）将知识分为组成性知识和整体性知识，认为集群内流动的主要是组成性知识，而整体性知识流动需要通过经常性交流实现，这种知识将为集群带来竞争优势。产业集聚不仅有助于提升创新绩效，而且对创新投入与创新绩效关系也有正向调节作用（颜克益等，2010）。产业集聚对创新的影响因集聚程度而异，集聚程度较低时，专业化有利于创新，集聚程度较高时，多样化有利于创新（陈劲等，2013）。实证研究大多证实了产业的空间集聚效应。Paija（2000）证实 ICT 产业集聚促进了芬兰知识经济的增长。Beaudry 和 Swann（2001）对英国产业的实证研究发现，汽车、航空、计算机和通信设备制造业的产业集聚提高了这些产业的绩效。Falck 等(2010)对德国巴伐利亚州产业研究发现,集聚能够增加企业与公共科研机构合作的机会,增强了研发人员的合作交流,有助于企业获得外部知识。对日本装配制造业1985—2000 年的实证研究表明,产业集聚产生正向外部性和规模收益递增(Tokunaga 等,2014)。对印尼制造业 2000—2010 年的实证研究表明,产业集聚具有正向专业化效应和负向多样化效应(Widodo 等,2014)。Hu 等(2015)对中国企业层面的数据研究表明,产业集聚对生产率增长的贡献高达 14%,上游产业比同一产业具有更大的集聚效应。然而,过度集聚也会对产业发展产生不利影响。Silva 和 McComb(2012)在研究地理集中与高技术企业生存率关系时发现,同一行业在 1 英里范围内高密度增加了企业的死亡率,而在大范围内的高度集中降低了企业的死亡率。集聚也可能对区域内实际收入增长产生负向效应(Cerina、Mureddu,2014)。另有一些研究实证检验了中国高技术产业的集聚效应。周明和李宗植(2011)认为区域内产业集聚因素和区域间知识溢出对区域高技术产业的创新产出有着显著影响。张宗益和李森圣(2014)发现中国高技术产业集聚的外部效应具有时期差异,以 2003 年为转折点,专业化、多样化和竞争的集聚外部效应分别呈现线性、倒"U"和"U"形特征。Zhang 等(2014)对中国电子与通信设备制造业的研究表明下游企业集聚具有正外部效应,但中上游企业集聚产生负外部性。

3. 产业集聚测度

自产业集聚现象受到关注以来,经济学家和地理学家提出了多种测度产业地理集中度的方法,这些方法大致可以分为两类(Marcon、Puech,2003;刘春霞,2006):一类是单一地理尺度方法,如熵指数、Herfindahl 指数、区位 Gini 系数、E-G 指数。Herfindahl 指数多用于分析行业集中和市场结构(Long、Soubeyran,1997),区位 Gini 系数是测度产业地理集中度的常用方法(KIM,1995),E-G 指数区分了随机集中和共享外部性或自然优势的集中(Ellison、Glaeser,1997)。Yang(2013)基于企业层面数据测度了中国电子行业的 E-G 指数。另一类是基于距离的多空间尺度方法,如 D 函数、M 函数和非齐次 K 函数。D 函数用于比较某一行业相对于其他行业的地理分布状况,考察某一行业相对于其他行业更集中或者更分散(Diggle、Chetwynd,1991)。D 函数在行业间不具备可比性,也没有考虑企业规模分布,Marcon 和 Puech(2003)对其加以改进提出了 M 函数,M 函数能较好地分析产业整体集聚趋势。非齐次 K 函数可以用于动态环境的集聚测度(Bonneu,2007;Diggle、Gabriel,2009),Arbia 等(2012)运用这种方法测度了意大利米兰市高技术产业的空间分布。有效的产业集聚测度方法应满足行业间可比、无偏性、显著性,能控制行业集中度和总体集聚程度(Combes、Overman,2004;Nakajima 等,2012;Huysentruyt 等,2013)。Duranton、Overman(2005、2008)提出了满足上述条件的 D-O 指数方法。这种指数方法能准确测度集聚的局部空间模式(Marcon、Puech,2010),能控制产业中企业分布的规模,且不需要选择特定的空间单元(Yasusada 等,2014)。Behrens 和 Bougna(2015)运用 D-O 指数方法考察了加拿大制造业地理集中度。袁海红等(2014)利用 D-O 指数方法基于北京市企业层面数据测度产业集聚,表明高技术产业集聚程度最高,低技术行业最分散。

4. 产业集群网络创新

产业集群创新具有"网络范式"特征,集群的知识系统和创新系统紧密联系,知识在集群网络内部扩散,促进了集群内个体组织创新(Liu,2011;彭宇文,2012;Casanueva 等,2013)。集群网络也有利于协调各组织之间的关系,建立合作机制,形成集体学习环境,促进集群整体创新(Asheim,1998;Solvell,2003;Roveda、Vecchiato,2008;Libaers、Meyer,2011)。产业集群受外部环境影响,集群网络要根植于当地社会文化环境(Harrison,1992)。集群中相互关联的组织和机构(企业、大学、科研机构、金融机构、行业协会、政府部门等)之间的竞争与合作提高了产业集群的创新收益(Porter,2001,2003;Zhang、Li,2010)。中介组织(如商会、金融财团、贸易协会等)是集群创新不可或缺的重要条件,不仅为集群知识创造提供服务,而且为集群企业行为提供指导(Feser,1998;Kamarulzaman、Norhashim,2008)。集体学习促使集群网络与外部环境互动,实现集群的可持续发展(Capello,1999;Phelps,2010;Connell、Voola,2013)。刚性的网络结构容易使企业陷入静态学习的误区,高度弹性的网络促使企业创造性学习,从而适应快速变化的动态环境(Belussi、Arcangeli,1998;Gnyawali、Srivastava,2013)。高集群和高"抵达"网络将显著地提高集群内企业的创新能力(Melissa、Corey,2007;Lai等,2014)。

5. 产业集群演化中的公共政策与政府行为

空间外部性没有被企业内生化时,竞争均衡也可能促使产业集聚。在规模报酬递减、边际生产率下降或者没有区位优势的情况下,产业集聚也可能发生(Brock等,2014)。Piore和Sable(1984)强调了政府在建立产业区内竞争与合作机制中的重要作用。Poter(1990)结合钻石理论,从产业集群角度研究政府行为对产业发展的影响,认为政府与其他关键要素的关系既非负面也非正面。O'Sullivan(2000)认为政府可以在工业基础设施和公共服务设施供给上发挥作用,吸引厂商和劳动力流入。政府可以借助产业政策影响产业集聚,政府既可能促进产业集聚,也可能阻碍产业集聚(Forslid、Wooton,2003;Fenge等,2009;Fujita、Thisse,2013)。而降低商品交易成本的公共政策和管理政策也会促进产业集聚(Baldwin,2001;Sanz,2001;Keen、Konrad,2012;Han等,2014)。面对产业集群发展带来的环境污染问题,政府需要制定符合产业可持续发展的政策方案(Huang等,2011;Bridge等,2013)。Koven和Lyons(2003)证实美国各州政府制定的支持企业创业、基础设施建设等政策行为促进了区域产业集聚。He等(2008、2012)证实中国地方政府的产业政策能促进具有产业关联的企业集聚。李世杰等(2014)认为,地方政府间竞争和制度变迁对转轨期中国产业集聚发展具有重要且直接的影响。樊元等(2014)基于1997—2011年我国高技术产业五大行业灰色综合关联度分析发现,财税政策比金融政策更有助于产业集聚。政府政策承诺对区域内长期企业分布具有重要影响,可信的政策将吸引更多企业集聚(Hayato,2015)。

6. 长江经济带产业集聚与产业发展研究

这类文献将长江经济带分为长江上游,长江中游以及长三角地区三个部分,以某一部分为研究对象或者选取多个部分进行比较研究。饶光明(2007)基于长江上游地区第二产业实证检验了产业创新的极化与边缘化效应。白洁(2013)利用长江中游城市群1991—2010年数据,实证检验了消费、投资、技术创新和对外开放等因素对产业结构升级的影响。金永红、奚玉芹(2006)考察了长江三角洲地区产业发展现状及产业同构现象,并提出长江三角洲地区产业发展能级提升的措施。陈建军(2007)通过对长江三角洲地区产业结构与空间结构的演变分析发现,"雁行形态"推动了长三角制造业产业重心的迁移,形成了相对合理的产业空间结构和产业分工结构。陈建军和胡晨光(2008)以长三角次区域1978—2005年数据为样本,对产业在既定空间中心——外围式的集聚给集聚地区带来的经济发展、技术进步和索洛剩余递增三类集聚效应进行了理论和实证分析。陈诚等(2011)以江苏沿江地区为例,运用矩阵分类和空间分析方法探讨了生态保护与产业分布的空间匹配特点。黄庆华等(2014)基于SSM模型实证研究长江经济带三次产业结构的演变,发现政策导向影响、要素价格变化、区域分工合作以及产业发展的客观规律是产业结构演变的主要影响因素。

2.2.4 高技术产业创新效率

高技术产业创新效率的研究文献主要可以分为两类:一类是对高技术产业创新效率的测度与评价;另一类是对高技术产业创新效率的影响因素研究。章成帅(2016)从高技术产业创新效率评价指标和方法、创新效率测度和影响因素等方面对相关研究进行了回顾和评述。①

1. 高技术产业创新效率的测度与评价

早期的研究文献将技术研发和成果转化作为一个整体过程对高技术产业创新效率进行评价。效率测度和评价方法包括统计分析方法、数据包络分析方法和随机前沿分析方法。赵琳和范德成(2011)运用因子定权法分析高技术产业细分行业创新效率的动态演化。② 冯缨和滕家佳(2010)运用数据包络分析法从区域层面和行业层面对江苏省高技术产业技术创新效率进行了评价。③ 官建成和陈凯华(2009)运用松弛测度模型和临界效率模型测度了高技术产业创新活动中的技术效率和规模效率。④ 柴华奇等(2010)基于对抗交叉评价模型和传统 DEA 模型构建标准指数评价省际高技术产业的创新效率。⑤ 刘志迎和张吉坤(2013)将高技术企业创新效率分解为纯技术效率和规模效率,发现三资企业和国有企业的纯技术效率差异较小,而规模效率差距较大。⑥ 代明等(2016)利用双前沿面数据包络法测度高技术产业创新活动的乐观效率和悲观效率。⑦ 梁平等(2009)运用 Malmquist 指数法将创新效率分解为技术进步和资源配置效率,认为高技术产业创新效率主要是技术进步推

---

① 章成帅. 中国高技术产业创新效率研究:一个文献综述[J]. 中国科技论坛, 2016(4):56-62.
② 赵琳, 范德成. 我国高技术产业技术创新效率的测度及动态演化分析[J]. 科技进步与对策, 2011, 28(11):111-115.
③ 冯缨, 滕家佳. 江苏省高技术产业技术创新效率评价[J]. 科学学与科学技术管理, 2010(8):107-112.
④ 官建成, 陈凯华. 我国高技术产业技术创新效率的测度[J]. 数量经济技术经济研究, 2009(10):19-32.
⑤ 柴华奇, 宋德强, 刘永振. 中国区域高技术产业技术创新效率测度研究[J]. 情报杂志, 2010, 29(8):105-109.
⑥ 刘志迎, 张吉坤. 高技术产业不同资本类型企业创新效率分析——基于三阶段 DEA 模型[J]. 研究与发展管理, 2013, 25(3):45-52.
⑦ 代明, 刘可新, 陈俊. 中国高技术产业研发创新效率研究[J]. 中国科技论坛, 2016(1):5-10.

动,资源配置效率的作用较小。① 张华平(2016)运用 DEA-Malmquist 方法测度了高技术产业细分行业的创新效率和结构变化。② 韩晶(2010)运用 SFA 方法评价了高技术产业细分行业的创新效率,发现创新效率最低的是装备制造业,创新效率最高的是电子计算机及相关行业。③ 李邃等(2010)运用超对数随机前沿模型测算高技术产业的创新效率和全要素生产率。④ 李向东等(2011)运用随机前沿分析和数据包络分析两种方法测度了高技术产业细分行业的创新效率,发现两种方法的排序结果具有较高的一致性。⑤ 其中一些文献对高技术产业创新效率的现状和成因进行了解释。陈凯华等(2012)将 Russell 模型和单因素效率模型结合测度高技术产业创新效率,发现对创新成果转化的忽视是造成"高投入低产出"的主要原因。⑥ 成力为等(2011)认为配置效率低下是制约高技术产业创新效率提升的主要原因,配置效率也决定了内资部门和外资部门创新效率差异。⑦ 程萍和赵玉林(2014)运用数据包络分析法评价湖北省高技术产业创新效率,发现效率偏低的根源在于规模效

---

① 梁平,梁彭勇,黄馨. 中国高技术产业创新效率的动态变化——基于 Malmquist 指数法的分析[J]. 产业经济研究,2009(3):23-28.

② 张华平. 我国高技术产业创新效率变动分析——基于行业面板数据的实证研究[J]. 华东经济管理,2016,30(9):88-93.

③ 韩晶. 中国高技术产业创新效率研究——基于 SFA 方法的实证分析[J]. 科学学研究,2010,28(3):467-472.

④ 李邃,江可申,郑兵云,白俊红. 高技术产业研发创新效率与全要素生产率增长[J]. 科学学与科学技术管理,2010,31(11):169-175.

⑤ 李向东,李南,白俊红,谢忠秋. 高技术产业研发创新效率分析[J]. 中国软科学,2011(2):52-61.

⑥ 陈凯华,官建成,寇明婷. 中国高技术产业"高产出、低效益"的症结与对策研究——基于技术创新效率角度的探索[J]. 管理评论,2012,24(4):53-66.

⑦ 成力为,孙玮,王九云. 要素市场不完全视角下的高技术产业创新效率——基于三阶段 DEA-Windows 的内外资配置效率和规模效率比较[J]. 科学学研究,2011,29(6):930-938.

率不高。①

近年来,有学者将高技术产业创新分为技术研发和成果转化两个阶段分别进行评价。郑坚和丁云龙(2007)建立了高技术产业产出和转化两阶段的创新效率评价指标体系。② 王晓红和陈范红(2015)运用 Hicks-Moorsteen 指数方法测算高技术产业技术开发和技术成果转化两阶段的创新效率指数。③ 黄舜和管燕(2010)采用两阶段 DEA 模型测度了高技术产业产出阶段和转化阶段的技术创新效率。④ 尹伟华(2012)运用网络 SBM 模型评价高技术产业的研发过程和技术转化过程的创新效率,发现两个子过程和整体创新效率都偏低。⑤ 董艳梅和朱英明(2015)运用动态网络 DEA 模型测度了高技术产业知识创新阶段和科技成果商业化阶段的创新效率。⑥ 白雪洁和李爽(2016)运用动态网络 SBM 模型测算了高技术产业研究部门和开发部门的技术创新效率。⑦ 冯志军和陈伟(2014)建立资源约束型两阶段 DEA 模型评价中国高技术产业 17 个细分行业整体创新效率,以及技术开发和经济转化两阶段的研发创新效率。⑧

---

① 程萍,赵玉林. 湖北省高技术产业创新效率实证分析[J]. 中南财经政法大学学报,2014(4):32-37.
② 郑坚,丁云龙. 高技术产业技术创新效率评价指标体系的构建[J]. 哈尔滨工业大学学报(社会科学版),2007,9(6):105-108.
③ 王晓红,陈范红. 基于 HM 指数的中国高技术产业创新效率分析[J]. 产业经济研究,2015(6):91-110.
④ 黄舜,管燕. 基于过程的高技术产业技术创新效率测度[J]. 工业技术经济,2010,29(1):92-97.
⑤ 尹伟华. 基于网络 SBM 模型的区域高技术产业技术创新效率评价研究[J]. 情报杂志,2012,31(5):94-98.
⑥ 董艳梅,朱英明. 中国高技术产业创新效率评价——基于两阶段动态网络 DEA 模型[J]. 科技进步与对策,2015,32(24):106-113.
⑦ 白雪洁,李爽. 基于动态网络 SBM 模型的中国高技术产业创新效率[J]. 中国科技论坛,2016(5):39-45.
⑧ 冯志军,陈伟. 中国高技术产业研发创新效率研究——基于资源约束型两阶段 DEA 模型的新视角[J]. 系统工程理论与实践,2014,34(5):1202-1212.

杨向阳等(2013)运用 Malmquist 指数方法测算高技术产业技术开发和技术成果转化两个阶段的创新生产率指数。① 吕佳和陈万明(2015)测算了 2006—2012 年高技术产业技术创新的开发和转化两阶段的 Malmquist 生产率指数，发现这两阶段效率均呈现"U"形曲线。②

对中国高技术产业创新效率的外文研究文献相对较少，但不论是省际层面，还是行业层面，研究结果也大多证实中国高技术产业创新效率不高(Guan、Zuo, 2014；Hu 等, 2014；Jiang 等, 2015；Hong 等, 2016)。

2. 高技术产业创新效率的影响因素研究

大量文献探讨了高技术产业创新效率的影响因素。(1)企业规模和市场结构。岳书敬(2008)对长三角地区的五大高技术产业的经验分析发现，大企业的创新效率低于中小企业，市场竞争和出口有助于提高产业创新效率。③ 白俊红(2011)对高技术产业细分行业的实证研究发现，企业规模和市场结构都对产业创新效率具有显著影响。④ 戴魁早和刘友金(2016)建立生产率误置模型检验要素市场扭曲对高技术产业创新效率的抑制效应，发现企业特征(企业规模、外向度、经济绩效、技术密集度等)的变化可以在一定程度上规避抑制效应。⑤ 高晓光(2016)运用多产出随机前沿模型测算

---

① 杨向阳,童馨乐,李霓.基于两阶段的中国高技术产业创新效率研究——来自省级面板数据的实证分析[J].华东经济管理,2013,27(1):84-88.

② 吕佳,陈万明.基于 DEA Malmquist 指数的我国高技术产业创新效率分析[J].南通大学学报(社会科学版),2015,31(4):135-141.

③ 岳书敬.长三角地区高技术产业创新效率的经验分析[J].南京社会科学,2008(5):13-18.

④ 白俊红.企业规模、市场结构与创新效率——来自高技术产业的经验证据[J].中国经济问题,2011(9):65-78.

⑤ 戴魁早,刘友金.要素市场扭曲与创新效率——对中国高技术产业发展的经验分析[J].经济研究,2016(7):72-86.

省际高技术产业创新效率,并借助地理加权回归模型分析创新效率的影响因素,发现企业规模、市场结构和政府投入对高技术产业创新效率具有显著影响。① 戴魁早和刘友金(2013)发现市场化程度高有助于提升高技术产业创新效率,在加入WTO后促进作用更大。② 顾群和翟淑萍(2013)对省际面板数据的实证研究发现,高技术产业创新效率与金融发展水平显著正相关,而与知识产权保护呈倒"U"形关系。③ 李向东等(2015)发现,政府资助和金融支持对高技术产业创新效率有着显著的负向影响,而出口贸易和企业规模对创新效率有着显著促进作用。④ 戴魁早(2013)认为垂直专业化对高技术产业的创新效率具有促进作用,其作用因行业和时期而异。⑤ 韩庆潇等(2015)发现多样化对高技术产业创新效率存在显著的溢出效应,但专业化的溢出效应不显著。⑥ (2) FDI。邓路和高连水(2009)发现FDI对高技术产业内资企业的溢出效应不显著,外资企业本地化R&D促进了内资企业创新效率提升。⑦ 邓路(2009)对中国高技术产业三位码行业面板数据的实证研究表明,FDI不能促进内资企业自主创新效率提升,仅对外资企业存在溢出

---

① 高晓光. 中国高技术产业创新效率影响因素的空间异质效应[J]. 世界地理研究, 2016, 25(4):122-131.
② 戴魁早,刘友金. 市场化进程对创新效率的影响及行业差异——基于中国高技术产业的实证检验[J]. 财经研究, 2013(5):4-16.
③ 顾群,翟淑萍. 高技术产业知识产权保护、金融发展与创新效率——基于省级面板数据的研究[J]. 软科学, 2013, 27(7):42-46.
④ 李向东,李南,刘东皇. 高技术产业创新效率影响因素分析[J]. 统计与决策, 2015(6):109-113.
⑤ 戴魁早. 垂直专业化对中国高技术产业创新效率的影响——基于动态面板GMM方法的实证检验[J]. 研究与发展管理, 2013, 25(3):33-44.
⑥ 韩庆潇,杨晨,李鹏. 中国高技术产业知识溢出与创新效率分析[J]. 中国科技论坛, 2015(2):67-71.
⑦ 邓路,高连水. FDI强度与自主创新效率——基于我国高技术产业的面板数据[J]. 经济与管理研究, 2009(4):20-24.

效应。① 孙玮等认为(2011)FDI对高技术产业自主创新效率的技术溢出取决于FDI的质量特征(如外资技术水平、盈利能力和外资平均规模)。② (3)研发投入与技术获取。王惠等(2016)建立门槛模型证实,随着R&D投入强度的提高,其对高技术产业绿色创新效率从负向作用转变为显著的正向作用。③ 彭峰和李燕萍(2015)运用系统GMM方法证实本土技术转移和FDI对高技术产业创新效率具有显著正向影响,而国外技术引进则抑制了创新效率提升。④ 汪传旭和任阳军(2016)运用SBM模型测度高技术产业的绿色创新效率,并运用空间Durbin模型分析研发投入和企业规模等因素对绿色创新效率的影响。⑤ (4)政府干预与公共政策。杨青峰(2013)发现省际高技术产业创新效率较低,出口强度、基础设施、地理位置、政府R&D资助和企业规模都对创新效率具有显著影响。⑥ 宋罡和徐勇(2013)发现创业投资和政府科技投入都显著提升了高技术产业创新效率,但二者间具有替代效应。⑦ 党国英和秦开强(2015)发现产业开放度高与加大知识产权保护显著促进了高技术

---

① 邓路. FDI溢出、出口导向效应与创新效率——基于我国高技术产业面板数据的实证研究(1999—2007)[J]. 财经科学, 2009(7): 95-101.

② 孙玮, 王九云, 成力为. FDI质量对高技术产业自主创新效率的溢出效应——基于企业所有制结构视角的中国数据实证研究[J]. 科研管理, 2011, 32 (8): 57-66.

③ 王惠, 王树乔, 苗壮, 李小聪. 研发投入对绿色创新效率的异质门槛效应——基于中国高技术产业的经验研究[J]. 科研管理, 2016, 37 (2): 63-71.

④ 彭峰, 李燕萍. 本土技术转移对高技术产业创新效率的影响[J]. 科技进步与对策, 2015, 32 (23): 125-128.

⑤ 汪传旭, 任阳军. 高技术产业绿色创新效率的空间溢出效应[J]. 产经评论, 2016(6): 76-84.

⑥ 杨青峰. 高技术产业地区研发创新效率的决定因素——基于随机前沿模型的实证分析[J]. 管理评论, 2013, 25 (6): 47-58.

⑦ 宋罡, 徐勇. 创业投资对高技术产业创新效率的影响研究[J]. 东北大学学报(社会科学版), 2013, 15 (1): 32-37.

产业创新效率提升。① 曲婉和康小明(2012)认为高技术产业创新效率存在着显著的区域差异,其主要原因在于研发投入强度的不同,构建特色化的区域产业体系能够缩小创新效率的区域差异。②(5)空间集聚。桂黄宝(2014)运用空间计量方法证实地理邻近性、企业规模和劳动力都对高技术产业创新效率具有显著影响。③ 方齐云和吴光豪(2015)发现集聚对高技术产业创新效率的影响具有区位差异,集聚阻碍了东部地区高技术产业创新,但促进了中西部地区产业创新。④ 李晓龙等(2017)基于空间杜宾模型证实科技服务业空间集聚对高技术企业创新效率的正向溢出效应。⑤

也有一些文献分别考察了技术研发和成果转化两阶段创新效率的影响因素。邓路和高连水(2009)认为外资企业本土化 R&D 投入对高技术产业创新效率具有显著的正向影响。⑥ 孙玮和刘栋(2010)考察了外资 R&D 行为与高技术产业自主创新效率的关系。⑦ 邓路(2010)发现高技术行业特征的差异性导致 FDI 对内资企业自主技术创新效率的溢出效应存在异质性。⑧ 成力为等(2010)发现

---

① 党国英,秦开强.高技术产业的技术创新效率与影响因素——对五大类 23 个分行业的效率分析[J].产经评论,2015(2):15-27.

② 曲婉,康小明.高技术产业创新效率区域差异研究[J].中国科技论坛,2012(8):70-74.

③ 桂黄宝.我国高技术产业创新效率及其影响因素空间计量分析[J].经济地理,2014,34(6):100-107.

④ 方齐云,吴光豪.高技术产业集聚提高了创新效率吗?[J].管理现代化,2015(2):55-57.

⑤ 李晓龙,冉光和,郑威.科技服务业空间集聚与企业创新效率提升——来自中国高技术产业的经验证据[J].研究与发展管理,2017,29(4):1-10.

⑥ 邓路,高连水.研发投入、行业内 R&D 溢出与自主创新效率——基于中国高技术产业的面板数据(1999—2007)[J].财贸研究,2009(5):9-14.

⑦ 孙玮,刘栋.FDI 技术来源渠道与高技术产业自主创新效率[J].中国科技论坛,2010(5):58-64.

⑧ 邓路.FDI 溢出效应与自主技术创新效率:一个高技术产业特征的视角[J].财经论丛,2010(1):12-18.

低技术型 FDI 对内资部门自主创新效率存在显著抑制作用，而高技术型 FDI 对内资部门自主创新效率没有显著影响。① 高新才和朱泽钢（2017）探讨了资源依赖对高技术产业两阶段创新效率的传导机制，基于省际面板数据实证发现资源依赖对创新效率具有制约作用。② 余泳泽（2009）运用松弛变量的 DEA 模型测算高技术产业研发和成果转化两阶段的技术创新效率，建立 Tobit 模型考察了技术引进及消化、制度变量等因素对创新效率的影响。③ 肖仁桥等（2012）利用链式关联 DEA 模型测度了高技术产业创新整体创新效率和两阶段创新效率，建立 Tobit 模型检验政府支持、企业规模等因素对整体和分阶段创新效率的作用。④ 邱兆林（2014）运用 SFA 方法测算高技术产业两阶段的创新效率，并建立 Tobit 模型分析产业政策和市场化因素对创新效率的影响，研究表明，前者对创新效率的作用有限，而后者对创新效率具有正向影响。⑤ 宇文晶等（2015）运用两阶段串联 DEA 模型测度高技术产业技术转化与经济转化的创新效率，并建立 Tobit 回归模型分析政府研发投入和产业结构等因素对两阶段创新效率的影响。⑥ 张鸿和汪玉磊（2016）采用基于冗余测度的 DEA 模型测算发现陕西省高技术产业细分行业成果转化阶段比研发阶段创新效率高，市场化程度和消化吸收能力

---

① 成力为，孙玮，王九云. 引资动机、外资特征与我国高技术产业自主创新效率[J]. 中国软科学，2010(7)：45-57.

② 高新才，朱泽钢. 资源依赖与高技术产业技术创新效率——基于 SFA 与中介变量法的研究[J]. 西北大学学报(哲学社会科学版)，2017，47(1)：106-113.

③ 余泳泽. 我国高技术产业技术创新效率及其影响因素研究——基于价值链视角下的两阶段分析[J]. 经济科学，2009(4)：62-74.

④ 肖仁桥，钱丽，陈忠卫. 中国高技术产业创新效率及其影响因素研究[J]. 管理科学，2012，25(5)：85-98.

⑤ 邱兆林. 高技术产业两阶段的创新效率[J]. 财经科学，2014(12)：107-116.

⑥ 宇文晶，马丽华，李海霞. 基于两阶段串联 DEA 的区域高技术产业创新效率及影响因素研究[J]. 研究与发展管理，2015，27(3)：137-146.

分别对研发和转化阶段创新效率具有显著影响。①

外国文献的研究结果也有类似的结论，这些研究大多表明，吸收能力、外部联系渠道、要素市场、政府补助、技术引进、FDI、出口、国内技术获取等都可能对高技术产业创新效率产生影响（Liu等，2014；Wang等，2015；Hong等，2016）。

2.3 现有研究评述

已有关于技术转移与技术效率关系的文献主要是针对工业行业宏观层面的实证研究。这些文献注意到通过国际贸易和FDI等渠道的技术转移方式的生产率效应。比如，李小平等（2008）认为进口贸易显著地促进了工业行业生产率增长，而高凌云和王洛林（2010）的研究结论则相反；李春顶和赵美英（2010）证实了出口贸易对生产率增长存在负面效应。以上研究结论的差异可能是由于不同时期不同行业的样本数据所致，这说明检验技术转移与技术效率、技术进步之间的关系需要针对较长时期的细分行业。高技术产业研发投入高于一般工业行业，而我国在高技术产业链中的国际分工地位较低，国际贸易中也以加工贸易为主（施炳展、李坤望，2008；陈玲、薛澜，2010；黄先海、杨高举，2010），这些特点会对技术效率和技术进步产生什么影响？现有的文献没有提供有力的诠释。

已有相关文献大多孤立分析技术引进或者研发投入和高技术产业生产率的关系，忽略了不同时期不同地区吸收能力的异质性对溢出效应的影响（刘志迎等，2007；朱有为、徐康宁，2007；李燕萍、彭峰，2012；Zhang，2012）。理论上发达国家对后发国家具有技术外溢效应，后发国家可以通过技术引进实现更快的技术进步，但随着后发国家技术水平的提高，技术引进所引致的学习溢出效应逐渐减弱（林毅夫、张鹏飞，2005）。技术引进也有可能替代本国

---

① 张鸿，汪玉磊. 陕西省高技术产业技术创新效率及影响因素分析[J]. 陕西师范大学学报（哲学社会科学版），2016，45（5）：118-126.

的技术创新而挤出研发投入,一些拉美国家在引进外资和先进技术时忽视了提升自主创新能力,在取得短期的经济增长之后陷入了技术依赖的陷阱。此外,对出口导向的产业而言,企业为了满足国外技术标准和消费者需求,不断引进国外先进技术和设备,造成了对本土企业市场空间的挤压和替代,抑制了本土企业的技术创新(陈爱贞等,2008)。① 另有一些文献实证分析技术转移对自主研发的影响。邢斐和张建华(2009)发现技术贸易对企业自主研发产生替代效应,但能通过技术溢出提升企业技术能力,FDI 的技术溢出效应对自主研发没有显著影响;王华等(2010)证实国际技术许可对高技术行业的技术创新不存在显著影响。这些研究表明技术转移对自主研发存在着挤出和替代效应,从而间接对企业效率产生影响。然而,现有研究很少将国外技术引进、本土技术转移和 FDI 这些技术转移方式纳入到同一框架下分析,也鲜有文献考察不同技术转移方式和自主研发的相互作用及其对效率变化的影响。

---

① 彭峰,李燕萍. 技术转移方式、自主研发与高技术产业技术效率的关系研究[J]. 科学学与科学技术管理,2013,34(5):44-52.

3 高技术产业中技术转移与技术效率现状分析

20世纪后期,以信息技术产业、生物技术产业为重点的高技术产业逐渐成为世界经济发展的主要动力。中国政府制定出一系列符合国情的高技术产业发展战略与规划,通过推动体制创新和完善政策体系,使高技术产业从初创迅速走向全面发展(表3-1和表3-2总结了各时期高技术产业政策规划的主要目标和具体措施)。本章回顾高技术产业发展历程和产业政策变迁,探讨技术转移政策的目的和措施,并对技术转移对技术效率的影响进行分析。

3.1 高技术产业发展历程和产业政策变迁

20世纪90年代,为了解决高技术产业发展初期面临的技术瓶颈和资本约束,决策层提出开放国内市场,利用广阔的市场吸引外资企业在高技术领域进行持续的投资,即市场换技术策略(黄烨菁,2008)。主要手段是向高技术产业倾斜的《外商投资产业指导目录》和高新区优惠政策。1993—2000年,高技术产业工业产值年均增长22.7%;电子及通信设备制造业、电子计算机及办公设备制造业发展最快,增速分别高达29.2%和48%,两者在高技术产业结构中的比重分别增加了11.5%和8%;初步形成了医药制造业、航空航天器制造业、电子及通信设备制造业、电子计算机及办公设备制造业、医疗设备及仪器仪表制造业全面发展的局面;在地区布局上形成了长江三角洲、珠江三角洲和环渤海地区等具有区域特色的高技术产业增长带。然而,一方面,由于企业技术能力低下,科技成果产业化程度不高,核心技术、工艺装备和关键零部件严重依赖进口,高技术产业附加值和增加值远低于发达国家,产业竞争力不强。① 另一方面，由于缺乏科学有效的项目审核机制，对投资项目的技术水平要求不高，利用技术转移的成效有限。

2000年以后，随着对"市场换技术"策略质疑的逐渐升温，决策层更加强调自主创新能力和产业的可持续发展。《国民经济和社会发展第十个五年计划科技教育发展专项规划(高技术产业发展规划)》明确提出：在生物医药、生物芯片、通信设备、数字电子产品、软件等新兴产业领域实现跨越式发展；培育具有较强研发能力和竞争能力的大型企业；形成专业化的产业基地。重点组织实施生物技术产业工程、新一代高速宽带信息网络、深亚微米集成电路等十二大高技术建设工程，推动发展创制药物、新型显示器件、数控系统及其装备等20个战略性重点领域(重点专项)，带动高技术

表3-1 我国促进技术转移与高技术产业发展的政策法规

序号	名称(时间)	主要目标	主要措施
1	国民经济和社会发展第十个五年计划科技教育发展专项规划(高技术产业发展规划)(2001)	高技术产业要力求在总量规模方面上一个新台阶，在国民经济中的地位显著提高，关联和带动作用明显增强。在软件、通信设备、数字电子产品、生物医药、生物芯片等新兴产业领域，要力争建立起具有国际水平、拥有自主发展能力的产业群体，实现跨越式发展；在机械、纺织、石化、冶金、能源等传统产业领域，加大用高技术进行改造的力度，提高产业的国际竞争力，使我国成为重要的机电产品供应基地之一；初步形成以网络信息服务为代表的高技术服务业。	建立有利于高技术产业发展的市场环境；推动高技术产业优惠政策由区域政策向产业政策转变；完善各类政策工具，提高政府服务质量；完善高技术产业投融资体制；吸引培养人才，激励创业、创新。

---

① http://www.sdpc.gov.cn/gjscy/cyzhdt/t20050714_36316.htm。

续表

序号	名称(时间)	主要目标	主要措施
2	2004—2010年国家科技基础条件平台建设纲要（2004）	制定并颁布平台建设的总体规划,完成若干重点领域和区域科技基础条件资源的整合,实施一批对推动科技创新具有重要意义、能够有效带动资源共享的试点、示范工程,初步形成以共享为核心的制度框架,构建重要科技基础条件资源信息平台。到2010年,初步建成适应科技创新需求和科技发展需要的科技基础条件支撑体系,以共享机制为核心的管理制度,与平台建设和发展相适应的专业化人才队伍和研究服务机构。	加强组织领导,落实组织措施;完善法规体系,强化制度创新;加强投资导向,调整支出结构;建立平台评估监测体系;积极开展国际合作与交流;营造良好的社会氛围。
3	国家重大技术装备研制和重大产业技术开发专项规划（2005）	从"十五"后期开始,结合国民经济发展和国家重大建设工程的需要,围绕重点产业、重点领域、重点行业和重点企业,组织实施10项重大技术装备和10项重大产业技术项目。以国家重点建设工程为依托,集中研制一批重大技术装备;促进产业技术水平的提高,重点攻克一批共性、关键技术,带动产业结构调整和优化升级,提升产业的核心竞争力,加快高新技术和先进适用技术向传统产业的渗透与融合。	加快研究制定产业技术政策和重大装备发展政策;构建和完善国家创新体系;发挥企业的主体作用;组织实施重大技术装备研制专项;组织实施重大产业技术开发专项;加大产业关键技术研究开发资金的投入。
4	生物产业发展"十一五"规划（2007）	初步形成有利于生物产业发展的政策法规体系、技术创新体系、技术标准体系、生物安全保障体系、产业组织体系和行业服务体系。研究开发投入占产业增加值的比重明显提高,形成一批具有自主知识产权、年销售额超过10亿元的生物技术产品。培育一大批创新型中小生物企业,形成10个左右销售收入超100亿元的大型生物企业。	强化产业技术创新体系建设,促进生物产业集聚式发展;建设高素质生物产业人才队伍;多渠道增加对生物产业发展的资金投入。实施有利于现代生物产业发展的税收政策。

续表

序号	名称(时间)	主要目标	主要措施
5	高技术产业发展"十一五"规划（2007）	掌握一批事关国家竞争力和国家安全的核心技术；高技术产业结构进一步优化，电子信息产业、生物产业、航空航天产业等重点领域的技术层次和产品档次大幅提升；2010年高技术产品进出口总额将达到8000亿美元，出口占外贸出口的比重超过30%；2010年高技术产业增加值占GDP的比重提高到10%左右。	建立健全投融资政策体系；加大税收和政府采购政策扶持力度；完善知识产权和人才政策；进一步扩大国际合作；加强宏观引导和协调。
6	"十一五"重大技术装备研制和重大产业技术开发专项规划（2008）	研制8项重大技术装备。掌握一批与国家经济安全和国防安全密切相关的重大技术装备核心技术；提高重大技术装备的设计、制造和系统集成能力；培育一批具有核心竞争力和系统集成能力的大型企业集团。攻克4项重大产业技术。掌握一批具有自主知识产权的产业核心技术和关键技术，在解决制约重大产业发展的瓶颈问题上取得重大突破，为实现节能减排的目标，提高资源的综合利用率，提供技术支撑。	建立统筹协调机制，加强重大项目的监督管理；加强宏观政策引导；发挥企业主体作用，构建技术创新的体系平台；加大资金投入力度；加强引进消化吸收，提高自主创新的内在动力；完善技术标准体系，掌握核心技术的知识产权。
7	电子信息产业调整和振兴规划（2009）	稳步推进电子信息加工贸易转型升级，鼓励加工贸易企业延长产业链，促进国内产业升级。形成一批具有国际影响力、特色鲜明的产业聚集区。产业创新体系进一步完善。核心技术有所突破，新一代移动通信、下一代互联网、数字广播电视等领域的应用创新带动形成一批新的增长点，产业发展模式转型取得明显进展。	落实扩大内需措施；加大国家投入；加强政策扶持；完善投融资环境；支持优势企业并购重组；进一步开拓国际市场；强化自主创新能力建设。

续表

序号	名称(时间)	主要目标	主要措施
8	国务院关于加快培育和发展战略性新兴产业的决定(2010)	节能环保、新一代信息技术、生物、高端装备制造产业成为国民经济的支柱产业,新能源、新材料、新能源汽车产业成为国民经济的先导产业;创新能力大幅提升,掌握一批关键核心技术,在局部领域达到世界领先水平;形成一批具有国际影响力的大企业和一批创新活力旺盛的中小企业;建成一批产业链完善、创新能力强、特色鲜明的战略性新兴产业集聚区。	强化科技创新,提升产业核心竞争力;积极培育市场,营造良好市场环境;深化国际合作,提高国际化发展水平;加大财税金融政策扶持力度,引导和鼓励社会投入;推进体制机制创新,加强组织领导。
9	海洋工程装备产业创新发展战略2011—2020(2011)	到2020年,形成完整的科研开发、总装制造、设备供应、技术服务产业体系,打造若干知名海洋工程装备企业,基本掌握主力海洋工程装备的研发制造技术,具备新型海洋工程装备的自主设计建造能力,产业创新体系完备,创新能力跻身世界前列。	支持创新驱动,实施产业创新发展工程;以需求为牵引,形成产业联盟;加强国际合作,打造一流人才队伍;加强政策引导,完善产业结构。

资料来源:国家发展和改革委员会高技术产业司网站:http://gjss.ndrc.gov.cn/zcgh/gjfgwbzdgh/gjfzggwbzgh/default.htm。

产业的整体发展(发改委,2001)。在"十五"期间,高技术产业对外开放不断扩大,利用外资的水平和规模得到进一步提高;技术密集型产业(如集成电路)国际化发展取得显著成效,研发了基因药物、32位CPU等一批具有自主知识产权的技术,卫星导航、数字电视等科技成果实现了产业化,实现载人航天标志着我国航天技术进入国际先进行列;长江三角洲、珠江三角洲、环渤海区域的产业聚集加快形成。① 这一时期,技术创新能力弱、研发投入不足、产品附加值低的问题仍然没有得到改善。

"十一五"时期,随着国家863计划、973计划、科技支撑计划、火炬计划、科技型中小企业技术创新基金等科技计划的逐步实

---

① 发改高技〔2007〕911号。

施，高技术产业得到快速发展。① 国家高新区、国家高技术产业化基地和火炬计划特色产业基地分别达到了 83 家、172 家和 259 家，设立了北京中关村、武汉东湖、上海张江三个国家级自主创新示范区；在国家高新区中有近 9000 家企业的年营业收入达上亿元，超过 900 家企业上市；生产力促进中心、科技企业孵化器、国家级大学科技园、国家级技术转移示范机构的数量分别达到 2031 家、900 家、86 家、134 家，形成了较为完善的科技中介服务体系。② 在先进制造、信息与空间、新材料等领域实现重大技术创新，部分高技术装备和关键零部件能够自主设计制造，高性能计算机、无线宽带通信、高速铁路等技术达到国际领先水平。

表 3-2　我国促进技术转移与高技术产业发展的政策法规

序号	名称(时间)	政策目标	政策措施
1	鼓励软件产业和集成电路产业发展的若干政策(2000)	通过政策引导，鼓励资金、人才等资源投向软件产业和集成电路产业，进一步促进我国信息产业快速发展，力争到 2010 年使我国软件产业研究开发和生产能力达到或接近国际先进水平，并使我国集成电路产业成为世界主要开发和生产基地之一。鼓励国内企业充分利用国际、国内两种资源，努力开拓两个市场。经过 5～10 年的努力，国产软件产品能够满足国内市场大部分需求，并有大量出口；国产集成电路产品能够满足国内市场大部分需求，并有一定数量的出口，同时进一步缩小与发达国家在开发和生产技术上的差距。	多方筹措资金，加大对软件产业的投入；为软件企业在国内外上市融资创造条件；在我国境内设立的软件企业可享受企业所得税优惠政策；对国家规划布局内的重点软件企业，当年未享受免税优惠的减按 10% 的税率征收企业所得税；支持开发重大共性软件和基础软件；支持国内企业、科研院所、高等院校与外国企业联合设立研究与开发中心。

---

① http://www.most.gov.cn/fggw/zfwj/zfwj2012/201202/t20120227_92756.htm。
② 国科发计〔2007〕71 号。

续表

序号	名称(时间)	政策目标	政策措施
2	中国科技企业孵化器"十五"期间发展纲要(2001)	在2005年以前，全国各类科技企业孵化器数量要超过500家，孵化场地总面积将达到500万平方米以上，其中70%以上完成信息网络建设，孵化基金总额10亿元以上，逐步形成职业化管理队伍，当年在孵企业20000家以上，毕业企业累计8000家以上，聚集一批高水平的创业人才，转化一批国家级科研成果，孵化一批国际水平的高新技术企业，培育一批高素质的科技型企业家。	大力发展多种类型的科技企业孵化器；完善服务功能，提高孵化质量；集成科技产业化资源，建立科技创新孵化体系；探索孵化体制创新，建立高素质管理队伍；注重风险投资与中介服务机构的引入；注重以大学、科研院所为依托。
3	国家产业技术政策(2002)	2005年，力争在重点行业、重点企业、重点产品和重点工艺、重大技术装备上，有重大技术突破，部分接近或达到同期国际先进水平。2010年，部分高新技术与国际先进水平保持同步，重点生产领域的关键技术基本达到国际先进水平，以企业为主体的技术创新体系得到完善，在主要行业和领域具有自主开发和自主创新能力。	充分发挥和运用市场对科技资源配置的基础作用；建设以企业为主体的国家技术创新体系；加强宏观指导，加快技术创新的政策环境建设。
4	国家星火产业带发展总体规划及实施方案(2005)	突出星火科技特色的原则，建设一批各具特点、形成区域主导产业或产业集群、具有较强区域科技创新能力、对区域和地方经济具有较大带动作用的国家星火产业带，初步探索形成有效的国家星火产业带管理和运行机制。并通过国家星火产业带建设，在更大范围营造更好的创业创新环境，充分发挥星火计划的示范、辐射和引导作用。	加强宏观指导和政策扶持；加大对国家星火产业带的扶持力度；充分发挥地方积极性；规范国家星火产业带的管理。

续表

序号	名称(时间)	政策目标	政策措施
5	国家高新技术产业开发区技术创新纲要(2005)	通过实施以营造创新创业环境、增强技术创新能力为核心的"二次创业"发展战略，使国家高新区真正成为：高新技术研发、孵化和产业化的基地；培育、造就高新技术企业和科技企业家的摇篮；深化科技、经济体制改革与创新的试验区；高技术产业发展的密集区；高新技术产品出口的重要基地；改造和提升传统产业的技术辐射源。	加强国家高新区技术创新人才队伍建设；增加科技投入、完善风险投资机制；适当扩大和调整国家高新区的区域与面积；积极开展横向联合，促进技术创新联盟的形成；营造国家良好的创新文化环境。
6	国家"十一五"科学技术发展规划(2006)	"十一五"期间，要基本建立适应社会主义市场经济体制、符合科技发展规律的国家创新体系，形成合理的科学技术发展布局，力争在若干重点领域取得重大突破和跨越发展，R&D投入占GDP的比例达到2%，使我国成为自主创新能力较强的科技大国。面向国民经济重大需求，加强能源、资源、环境领域的关键技术创新，提升解决瓶颈制约的突破能力；以获取自主知识产权为重点，加强产业技术创新，显著提升农业、工业、服务业等重点产业的核心竞争能力；加强多种技术的综合集成，提升人口健康、公共安全和城镇化与城市发展等社会公益领域的科技服务能力；超前部署基础研究和前沿技术研究，提升科技持续创新能力。	重点在"发挥科技支撑与引领作用"和"加强科技创新能力与制度建设"两个方面进行战略部署；要集中力量组织实施一批重大专项，加强关键技术攻关，超前部署前沿技术，稳定支持基础研究，支撑和引领经济社会持续发展；要加强科技创新的基础能力建设，进一步深化科技体制改革，完善自主创新的体制机制。
7	国家高新技术产业化及其环境建设(火炬)"十一五"发展纲要(2007)	完善以自主创新为核心的高技术产业化推进体制和机制；以培育科技型中小企业为重点，推进企业技术创新工作；以发展创新集群为重点，推进以高新技术为主导的产业升级工作；聚集要素资源，增强对创新环境和产业化的支撑能力；形成一支环境建设和产业化发展的人才队伍；形成比较完善的技术市场和技术转移的环境与条件；初步形成资本市场支撑产业化发展的政策体系。	建立有利于自主创新的高技术产业化体制机制；推进高新技术企业的自主创新能力建设；加强高技术产业化基地建设；推动技术市场和技术转移体系发展与完善；加快科技企业辅育体系、创新集群服务体系建设；完善高技术产业化投融资体系。

续表

序号	名称(时间)	政策目标	政策措施
8	国家技术转移促进行动实施方案(2007)	"十一五"期间,引导和支持10个区域技术转移及服务联盟、40个综合性、70个行业或专业性、80个大学及科研机构、30个国际技术转移基地等多层次的国家技术转移示范机构;建设中国创新驿站工作网络,建立100家工作站点;推动一批国家重大计划项目和行业共性技术、关键技术的转移和扩散;实现全国技术合同成交额每年以15%的速度递增,到2010年达3000亿元。	构建新型技术转移体系,探索有利于技术转移和扩散的运行机制和有效途径。健全技术市场法律法规政策保障体系;开展国家技术转移示范工作;培育专业化、高水平的技术转移人才队伍;建立和完善技术转移的投融资服务体系。
9	中华人民共和国科学技术进步法(2007)	促进科学技术进步,发挥科学技术第一生产力的作用,促进科学技术成果向现实生产力转化,推动科学技术为经济建设和社会发展服务。建立以企业为主体,以市场为导向,企业同科学技术研究开发机构、高等学校相结合的技术创新体系,引导和扶持企业技术创新活动,发挥企业在技术创新中的主体作用。	逐步提高科学技术经费投入的总体水平;国家财政用于科学技术经费的增长幅度,应当高于国家财政经常性收入的增长幅度。全社会科学技术研究开发经费应当占国内生产总值适当的比例,并逐步提高。
10	生产力促进中心"十二五"发展规划纲要(2011)	"十二五"期间,生产力促进中心应发展成为服务产业、支持企业、促进创业就业的载体,发展成为促进传统优势产业、战略性新兴产业、现代服务业协调发展的载体,发展成为密切产学研用、衔接创新体系各主体、加快自主创新成果产业化的载体,促进提高全社会创新效率,促进知识成果传播、转化、应用。2015年,全国生产力促进中心总数保持在2000家以上,从业人员总数3万人。服务企业总数50万家,服务收入年均增长10%。每年为企业提供技术开发服务6000项次,向企业导入技术8000项,提供产品检测服务2万次,技术推广服务3万项次。	开展生产力促进中心服务产业集群、服务基层科技专项行动,引导生产力促进中心采取多种形式进入园区和产业集群开展服务,大力培育科技服务业的新业态。培育技术研发能力强、成长态势好、具有典型示范意义的创新型企业。积极参与技术创新战略联盟建设,促进创新源头和产业需求的有效衔接。推动业务联盟建设,完善体制机制和业务规范。

续表

序号	名称(时间)	政策目标	政策措施
11	高技术产业化及其环境建设"十二五"专项规划(2012)	大力培育和发展战略性新兴产业,推动传统产业升级,加快发展现代服务业,全面提升高技术产业竞争力,在体制机制创新和环境建设方面取得关键性突破。战略性新兴产业的规模显著扩大,产业结构和布局显著优化;掌握一批战略性新兴产业核心关键技术,推动一批传统优势产业优化升级;完善全方位、多层次的创新创业支撑体系,使我国成为全球最活跃的科技创新创业中心之一;国家高新区、产业化基地、特色产业基地等在全国的布局更加完善,形成 10 个具有世界影响力的产业集群,建设 100 个创新人才培养示范基地。	加强关键核心技术研发,培育战略性新兴产业;推动先进适用技术应用,促进产业优化升级;促进模式创新和技术集成,加快发展现代服务业;着力发展创新集群,推进产业有序发展;优化创新创业服务体系,促进企业快速成长;利用全球创新资源,提升产业国际化发展水平。
12	国家科技企业孵化器"十二五"发展规划(2012)	2015 年,全国孵化器数量达 1500 家,其中国家级孵化器达到 500 家,并实施国家级孵化器的动态管理和退出机制。国家级孵化器 30%以上建立创业苗圃和企业加速器,50%以上具有天使投资和持股孵化功能,60%以上从业人员接受孵化器专业培训,80%建有公共技术服务平台,90%形成创业导师辅导体系。建设科技创新创业示范区;建设标杆科技企业孵化器;培育高水平、高层次、高素质创业团队;培育具有核心竞争力的高成长性企业。	实施分类指导;打造孵化链条;创新孵化形态;创新运营机制;聚集创新创业要素;健全金融投资功能;加强创业导师建设;强化孵化培训工作;建设网络平台;加强专业合作;完善行业组织;推动国际合作;建设创新创业示范区;聚集创新创业人才;树立创新创业品牌。
13	国家高技术产业开发区"十二五"发展规划纲要(2013)	建成一批处于世界前沿水平的研发基地,培养一大批具有较强创新创业能力的复合型人才,在重点技术领域形成一批取得若干具有国际影响力的重大创新成果。战略性新兴产业成为园区的主导产业,形成一批具有影响力的创新型产业集群。对区域经济形成较大支撑,辐射带动周边园区和区域经济发展。培育一批国际知名品牌和具有国际竞争力的领军企业,发展一批具有国际影响力、国际竞争力的产业集群。	加快创新体系建设,提升企业自主创新能力;大力培育发展战略性新兴产业,加快发展现代服务业;完善全链条孵化体系,巩固人才高地优势;完善科技金融体系,改善企业融资环境;坚持开放合作发展,提高园区国际化水平。

续表

序号	名称(时间)	政策目标	政策措施
14	技术市场"十二五"发展规划(2013)	加快技术市场法制建设，制定和修订一批促进技术市场发展的配套政策，形成基本完善的技术市场政策和法制环境；整合全国技术转移和创新服务资源，形成统一开放、网上网下结合、产学研中介等各方主体扁平化合作的全国大技术市场；推进各级政府财政资金支持形成的公共科技成果入场交易，组织1000项重大科计划项目成果的转移转化；技术市场服务国家重大发展战略的能力全面提升，进一步利用技术市场优势，培育和发展若干新型现代科技服务业态。	加强技术市场制度化建设，营造有利于技术转移的良好环境；进一步强化专业化导向，加速构建技术市场服务体系；大力推进网络化、信息化和国际化，建设全国统一大技术市场；创新体制机制，积极服务科技成果转移转化和高新区创新发展。
15	中华人民共和国促进科技成果转化法（2015）	促进科技成果转化为现实生产力，规范科技成果转化活动，加速科学技术进步，推动经济建设和社会发展。	国家通过制定政策措施，提倡和鼓励采用先进技术、工艺和装备，不断改进、限制使用或者淘汰落后技术、工艺和装备。国家鼓励研究开发机构、高等院校采取转让、许可或者作价投资等方式，向企业或者其他组织转移科技成果。

资料来源：中央政府门户网站：http：//www.gov.cn；科技部门户网站：http：//www.most.gov.cn。

3.2 技术转移现状

自从 20 世纪 80 年代开放技术市场以来,经过 20 多年的发展,我国初步建立了技术转移体系。特别是《国家中长期科学和技术发展规划纲要(2006—2020 年)》的实施,以及随后科学技术部、教育部和中国科学院发布了"国家技术转移促进行动实施方案",一系列政策措施极大地促进了我国技术转移的发展。

初步形成了技术转移的政策法规体系。1985 年 3 月,《中共中央关于科学技术体制改革的决定》中明确提出"促进技术成果的商品化,开拓技术市场"。其后相继发布的《中华人民共和国科学技术进步法》《中华人民共和国促进科技成果转化法》《中华人民共和国合同法》《中华人民共和国专利法》《国家中长期科学和技术发展规划纲要(2006—2020 年)》《国家技术转移促进行动实施方案》等政策措施不断对技术转移制度和框架进行完善。《国家技术转移示范机构管理办法》明确提出"大学和科研机构应建立技术转移机构或机制,整合大学和科研院所的内部资源,将其承担的国家重大科技计划、竞争前技术与共性关键技术研发、引导战略产业的原始创新和重点领域的集成创新所形成的成果,尽快转移和扩散到企业"。[①] 科技部火炬中心制定了《国家技术转移示范机构评价指标体系(试行)》对国家技术转移示范机构进行考核评价。

市场规模的扩大和科技资源配置能力的增强加速了高技术产业发展。技术合同成交额由"十五"期间的 5637 亿元剧增至"十一五"期间的 13655 亿元,在生物医药、先进制造、新材料、电子信息、新能源等领域,每年约有 20 余万项次科技成果实现转化,形成了大量具有自主知识产权的国际领先的高技术产品,大量科技资源转化为生产力,催生了众多科技型中小企业,促进了高技术产业发展。根据 2011 年全国技术市场统计数据,电子信息技术、先进制造技术、新能源与高效节能技术分别位居技术市

---

① 国科发火字〔2007〕565 号。

场成交额的前三位，其中，电子信息技术交易额为1222.3亿元，先进制造技术交易额为716.5亿元，新能源与高效节能技术交易额为611.9亿元，三者的增速分别为4.3%、26.1%和12.9%；2011年各类知识产权的技术合同共有143369项，占合同总数的55.9%，成交金额高达2929.4亿元，占成交总金额的61.5%，专利技术合同成交金额为357亿元，较2010年增长25.7%；其中，生物医药新品种技术合同为51.4亿元，较2010年下降35.6%；集成电路布图设计专有权技术交易成交金额为51.4亿元，增长113.9%。①

建立了较为完善的技术转移服务体系，引导和带动了高技术产业服务业的发展。20世纪80年代，我国建立了第一批技术转移服务机构，在随后的30多年里，技术转移服务体系逐步确立。2007年发布的《国家技术转移促进行动实施方案》中明确提出"结合国家技术转移示范机构的评定和考核，在全国各行业和地方选择符合条件的机构进行试点，重点支持其建立和完善适应市场经济要求、有利于促进技术转移的体制和机制，培育一批信誉良好、行为规范、综合服务能力强、起到示范带动作用的技术转移机构"。② 技术转移服务体系建设加速完善：（1）区域技术转移及服务联盟快速发展。在已有长三角科技中介联盟、东北技术转移联盟、环渤海技术转移联盟、北京协同创新服务联盟的基础上，济南都市圈技术转移联盟、西北技术转移联盟、珠三角技术转移联盟等相继建立，到2010年，成立技术转移联盟20家，这些技术转移服务联盟极大地促进了区域技术转移和技术资源的优化配置。③（2）建立了一批技术转移示范机构。2008年，清华大学国家技术转移中心、华东理工大学国家技术转移中心、浙江大学技术转移中心等76家机构被科技部确定为首批国家技术转移示范机构。2009年，武汉大学技

---

① 全国技术市场统计简报（第16期）。
② 国科发火字〔2007〕609号。
③ http://paper.chinahightech.com.cn/html/2011-06/27/content_23715.htm。

术转移中心、复旦大学技术转移中心、北京化工大学科技处等58家机构被科技部确定为第二批国家技术转移示范机构。到2010年，共有134家机构被确定为国家技术转移示范机构。截至2010年，有常设技术交易市场近200家，同时，技术交易服务机构近2万家，从业人员近50万人。(3)创新驿站陆续建立，促进了区域技术转移。2007年，首家创新驿站"青岛创新驿站"在青岛技术产权交易所正式成立，之后上海青浦、浙江德清等创新驿站接连建立，到2010年我国已建设创新驿站站点达32家，这些创新驿站为中小企业提供了个性化的技术需求方案。

跨国公司对华技术转移呈现上升趋势。跨国公司对华技术转移已经从梯度式发展到跳跃式(许烜，2010)。① 东南沿海地区，特别是珠江三角洲和长江三角洲地区是跨国企业对华技术转移的主要地区。对知识产权的保护力度的增强、巨大的市场潜力和丰富的劳动力，促使跨国公司研发机构大量入驻我国。外资研发中心的基础型、创新型研究本地化越来越多，将在华研发中心作为亚太区研发总部的跨国公司数量开始增加。跨国公司在华设立的各种研发中心超过了1200家，到2009年年底，商务部批准的具有独立法人资格的外资研发中心共465家，注册资本达74亿美元，投资总额达到128亿美元。② 外资研发中心主要集中在北京、上海、广东、江苏和浙江等地。近年来，外资研发中心开始落户我国西部地区，世界前20强软件企业中有一大半在成都天府软件园建立了研发中心或分支机构。③ 高技术行业，如电子通信、生物医药、化工、软件设计等行业是外资研发中心的主要领域。其中，电子信息行业外资研发机构的比例最高，达到41.3%；在通信和先进制造领域，越来越多的跨国公司与内资企业合作(许烜，2010)。以北京为例，到2011年年底，从事研发的外资企业达到1222家，其中有实体研发

---

① 许烜.跨国公司对华技术转移的现状及发展对策[J].北方经贸，2010(3)：27-28.

② 见《中国高技术产业导报》2010年4月19日第A05版。

③ 见《中国高技术产业导报》2010年4月19日第A05版。

中心的外资企业达到 260 家,外资企业研发机构有 53 家。外资研发主要集中在生物医药、新一代信息技术、高端装备制造等高技术产业,占总数的 70% 以上。国内企业和高校在与外资企业合作研发的过程中,能够学习国外的先进技术知识,促使先进技术国产化,同时有助于提升我国研发组织的管理水平,提升技术效率(孙颖,2012)。[1]

3.3 技术转移存在的问题

技术转移的政策法规体系有待完善。在过去的 30 多年里,我国连续制定了一些有关技术转移的政策法规、制度条例和实施办法,但缺乏国家层面的系统性的和鼓励支持创新创业的政策体系,导致技术转移过程中的利益分配和产权归属不明确,在一定程度上制约了高技术产业技术转移的发展;技术转让的税收优惠政策缺乏对技术受让方和技术转移机构的支持鼓励措施,无法调动技术受让企业和技术转移服务机构的积极性,从而不能改善目前"巨大的科技资源不能转化为经济竞争力和国家竞争力"的状况(王光辉、王祎,2009);缺乏技术转移的风险投资政策,包括支持风险投资的基金引导政策、税收优惠政策以及风险投资的退出机制;知识产权融资、质押、拍卖和信用担保体系不完善,缺乏鼓励金融机构参与科技成果转化的金融激励政策等。政策体系的不完善导致科技投融资比例过低。

技术转移服务机构缺乏市场意识和竞争优势。多数技术转移服务机构是政府部门批准设立的,大多是从政府部门分离出的,或者是政府部门的附属机构和事业单位,习惯于依托政府提供的项目,没有明确的市场定位,对组织性质、主要业务和市场前景等问题缺乏认识,没有建立有效的竞争机制和约束机制,以及网络化协作和专业化分工服务体系。这些机构从事技术转移的经验和能力欠缺,

---

[1] 孙颖. 北京地区国际技术转移发展现状[J]. 科技潮, 2012(11): 68-70.

各类服务机构组织分散,缺乏协同能力,服务人员缺乏技术转移的实践经验和知识,专业化水平不高,难以满足客户需求和提供个性化的服务。技术转移服务机构的组织规模小,行业社会影响力有限,缺少一批具有知名度的大型服务企业,不能在技术转移过程中发挥主导作用。

科技成果的产业化程度低。我国目前每年的科技成果有30000多项,能形成产业的仅占5%左右,远低于发达国家50%的科技成果转化率水平。很多科技成果处于实验阶段,不具备产业化条件(创新成果产业化过程如图3-1所示),主要原因在于高校和科研机构更关注技术的先进性而不是技术的产业化,不能满足企业对技术成果的应用性和集成性的要求,而技术服务机构受技术资金等因素限制,不能完成科技成果的中试工作,对科技成果的孵化能力有限,阻碍了科技成果的产业化。

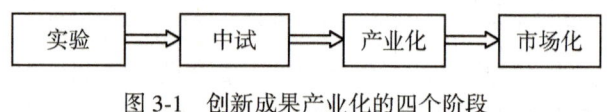

图3-1 创新成果产业化的四个阶段

对用高新技术改造企业不够重视。企业在进行技术改造时,通常根据国家政策的支持力度选择不同生产环节进行改进,停留在以设备更新为主的阶段,没有实现对生产全过程和产品结构的整体改造。企业在技术改造过程中,仅重视提高技术的装备水平,忽视提升经营管理能力;由于研发、设计水平低下,大量企业创新能力有限,开发的产品多为没有自主知识产权的模仿型、改进型产品,技术改造没有向研发、设计、营销、服务等领域延伸,尚停留在单纯的生产制造环节;对于能够使设备发挥更大效益的管理信息系统等软件环节不够重视,信息技术的倍增作用没有通过软件系统的应用来实现(原磊、王加胜,2011);国内企业与国外先进企业在经营管理水平上存在较大差距,也制约了企业竞争力提升;制约企业技术改造的另一个因素在于技术人才缺乏,大多数企业不能招聘到所需科技人才,或者难以留住有发展潜力的技能人才。

3.4 高技术产业效率测度与影响因素分析[①]

近年来,出现了分析高技术产业技术效率影响因素的实证研究,但这些文献大多孤立分析技术转移或者研发投入和技术效率的关系(刘志迎等,2007;李燕萍、彭峰,2012;Zhang 等,2012)。鉴于此,本书运用随机前沿分析方法考察技术转移和自主研发对高技术产业技术效率的影响。基于2000—2010年中国省际高技术产业的面板数据,在控制产权结构、人力资本水平和地区差异的情况下,建立统一框架实证分析了国外技术引进、本土技术转移、FDI这三种技术转移方式,以及自主研发在提升产业技术效率中的作用。在研究中考虑了技术转移与自主研发的相互作用及其对技术效率的影响,并分析技术转移、自主研发和技术效率的关系是否存在地区差异,从而为各地区因地制宜制定技术转移政策提供建议。

3.4.1 模型设定

技术效率反映企业从给定投入获取最大产出的能力,通常可以采用数据包络分析(DEA)或者随机前沿分析(SFA)来测算。数据包络分析运用线性规划方法构建观测数据的非参数前沿,无需设定具体的生产函数,但不能考虑随机因素的影响;随机前沿分析(SFA)假定投入与产出之间的关系具有某个给定的函数形式,将误差项区分为随机误差项和技术无效率项。由于高技术产业技术效率可能存在随机因素的影响,本书采用随机前沿分析方法考察技术转移、自主研发与高技术产业技术无效率之间的关系。随机前沿生产函数可设定为(Battese、Coelli,1995):

$$\ln Y_{it} = \beta_0 + \beta_1 \ln K_{it} + \beta_2 \ln L_{it} + (V_{it} - U_{it}) \qquad (1)$$

其中,Y_{it} 是第 i 个观测值在 t 时期的产出;K_{it}、L_{it} 分别为第 i 个观测值在 t 时期的资本投入和劳动投入;β_1 和 β_2 是待估参数;V_{it} 是

[①] 彭峰,李燕萍. 技术转移方式、自主研发与高技术产业技术效率的关系研究[J]. 科学学与科学技术管理,2013,34(5):44-52.

随机变量，服从正态分布 $N(0, \sigma_V^2)$；U_{it} 是用以解释技术无效率的非负随机变量，服从 0 处截尾的正态分布 $N(m_{it}, \sigma_U^2)$，独立于 V_{it}。其中 $m_{it} = z_{it}\delta$，z_{it} 是可能影响技术效率的一个 $p \times 1$ 维向量；δ 为待估参数向量。

随机前沿生产函数的形式，除了 Cobb-Douglas 函数外，超越对数生产函数也很常用。这种生产函数考虑了投入要素之间的替代效应和交互作用，形式上较为灵活，超越对数生产函数的随机前沿模型为：

$$\ln Y_{it} = \beta_0 + \beta_1 \ln K_{it} + \beta_2 \ln L_{it} + \beta_3 (\ln K_{it})^2 + \beta_4 (\ln L_{it})^2 + \beta_5 \ln K_{it} \ln L_{it} + (V_{it} - U_{it}) \qquad (2)$$

此外，还可以在生产函数中引入时间变化趋势项考察技术进步的影响，函数形式为：

$$\ln Y_{it} = \beta_0 + \eta t + \beta_1 \ln K_{it} + \beta_2 \ln L_{it} + (V_{it} - U_{it}) \qquad (3)$$

其中，η 为时间变化系数。

本书用似然比统计量检验确定最合适的随机前沿生产函数形式，考察技术转移和自主研发对高技术产业技术效率的影响，随机前沿生产函数中技术无效率模型可设定为：

$$m_{it} = \delta_0 + \delta_1 \text{FKS}_{it} + \delta_2 \text{DKS}_{it} + \delta_3 \text{FDI}_{it} + \delta_4 \text{RDS}_{it} + \omega \Phi \qquad (4)$$

其中，FKS_{it}、DKS_{it}、FDI_{it} 分别表示国外技术引进、本土技术转移和外商直接投资这三种技术转移方式；RDS_{it} 表示自主研发投入；$\delta_i (i = 1, 2, 3, 4)$ 为相应变量的估计系数；Φ 为控制向量；ω 为参数向量。如果某一变量的估计系数显著为负，则表明该变量显著降低了技术无效率，即对技术效率产生显著的正向影响。

通过从发达国家引进先进技术专利和设备，企业能以较低的成本实现产品的换代升级，并在实践中积累知识(干中学)，从而提高技术效率。由于技术引进对技术效率的溢出效应具有累积性和长期动态性，本书采用国外技术购买形成的知识存量来表示国外技术引进(FKS)；近年来，中国政府提出建立以企业为主体、市场为导向、产学研结合的技术创新体系，积极推动企业和科研机构、高校联合进行研究开发。企业在获取国内技术的过程中，也可能提升技术水平，本书用本土技术转移形成的知识存量表示本土技术转移

3.4 高技术产业效率测度与影响因素分析

(DKS);外商直接投资企业在市场导向、组织管理、人员培训、技术水平上更有优势,通过竞争效应、示范效应、劳动力流动效应提升国内企业技术效率,本书用外商资本在高技术产业中的比重来表示外商直接投资(FDI)。

除了国外技术引进(FKS)、本土技术转移(DKS)、外商直接投资(FDI)这些技术转移方式和自主研发(RDS)外,产权结构(OS)、人力资本水平(HC)和地区差异也可能是技术无效率的重要影响因素,将其作为控制变量。

产权结构:国有企业和非国有企业具有不同的激励、监督和约束机制;在行业进入退出、投融资方面享受不同的待遇;在现阶段两者仍面临着不同的市场环境和竞争条件(林毅夫等,1997),所有这些都使得非国有企业比国有企业更加注重提高效率。

人力资本:人力资本是决定技术进步的重要因素,也是通过外商直接投资和技术引进提高企业技术能力的重要媒介,在某种程度上决定着对技术转移的吸收能力,因而是成功获取技术外溢的决定性因素之一(Borensztein 等,1998)。

地区差异:东部地区的市场化改革领先于中西部地区,交通和基础设施完善,吸引了更多的外商资本和更好素质的劳动力,企业聚集程度较高,非国有经济发展迅速。此外,东部地区较高的信息和通信技术水平有利于生产管理经验的交流和传播,产生更多的学习效应。分别用 EAST 和 WEST 代表东部和西部地区虚拟变量,取值 0 或 1。①

无效率模型(4)没有考虑技术转移和自主研发的相互作用及其对技术无效率的影响。然而,由于 R&D 具有提高创新能力和吸收能力的两面性,不仅能通过产生新知识直接促进生产效率增长(Teixeira、Fortuna,2010;Ortega-Argiles 等,2011),而且能提高

---

① 东部地区包括北京、天津、河北、辽宁、上海、江苏、浙江、福建、山东、广东和海南;中部地区包括山西、内蒙古、吉林、黑龙江、安徽、江西、河南、湖北、湖南;西部地区包括广西、重庆、四川、贵州、云南、陕西、甘肃、青海、宁夏、新疆。

企业对技术溢出的学习和吸收能力。技术引进中通常包含着隐性技术，导致在技术引进中存在一定的技术门槛。这种门槛效应使其后的技术消化与技术创新更多地取决于企业的研发能力。如王玲和Szirmai(2008)对高技术产业技术投入和生产率增长关系的研究发现R&D提高了对进口技术的吸收能力。因此，为了更准确地考察技术转移和自主研发对技术效率的影响，本书加入了三种技术转移方式和自主研发的交互项，将无效率模型进一步设定为：

$$m_{it} = \delta_0 + \delta_1 FKS_{it} + \delta_2 DKS_{it} + \delta_3 FDI_{it} + \delta_4 RDS_{it} + \Psi + \omega\Phi \tag{5}$$

其中，$\Psi = \rho_1 FKS_{it} \times RDS_{it} + \rho_2 DKS_{it} \times RDS_{it} + \rho_3 FDI_{it} \times RDS_{it}$，$\rho_i$($i=1$，2，3)分别表示三种技术转移方式与自主研发的交互效应。如果ρ_i显著为正，表明这种技术转移方式和自主研发存在着替代效应，产生了技术无效率；如果ρ_i显著为负，则表明这种技术转移方式和自主研发存在着互补效应，减少了技术无效率(提高了技术效率)。

判断随机前沿生产模型设定是否合理，一个方法是对变差系数γ进行假设检验。如果γ显著异于0，表明生产函数中存在着技术无效率效应，随机前沿生产函数更适用。当γ趋近于0时，表明实际产出与理论最大产出的差距主要来源于未控制因素V_{it}，此时用普通最小二乘法就可实现对生产函数的估计；γ越趋近于1，说明产生的偏差主要来源于技术无效率效应，采用随机前沿模型更合适(Battese、Coelli，1995)。

$$\gamma = \frac{\sigma_U^2}{\sigma_U^2 + \sigma_V^2} \tag{6}$$

另一个方法是利用广义似然比(LR)统计量检验"不存在技术无效率效应"这一零假设，检验统计量表示为：

$$LR = -2\ln\frac{L(H_0)}{L(H_1)} = -2[\ln L(H_0) - \ln L(H_1)] \tag{7}$$

其中，$L(H_0)$和$L(H_1)$分别是零假设H_0和备择假设H_1的对数似然函数值。检验统计量服从自由度为约束变量个数的χ^2分布。如果LR检验统计量超过了单边广义似然比检验的临界值，则拒绝零假设,认为随机前沿模型有效;否则认为随机前沿模型不合适(Battese、Coelli,1995)。

3.4.2 变量和数据

以各省市高技术产业工业总产值作为产出指标 Y_{it},用各地区相应年份的工业品出厂价格指数缩减,得到2000年不变价的工业总产值。劳动投入用各省市高技术产业从业人员平均人数衡量。物质资本存量采用永续盘存法(PIM)计算,计算公式为:

$$K_{it} = I_{it} + K_{i,t-1}(1 - \delta_{it}) \tag{8}$$

其中,K_{it} 表示资本存量;I_{it} 表示投资流量,以固定资产投资额测度,并用固定资产投资价格指数平减各年投资额,将其折算成2000年价格表示的实际值;δ_{it} 为折旧率,参照张军等(2004),各省市均取9.6%。对于基期物质资本存量,假定中国快速发展的高技术产业处于资本完全利用状态,则资本存量的增量与产出的增量之比将近似等于平均的资本存量产出之比,利用递增的资本产出比率方法(ICORs)可以计算基期固定资本存量(Timmer,1999)。

外商直接投资的技术溢出变量(FDI)可以用外商资本在行业实收资本中的比重表示(毛日昇、魏浩,2007),但高技术产业统计数据中没有给出各省市外商资本的数据,本书根据高技术产业细分行业分类,以工业行业中的医药制造业、电子及通信设备制造业、电气机械及器材制造业、仪器仪表及文化办公用机械制造业中外商资本占实收资本比重的均值作为外商直接投资 FDI_{it} 的代理变量。这四类工业行业的三位码细分行业基本涵盖了高技术产业的细分行业,具有较高的契合度,且相关数据可以从工业统计数据库获得。用国有及国有控股企业总产值所占比重表示产权结构 OS_{it}。人力资本通常用教育年限法估算,但由于无法获取省际高技术产业就业人员受教育年限数据,本书借鉴李梅和柳士昌(2011),用R&D人员占就业人数比重作为人力资本水平 HC_{it} 的代理变量。

对于自主研发资本存量 RDS_{it},仍然采用永续盘存法(PIM)计算，参照 Coe 和 Helpman（1995），基期研发资本存量 RDS_0 和 t 期研发资本存量 RDS_{it} 的计算公式分别为：

$$RDS_0 = \frac{E_{i0}}{g_i + \in_{it}} \quad (9)$$

$$RDS_{it} = E_{i,\ t-1} + RDS_{i,\ t-1}(1 - \in_{it}) \quad (10)$$

其中，E_{it} 表示不含技术引进费用的 R&D 支出，用 R&D 价格指数缩减各年 R&D 支出，将其折算成 2000 年价格表示的实际值。对于 R&D 价格指数的构建，由于科技活动经费内部支出中"劳务费"和"仪器设备费"各年中的平均比重基本相同，本书借鉴王玲和 Szirmai（2008），将 R&D 价格指数设定为固定资产投资价格指数和消费价格指数的均值。g_i 为实际 R&D 支出的增长率，借鉴 Griliches（1980），取 g_i 为实际 R&D 支出年增长率的算数平均值；$\in_{it}$ 为 R&D 资本存量的折旧率，参照 Griliches（2000），取折旧率为 15%。

对于国外技术引进知识存量 FKS_{it} 和本土技术转移知识存量 DKS_{it}，可以用测算 R&D 存量同样的方法得到，各地区相应年份的国外技术购买经费和本土技术转移经费仍用 R&D 价格指数缩减为 2000 年价格表示的实际值。

本书选取中国 30 个省市(不含西藏、港澳台)2000—2010 年高技术产业的面板数据进行实证分析。数据来源于中国统计数据库。

3.4.3　估计结果与分析

在分析技术转移、自主研发和技术效率的关系之前，首先要确定随机前沿方法是否适用以及选择合适的生产函数形式。利用 Frontier4.1 软件估计模型(1)(2)(3)，根据得出的对数似然函数值计算各种假设检验对应的 LR 检验值，表 3-3 给出了随机前沿生产函数形式的检验结果。检验结果表明，超越对数生产函数对样本数据不适用，在生产函数中不需考虑技术进步。本书选择 Cobb-Douglas 生产函数考察技术转移和自主研发对高技术产业技术效率的影响。

表 3-3　　　　随机前沿生产函数形式的检验结果

零假设	LR	5%临界值	1%临界值	结论
Cobb-Douglas 生产函数不适用	200.367	11.911	16.074	拒绝
超越对数生产函数不适用	4.068	11.911	16.074	接受
不需考虑技术进步	1.412	2.706	5.412	接受

注：5%和1%显著性水平对应的单边广义似然比检验的临界值来自 Kodde 和 Palm（1986）。

1. 估计结果

表 3-4 给出了用一阶段法得到的随机前沿生产函数和无效率函数参数估计结果，模型 1.2、1.3、1.4 在不考虑技术转移和自主研发相互作用的情况下，采用逐步回归法依次加入产权结构、人力资本水平和地区差异作为控制变量，考察技术转移和自主研发对技术效率的影响。所有模型的变差系数 γ 都在 1%的显著性水平上显著，表明实际产出与理论最大产出的偏差主要来源于技术无效效应，LR 检验值大于 1%的显著性水平上单边似然比检验的临界值，这两种检验都说明随机前沿模型设定比传统生产函数更为合理。在随机前沿生产函数中，资本的产出弹性在 0.527~0.687，劳动的产出弹性在 0.336~0.499，资本对产出的贡献高于劳动对产出的贡献。资本和劳动的产出弹性之和为 1，表明高技术产业生产函数遵循规模报酬不变假设。

在技术无效率影响因素中，国外技术引进、本土技术转移、FDI 和自主研发的系数估计值均为负数。其中，FDI 和自主研发的估计系数显著为负，本土技术转移的估计系数不显著，在控制地区差异的情况下，国外技术引进对高技术产业技术无效率具有显著负向影响，说明国外技术引进、FDI 和自主研发都显著促进了高技术产业技术效率提高。产权结构的系数显著为正，说明降低国有企业比重能显著提升高技术产业效率；东部地区虚拟变量的系数显著为负，西部地区虚拟变量的系数不显著，说明东部地区技术效率显著高于中西部地区；人力资本水平对技术无效率也有显著的负向影响。由于产权结构、人力资本水平和地区差异都对高技术产业效率影响显著，模型 1.4 在同时控制这些因素的情况下分析技术转移和自主研发对高技术产业效率的作用，估计结果更准确。

国外技术引进显著提升了高技术产业技术效率。这可能由于高技术企业的技术水平与国外企业有较大的差距，国外成熟的技术对于国内企业仍属先进技术，国内企业通过引进国外先进的生产设备和技术专利，在实践中逐步掌握引进设备和技术的操作方法，形成相应生产能力并积累技术经验。同时，对自主创新能力的日益重视促使高技术产业逐步提升技术专利和许可在技术引进中的比重，购买国外技术专利也使企业引进前沿技术，在一定时期内获得市场垄断权，激发企业增加研发投入和技术创新。因此，国外技术引进促使企业在学习消化过程中积累生产经验，提高了技术效率。

表 3-4　　　　　　　随机前沿生产函数估计结果

	1.1	1.2	1.3	1.4	2.1	2.2	2.3	2.4
前沿生产函数								
C	1.883*** (18.422)	1.811*** (17.231)	1.836*** (15.293)	1.816*** (16.591)	1.644*** (12.496)	1.808*** (13.91)	1.816*** (13.501)	1.918*** (10.619)
K	0.687*** (12.967)	0.544*** (12.849)	0.527*** (10.427)	0.564*** (12.046)	0.631*** (14.006)	0.477*** (10.653)	0.469*** (9.702)	0.546*** (10.932)
L	0.336*** (7.112)	0.489*** (11.499)	0.499*** (10.509)	0.466*** (11.115)	0.409*** (9.848)	0.527*** (14.401)	0.534*** (13.182)	0.483*** (10.834)
技术无效函数								
C	1.822*** (22.928)	1.332*** (12.71)	1.345*** (11.643)	1.395*** (13.091)	1.498*** (14.164)	1.232*** (10.661)	1.226*** (9.696)	1.478*** (7.593)
FKS	−0.011 (−0.699)	−0.028 (−1.531)	−0.026 (−1.406)	−0.03** (−2.066)	−0.035 (−1.303)	−0.03 (−1.349)	−0.031 (−1.422)	−0.032* (−1.918)

续表

	1.1	1.2	1.3	1.4	2.1	2.2	2.3	2.4
DKS	-0.056	-0.007	-0.018	-0.029	-0.039	-0.075	-0.069	-0.083
	(-0.461)	(-0.068)	(-0.161)	(-0.254)	(-0.361)	(-0.662)	(-0.659)	(-0.974)
FDI	-1.957***	-1.567***	-1.591***	-0.589**	-1.007***	-0.837***	-0.838***	-0.413*
	(-9.995)	(-8.021)	(-8.015)	(-2.424)	(-3.498)	(-2.943)	(-2.92)	(-1.739)
RDS	-0.048***	-0.036***	-0.035***	-0.031***	-0.01	-0.078***	-0.071***	-0.032**
	(-19.415)	(-8.99)	(-9.08)	(-9.483)	(-0.595)	(-3.971)	(-3.103)	(-2.228)
FKS×RDS					0.011***	0.009***	0.009***	0.003*
					(3.197)	(3.562)	(3.321)	(1.66)
DKS×RDS					-0.001	0.093***	0.087***	0.045**
					(-0.066)	(2.963)	(2.739)	(2.327)
FDI×RDS					-0.357***	-0.222**	-0.233***	-0.075*
					(-4.78)	(-2.523)	(-2.725)	(-1.671)
OS		0.675***	0.717***	0.623***		0.688***	0.716***	0.643***
		(6.61)	(6.39)	(4.781)		(7.651)	(6.219)	(6.378)
HC			-1.033	-1.961**			-0.5	-2.23**
			(-1.024)	(-2.031)			(-0.489)	(-2.187)
EAST				-0.414***				-0.398***
				(-6.37)				(-6.667)
WEST				0.016				0.012
				(0.283)				(0.253)
σ^2	0.12***	0.103***	0.102***	0.084***	0.109***	0.092***	0.091***	0.079***
	(12.606)	(11.674)	(11.735)	(12.966)	(12.333)	(10.349)	(10.05)	(11.588)
γ	0.965***	0.745***	0.721***	0.713***	0.616***	0.39**	0.409**	0.791**
	(29.796)	(6.708)	(6.184)	(7.831)	(5.178)	(2.247)	(2.553)	(2.271)
LR	200.367	238.543	239.608	295.589	219.882	262.027	262.582	308.914
对数似然函数	-94.474	-75.386	-74.854	-46.863	-84.716	-63.644	-63.366	-40.2

注：括号内为 t 值。*、**、***分别表示在10%、5%和1%的水平上显著。

本土技术转移对高技术产业技术效率的促进作用不显著，原因可能在于从整体上看国内技术并不处于技术前沿，国内企业间技术水平差距不大，技术的替代性强(吴延兵，2008)，企业为保持自身技术优势不轻易进行技术转移，造成了国内引进技术的溢出空间小，对高技术产业技术效率的提升作用有限。

外商直接投资对高技术产业的技术效率具有显著的正向外溢效应，外资比重每增加1%，产业技术效率提高0.589%。这可能由于高技术产业技术升级较快，市场竞争也更激烈，外资在高技术产业具有明显的技术优势，技术溢出的空间大，外资企业在很大程度上通过示范效应和竞争效应促使内资企业模仿学习，提高了整个产业的技术效率。自主研发显著促进了高技术产业技术效率提升。自主研发增加了企业在生产过程中的技术知识积累，提高了企业对引进技术的消化吸收能力，并使企业在掌握引进技术及其包含的隐性技术的基础上改进产品和技术，在模仿创新的过程中提高了技术效率。

2. 技术转移与自主研发的关系及其对高技术产业技术效率的影响分析

为了考察技术转移与自主研发的关系，表3-4中模型2.1~2.4给出了加入技术转移和自主研发交互项后，用一阶段估计方法得到的随机前沿生产函数和无效率函数参数估计的结果。所有模型的变差系数 γ 都在5%或1%的显著性水平上显著，LR检验值大于1%的显著性水平上单边似然比检验的临界值，这两种检验都说明采用随机前沿模型比传统生产函数更准确。比较模型1.1~1.4和模型2.1~2.4中技术无效率影响因素系数的估计结果可以发现，这些影响因素系数的估计值的符号和显著性的结果一致。说明本书所用方法对技术转移、自主研发与高技术产业技术效率之间关系的估计具有稳健性。

在控制产权结构、人力资本水平和地区差异后，国外技术引进的系数估计值显著为负，本土技术转移对技术无效率的影响不显著，外商直接投资和自主研发都对技术无效率产生显著的负向影响。产权结构的估计系数显著为正，人力资本水平和东部地区虚拟变量与技术无效率显著负相关，西部地区虚拟变量的估计系数不显著。说明在考虑技术转移和自主研发相互作用的情况下，国外技术引进、外商直接投资和自主研发显著提升了高技术产业技术效率，本土技术转移对技术效率促进作用不显著，产权结构、人力资本水平和地区差异对高技术产业技术效率有显著影响。

本书重点分析技术转移与自主研发的关系及其对高技术产业技术效率的影响。国外技术引进和自主研发交互项的估计系数显著为正，而本土技术转移与自主研发交互项的估计系数也显著为正，这表明国内外技术引进都对自主研发产生了替代效应，这是否意味着技术引进挤出了自主研发投入而降低了高技术产业技术效率呢？对技术引进成效的判断还需要考察其间接技术溢出效应。自主研发的估计系数仍然显著为负，在数值上变动很小（从0.031变为0.032），这就是说，技术引进一方面替代了部分研发投入；另一方面，产生了更大的技术溢出效应（主要是国外技术引进），即企业为了掌握引进技术和许可专利，通过增加研发投入和培养研发能力促进对技术的学习消化吸收，从而提高了研发效率，最终提升了高技术产业技术效率。外商直接投资和自主研发交互项系数显著为负，说明FDI和自主研发具有互补效应，FDI对高技术产业产生竞争效应和正向溢出效应，促使高技术产业增加研发投入，提升了高技术产业技术效率。

3. 高技术产业技术效率的地区差异分析

由表3-4的估计结果，本书发现区位因素对高技术产业技术效率有着重要影响，东部地区技术效率显著高于中西部地区，为了进一步分析高技术产业技术效率的地区差异，本书分地区计算了技术效率的均值和标准差。结果如表3-5和图3-2所示：

表3-5　　　　高技术产业技术效率的地区差异

年份	全国		东部		中部		西部	
	均值	标准差	均值	标准差	均值	标准差	均值	标准差
2000	0.226	0.095	0.332	0.071	0.179	0.027	0.152	0.02

续表

年份	全国		东部		中部		西部	
	均值	标准差	均值	标准差	均值	标准差	均值	标准差
2001	0.25	0.112	0.376	0.083	0.194	0.026	0.163	0.029
2002	0.286	0.134	0.436	0.105	0.218	0.035	0.183	0.03
2003	0.306	0.173	0.493	0.15	0.216	0.04	0.182	0.04
2004	0.319	0.207	0.541	0.187	0.201	0.046	0.182	0.05
2005	0.343	0.226	0.58	0.214	0.221	0.053	0.193	0.045
2006	0.36	0.244	0.614	0.235	0.227	0.067	0.201	0.045
2007	0.377	0.246	0.631	0.237	0.239	0.075	0.221	0.049
2008	0.368	0.237	0.614	0.226	0.229	0.068	0.222	0.058
2009	0.388	0.233	0.629	0.223	0.246	0.069	0.252	0.06
2010	0.388	0.238	0.637	0.22	0.235	0.066	0.252	0.064
2000—2010	0.328	0.206	0.535	0.208	0.219	0.055	0.2	0.055

由表 3-5 可以看出，2000—2010 年间高技术产业技术效率出现了缓慢增长，但整体效率低下，全国技术效率的均值仅为 0.328，东部地区技术效率为 0.535，中西部地区的技术效率分别为 0.219 和 0.2。2008 年东中部地区和全国的技术效率出现了下滑，这可能由于受到金融危机的冲击。其他年份东部地区技术效率有较快提高，而中西部地区技术效率增长缓慢，进一步加剧了高技术产业技术效率的地区差异。造成中西部地区效率相对低下，而东部地区技术效率显著高于中西部地区。在东部地区，省际间技术效率也存在较大差异，标准差达 0.208。中西部地区和东部地区部分省份的技术效率提升的空间和潜力较大。随着高技术企业从东部地区向中西部地区转移，中西部地区可以通过技术引进和吸收外资提升技术效率，并增加研发存量有效吸收技术转移中的技术溢出。

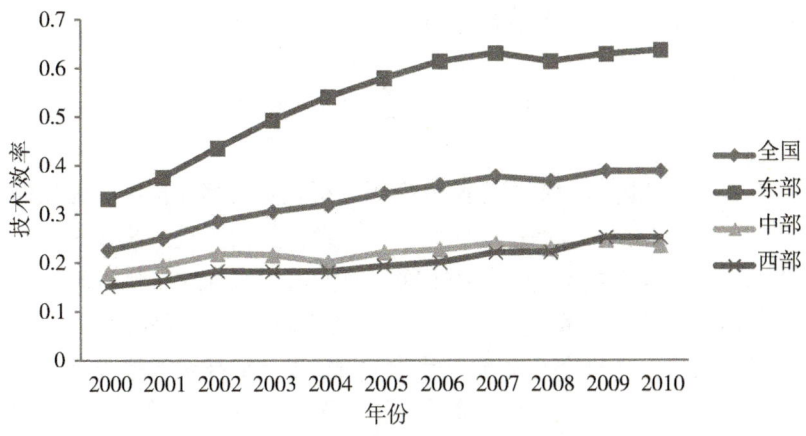

图 3-2　高技术产业技术效率的区域差异

3.4.4　结论

本书基于 2000—2010 年中国省际高技术产业的面板数据，在核算省市高技术产业的技术引进知识存量和研发资本存量的基础上，采用随机前沿生产函数模型实证分析了技术转移方式、自主研发与高技术产业技术效率的关系。在控制产权结构、人力资本水平和地区差异的情况下，比较分析了不考虑国外技术引进、本土技术转移、FDI 这三种主要技术转移方式与自主研发相互作用和考虑技术转移与自主研发相互作用下估计结果的差别。研究表明，国外技术引进和外商直接投资都显著促进了高技术产业技术效率提升，但本土技术转移对技术效率的影响并不显著，主要原因在于本土企业在对国外引进技术进行消化吸收的过程中积累了生产经验，外资企业通过示范效应和竞争效应促使本土企业模仿学习也能提升技术效率，而国内高技术企业间技术差距小，为保持竞争优势不轻易转移先进技术，造成本土技术转移的溢出效应有限；技术引进对自主研发产生了替代效应，但通过更大的技术溢出促进了技术效率提升；FDI 和自主研发具有互补效应，对技术效率产生显著的正向影响；中国高技术产业技术效率存在显著的地区差异。东部地区技术效率远高于中西部地区，但东部地区各省之间也存在着显著差异。高技术产业技术效率有着较大的提升空间。

3.5 本章小结

本章运用随机前沿生产函数模型分析技术转移和自主研发在提升高技术产业技术效率中的作用，并在统一框架下进一步探讨国外技术引进、本土技术转移、FDI 这三种技术转移方式与自主研发的相互作用及其对技术效率的影响。研究结果表明，国外技术引进、外商直接投资和自主研发显著促进了高技术产业技术效率提升，但本土技术转移对技术效率的影响并不显著；技术引进对自主研发产生了替代效应，但也通过技术溢出提高了技术效率；FDI 和自主研发具有互补效应，对技术效率产生显著的正向影响；中国高技术产业技术效率有着显著的地区差异，东部地区技术效率远高于中西部地区，但东部地区各省之间也存在着显著差异。高技术产业技术效率有较大的提升空间。

4 技术转移对高技术产业效率影响的实证研究

4.1 国际贸易与高技术产业效率[①]

作为劳动力水平不高的发展中国家,近年来我国生产出口了大量的技术和资本密集型的高技术产品,国际贸易额和产值保持世界前列。这种"逆比较优势"的现象引起了学术界对我国高技术产业可持续发展的关注。大量文献从生产率增长的角度提供实证(黄烨菁,2006;朱有为等,2007;Wang、Szirmai,2005、2008;成力为等,2010),这些研究表明,自主研发和外商直接投资(FDI)的技术溢出都会对生产率产生影响。但鲜有研究的是,"逆比较优势"的国际贸易是否促进了我国高技术产业生产率增长?其自主研发的创新基础和吸收能力如何,是否有效地吸收了国际贸易中的技术溢出?明确这些问题对实现高技术产业技术进步和结构升级有着重要的意义。

高技术产业研发投入高于一般工业行业,而我国在高技术产业链中的国际分工地位较低,国际贸易中也以加工贸易为主(施炳展、李坤望,2008;陈玲、薛澜,2010;黄先海、杨高举,2010),这些特点会对生产率产生什么影响?现有的文献没有提供有力的诠释;此外,根据"结构红利假说",产业结构变化也会对生产率增长产生重要影响(Peneder,2002;Chen等,2011),这就是说,生产率的增长不仅来自于技术进步效应,也来自于产业结构变化效应

[①] 李燕萍,彭峰,国际贸易、自主研发与高技术产业生产率增长[J].经济评论,2012(1):133-139.

(刘伟、张辉，2008)。因此，在分析国际贸易、自主研发对生产率增长的影响时，分离出产业结构变化效应，将能更清晰地认识高技术产业技术进步，但现有文献鲜有研究。已有的研究国际贸易、自主研发与生产率增长关系的文献，缺乏对我国高技术产业的实证检验，进口贸易与出口贸易对高技术产业生产率增长的影响是否显著，自主研发能否有效地吸收国际贸易中的技术溢出，现有文献并没有证实。同时已有分析国际贸易、自主研发与生产率增长的文献很少考虑产业结构变化效应。事实上，在改革过程中，生产率的增长包含了产业结构变化效应和技术进步效应(刘伟、张辉，2008)。因此，本书在控制产业结构变化的情况下，建立计量模型分析国际贸易、自主研发对高技术产业生产率增长的影响。

鉴于此，本书试图从以下几个方面扩展已有文献：(1)采用基于 DEA 的 Malmquist 指数法测算高技术产业生产率及其分解的技术效率和技术进步，并运用动态面板数据实证分析高技术产业国际贸易、自主研发对生产率、技术效率和技术进步的影响；(2)通过控制产业结构变化、外商直接投资等因素对生产率的作用，考察国际贸易和自主研发对高技术产业生产率、技术效率和技术进步的影响；(3)在分析自主研发与生产率关系的基础上，分别检验自主研发在出口贸易与进口贸易中的吸收能力。

4.1.1　模型设定与变量测算

在分析国际贸易、自主研发对高技术产业生产率的影响时，需要控制人力资本、市场化水平和科技政策等影响因素，但由于高技术产业省际相关数据的可获取性，建立如下计量模型：

$$\text{TFP}_{it} = \beta_0 \text{TFP}_{it-1} + \beta_1 \text{EX}_{it} + \beta_2 \text{IM}_{it} + \beta_3 \text{RDS}_{it} + \beta_4 \text{SC}_{it} + \beta_5 \text{FDI}_{it} + \mu_i + \varepsilon_{it} \tag{1}$$

其中，i 表示省市，t 表示年份，μ_i 为不可观测的地区效应，TFP 表示累积生产率增长，用累积的 Malmquist 生产率增长指数表示；EX、IM 分别为出口贸易、进口贸易变量；RDS 表示自主研发资本存量；SC 为行业结构变化的代理变量，FDI 为外商直接投资变量。考虑到自主研发资本存量对国际贸易技术扩散的影响(张海洋,2005;吴延兵,2008),我们在计量模型中加入了出口贸易与自主研发资本存量、进口贸易与自主研发资本存量的交互作用,模型设定为:

$$\text{TFP}_{it} = \psi + \gamma_1 \text{EX}_{it} \times \text{RDS}_{it} + \gamma_2 \text{IM}_{it} \times \text{RDS}_{it} + \mu_i + \varepsilon_{it} \quad (2)$$

其中,$\psi = \beta_0 \text{TFP}_{i,t-1} + \beta_1 \text{EX}_{it} + \beta_2 \text{IM}_{it} + \beta_3 \text{RDS}_{it} + \beta_4 \text{SC}_{it} + \beta_5 \text{FDI}_{it}$,$\gamma_1$、$\gamma_2$ 分别表示自主研发在出口贸易和进口贸易中的技术吸收能力,如果 γ_1、γ_2 在统计上不显著,表明自主研发吸收能力较弱,对生产率增长没有促进作用;如果 γ_1、γ_2 显著为正,表明自主研发吸收能力较强,对生产率增长有促进作用;如果 γ_1、γ_2 显著为负,表明自主研发吸收能力很弱,阻碍了生产率增长。

1. 因变量的测算

(1)基于 DEA 的 Malmquist 指数法。

采用基于 DEA 的 Malmquist 指数法测算生产率,这种方法不要求价格信息和行为假设,并有助于对生产率的构成进行考察。参照 Fare 等(1994a)的定义,假设在每个时期 t,第 k 个决策单元使用 n 种投入 $x^t_{k,n}$,得到第 m 种产出 $y^t_{k,m}$,在 DEA 条件下,每一期在固定规模报酬(C),投入要素强可处置(S)条件下的参考技术定义:

$$L^t(y^t \mid C,S) = \left\{ (x^t_1, \cdots, x^t_N) : y^t_{k,m} \leq \sum_{k=1}^{K} z^t_k y^t_{k,m}, m = 1, \cdots, M; \right.$$

$$\left. \sum_{k=1}^{K} z^t_k x^t_{k,n} \leq x^t_{k,n}, n = 1, \cdots, N; z^t_k \geq 0, k = 1, \cdots, K \right\} \quad (3)$$

z 表示每个横截面观察值的权重,计算每个决策单元基于投入的 Farrell 技术效率的非参数规划模型为:

$$F^t_i(y^t, x^t \mid C,S) = \min \theta^k \quad \text{s.t.} \quad y^t_{k,m} \leq \sum_{k=1}^{K} z^t_k y^t_{k,m}, m = 1, \cdots, M;$$

$$\sum_{k=1}^{K} z^t_k x^t_{k,n} \leq \theta^k x^t_{k,n}, \ n = 1, \cdots, N; \ z^t_k \geq 0, \ k = 1, \cdots, K \quad (4)$$

根据 Fare 等(1994a),距离函数是 Farrell 技术效率的倒数,定义参考技术 $L^t(y^t \mid C, S)$ 下的投入距离函数:

$$D^t_i(y^t, x^t) = \frac{1}{F^t_i(y^t, x^t \mid C, S)} \quad (5)$$

则在时期 t 和 $t+1$ 的技术条件下,从时期 t 到 $t+1$ 技术效率变化的 Malmquist 生产率指数分别为:

$$M_i^t = \frac{D_i^t(x^t, y^t)}{D_i^t(x^{t+1}, y^{t+1})} \tag{6}$$

$$M_i^{t+1} = \frac{D_i^{t+1}(x^t, y^t)}{D_i^{t+1}(x^{t+1}, y^{t+1})} \tag{7}$$

为了得到以时期 t 为基期 $t+1$ 期的全要素生产率,利用这两个 Malmquist 生产率指数的几何均值来计算生产率的变化(Fare 等,1997a)。

$$\begin{aligned} M_i(x^{t+1}, y^{t+1}; x^t, y^t) &= \left\{ \left[\frac{D_i^t(x^t, y^t)}{D_i^t(x^{t+1}, y^{t+1})}\right] \left[\frac{D_i^{t+1}(x^t, y^t)}{D_i^{t+1}(x^{t+1}, y^{t+1})}\right] \right\}^{1/2} \\ &= \frac{D_i^t(x^t, y^t)}{D_i^{t+1}(x^{t+1}, y^{t+1})} \left[\frac{D_i^{t+1}(x^{t+1}, y^{t+1})}{D_i^t(x^{t+1}, y^{t+1})} \times \frac{D_i^{t+1}(x^t, y^t)}{D_i^t(x^t, y^t)}\right]^{1/2} \\ &= EC(x^{t+1}, y^{t+1}; x^t, y^t) \times TC(x^{t+1}, y^{t+1}; x^t, y^t) \end{aligned} \tag{8}$$

其中,EC 是规模报酬不变且要素自由处置条件下的相对效率变化指数,测度从时期 t 到 $t+1$ 每个观察对象到最佳实践的追赶程度;TC 是技术进步指数,测度从时期 t 到 $t+1$ 技术边界的移动。

(2)投入产出指标。

以各省市高技术产业总产值作为产出指标,按照 2000 年不变价格换算成实际总产值。以各省市高技术产业从业人员平均人数和固定资本存量作为投入指标。其中,固定资本存量采用永续盘存法(PIM)计算,计算公式为:

$$K_{it} = I_{it} + K_{i,t-1}(1 - \delta_{it}) \tag{9}$$

其中,i 表示省市;t 表示时期;K 表示资本存量;I 表示投资流量,以固定资产投资额测度,并用固定资产投资价格指数平减各年投资额,将其折算成 2000 年价格表示的实际值;δ 为折旧率,参照张军等(2004),各省市均取 9.6%。对于基期物质资本存量,假定中国快速发展的高技术产业处于资本完全利用状态,则资本存量的增量与产出的增量之比将近似等于平均的资本存量产出之比,利用递增的资本产出比率方法(ICORs)可以计算基期固定资本存量

(Timmer，1999)。

2. 自变量与控制变量的测算

自变量包括出口贸易变量 EX、进口贸易变量 IM 和研发资本存量 RD。分别以高技术产业出口额、进口额占总产值的比重表示出口贸易 EX、进口贸易 IM。对于研发资本存量 RDS，仍然采用永续盘存法(PIM)计算，参照 Coe 和 Helpman (1995)，基期研发资本存量 RDS_0 和 t 期研发资本存量 RDS_t 的计算公式分别为：

$$RDS_{i0} = \frac{E_{i0}}{g_i + \delta_{it}'} \qquad (10)$$

$$RDS_{it} = E_{i,\,t-1} + RDS_{i,\,t-1}(1 - \delta_{it}') \qquad (11)$$

其中，i 表示省市；E 表示 R&D 支出，借鉴王玲和 Szirmai (2008)，将 R&D 价格指数设定为固定资产投资价格指数和消费价格指数的均值，并用 R&D 价格指数平减各年 R&D 支出，将其折算成 2000 年价格表示的实际值；g 为实际 R&D 支出的增长率，借鉴 Griliches (1980)，取 g 为 1996—2003 年实际 R&D 支出年增长率对数的平均值；δ' 为 R&D 资本存量的折旧率，参照 Griliches (2000)，取折旧率为 15%。

在确定高技术产业结构变化 SC 时，考虑到高技术产业的五个行业中，电子及通信设备行业的产品常被其他行业作为生产性投入(吕铁，2002)，其技术进步对他行业存在显著的间接效应(Bernstein，1997)，因此，取电子及通信设备行业产值比重作为高技术产业结构变化的代理变量 SC。外商直接投资的技术溢出变量(FDI)可以用外商资本在行业实收资本中的比重表示(毛日昇、魏浩，2007)，但高技术产业统计数据中没有给出各省市外商资本的数据，本书根据高技术产业细分行业分类，以工业行业中的医药制造业、电子及通信设备制造业、电气机械及器材制造业、仪器仪表及文化办公用机械制造业中外商资本占实收资本比重的均值作为外商直接投资 FDI_{it} 的代理变量。这四类工业行业的三位码细分行业基本涵盖了高技术产业的细分行业，具有较高的契合度，且相关数据可以从工业统计数据库获得。

选取我国的 30 个省市(不包括西藏、港澳台)高技术产业 2000—2010 年相关统计数据,测算上述模型中的因变量、自变量和控制变量。数据来源于中国统计数据库和国研网统计数据库。

4.1.2 实证结果分析

1. 生产率的测算结果

运用 DEAP2.1 软件计算 2000—2010 年 30 个省市高技术产业 Malmquist 生产率增长指数 TFP 及其分解的技术效率指数 EC 和技术进步指数 TC,各省市平均的生产率增长结果如表 4-1 所示。

表 4-1　平均的生产率增长指数 TFP、技术效率指数 EC 和技术进步指数 TC

地区	EC	TC	TFP	地区	EC	TC	TFP
北京	0.991	1.094	1.084	河南	0.909	1.117	1.015
天津	0.974	1.095	1.067	湖北	0.950	1.112	1.057
河北	0.920	1.109	1.021	湖南	0.954	1.105	1.055
山西	0.868	1.127	0.979	广东	1.002	1.115	1.117
内蒙古	1.028	1.112	1.143	广西	0.921	1.117	1.029
辽宁	0.978	1.111	1.087	海南	0.978	1.089	1.065
吉林	0.983	1.111	1.092	重庆	0.981	1.111	1.089
黑龙江	0.904	1.108	1.001	四川	0.983	1.113	1.095
上海	1.001	1.116	1.117	贵州	0.959	1.124	1.077
江苏	0.947	1.112	1.053	云南	0.979	1.120	1.096
浙江	0.946	1.116	1.056	陕西	0.936	1.111	1.040
安徽	0.935	1.114	1.041	甘肃	0.890	1.121	0.998
福建	0.982	1.106	1.086	青海	0.994	1.107	1.101
江西	0.923	1.118	1.032	宁夏	0.962	1.108	1.066
山东	0.962	1.116	1.074	新疆	0.905	1.110	1.005
全部	0.954	1.111	1.060				

从表 4-1 可以看出，2000—2010 年，我国高技术产业生产率平均增长率为 6.0%，技术效率和技术进步平均增长率分别为 -4.6% 和 11.1%，生产率增长主要来源于技术进步。然而，是什么原因促进了高技术产业生产率增长？本书从国际分工与贸易中考察我国的高技术产业，并试图从国际贸易和自主研发等方面提供解释。

2. 估计结果

多数经验研究表明国际贸易、自主研发都能影响生产率增长，但生产率增长自身也可能促进国际贸易和自主研发（Barro、Sala-i-Martin，2004；彭国华，2007）。为了避免解释变量内生性导致的参数有偏估计问题，Arellano 和 Bond(1991) 发展了差分广义矩估计方法（差分 GMM），利用水平值的滞后项作为差分变量的工具变量。但如果时间序列短，且滞后的被解释变量和解释变量具有一致趋势，则这些滞后的工具变量只是弱工具变量（Blundell、Bond，1998），因此，本书采用系统 GMM 方法对计量模型 2 进行回归分析，同时给出了差分 GMM 的估计结果，如表 4-2 所示。AR(2) 检验表明差分方程的残差项不存在二阶自相关，而 Sargan 检验表明工具变量在整体上是有效的。

表 4-2　　　　　　　　动态面板 GMM 估计结果

	差分 GMM		系统 GMM	
	1	2	3	4
L.TFP	0.788***	0.766***	0.867***	0.867***
	(32.11)	(30.18)	(57.56)	(39.01)
EX	-0.522***	-0.359**	-0.635***	-0.529***
	(-3.44)	(-2.42)	(-3.98)	(-3.66)
IM	-0.070***	-0.046**	-0.037*	-0.061**
	(-2.62)	(-2.24)	(-1.82)	(-2.11)
RDS	0.033***	0.199***	0.009	0.171***
	(5.26)	(3.50)	(1.15)	(3.33)

续表

	差分 GMM		系统 GMM	
	1	2	3	4
SC	0.474*** (3.53)	0.519*** (4.35)	0.767*** (5.62)	0.642*** (5.35)
FDI	0.010*** (6.37)	0.010*** (6.31)	0.009*** (6.24)	0.009*** (6.06)
EX*SRD		-0.388* (-1.68)		-0.902*** (-6.44)
IM*SRD		0.069 (0.19)		0.752*** (3.40)
C	0.168*** (2.70)	0.146** (2.54)	0.005 (0.15)	0.004 (0.09)
AR(2)	0.334	0.321	0.342	0.311
Sargan	0.807	0.836	0.996	0.997

注：括号内为 t 值。*、**、***分别表示在 10%、5% 和 1% 的水平上显著。

从回归结果可以看出，高技术产业第 $t-1$ 期的生产率显著地促进了第 t 期的生产率增长，这可能说明其存在着"积聚效应"。出口贸易没有促进高技术产业生产率增长，可能的解释是，面临激烈竞争的出口贸易要求企业不断引进先进的工艺流程和技术设备，从而提供高质量的产品，但仅依靠先进的技术设备却缺乏必要的生产管理经验和知识积累，会造成效率低下。进口贸易显著地抑制了生产率的提高，原因可能在于高技术企业大量进口高度集成的零部件，简单加工后再出口，这种加工贸易进口也使企业难以从进口中提升管理效率和积累生产经验，反而产生了对中间产品进口的依赖，因此，进口在一定程度上阻碍了生产率的提高。

回归结果表明自主研发对高技术产业生产率有着显著的促进作用，R&D 产出弹性为 0.171。这与吴延兵(2006)的结论相近(吴延兵发现高技术产业的 R&D 产出弹性约为 0.12)。可能的原因在于，我国对高技术产品的研发通常始于学习模仿，然后投资改造设备以推出仿制品(李宾，2010)，最后改进提升产品质量并推出新产品。

在这个过程中，虽然管理效率较低，但持续的研发投入仍然促进了高技术产业技术进步和生产率增长。高技术产业结构变化与生产率之间的关系证实了"结构红利假说"，结构变化显著地促进了技术效率和生产率的提高。这说明增加电子及通信设备制造业（这个行业的产品通常也是高技术产业其他行业的投入）的资本劳动比重，能显著促进整个高技术产业生产率的增长。此外，外商直接投资也能促进生产率的提高，这表明外资企业具有技术溢出效应，适当提高外资企业比重能更好地促进高技术产业发展。

出口贸易与自主研发交互项的估计系数显著为负，表明在出口贸易中没有学习效应，我国高技术产品的大量出口是由国际生产和分工"片段化"以及"加工贸易"盛行所致（Branstetter、Lardy，2009），在以加工贸易为主的出口贸易中，企业缺乏创新也可能是造成生产率不高的另一个原因。进口贸易和自主研发的交互作用显著地促进了生产率增长。这可能说明基于研发的进口贸易能使企业更快地采用先进技术设备，提高对引进技术的消化吸收能力。类似的研究如吴延兵（2008）对1996—2003年中国工业行业自主研发与生产率的实证研究发现自主研发的吸收能力较低，阻碍了生产率增长。两种结果的差异除了研究时期不同外，更重要的原因可能在于国际技术溢出中存在R&D"门槛"，与工业行业整体比较而言，高技术产业研发强度更可能接近（但仍未达到）R&D"门槛"。

4.1.3 结论

本书运用2000—2010年我国各地区高技术产业的动态面板数据，通过控制产业结构和科技政策的影响，实证检验了国际贸易、自主研发与高技术产业生产率增长之间的关系，得出以下主要结论：（1）出口贸易并没有促进高技术产业生产率增长，可能的解释是面临激烈竞争的出口企业，不断引进先进技术设备，但缺乏管理经验和技术知识积累；进口贸易显著地阻碍了生产率的提高，原因可能是在以加工贸易为主的进口贸易中，高技术企业对中间产品进口过于依赖，难以从进口中提升管理效率和促进技术创新。（2）自主研发显著地促进了高技术产业生产率的提高。这表明在对国外先进高技术产品学习模仿、吸收改进的过程中，持续的研发投入仍然促进了高技术产业生产率增长。(3) 高技术产业没有从出口中获得学习效应。进口贸易和自主研发的交互作用显著地促进了生产率增长，这可能说明基于研发的进口贸易能使企业更快地采用先进技术设备，提高企业的技术能力。我国高技术产业有一定的吸收能力和创新基础，但研发强度可能仍未达到 R&D "门槛"。

国际贸易为我国融入高技术产业价值链创造了条件，但实证表明"逆比较优势"的加工贸易并没有促进我国高技术产业生产率增长，生产率增长主要来自于持续的自主研发，而立足于自主研发的技术吸收也能促进高技术产业生产率增长和技术进步。大量进口中间产品组装加工后出口的国际贸易造成我国高技术产业国际分工地位低下，要扭转这种不利只有立足于自主研发，逐步形成最终产品生产所需的高技术零部件的设计制造能力，减少对中间产品进口的依赖。另一方面，高技术产业在进口国外先进技术的同时，要注重引进国外先进的管理和制度创新，提高技术效率。政府要注重保护知识产权，根据私人收益和社会收益的差异，尽可能对高技术企业研发提供补贴，并通过产学研合作去促进科研成果转化，激励企业加大自主研发力度，实现中间产品自行设计和生产制造。此外，政府还需要为高技术产业创造完善的投融资条件和健全的市场制度，促进包括研发人才在内的要素自由流动，良好的产业发展环境将有助于我国的高技术产业在自主研发的基础上实现技术进步和产业升级。

4.2 技术转移、吸收能力与高技术产业效率差异

4.2.1 模型设定

近年来，中国的高技术产业发展迅速，在高速铁路、无线宽带通信、高性能计算机、新能源汽车等领域已步入世界先进行列。这不仅得益于政府为提升技术创新能力而持续加大研发投入，同时，中国通过引进国外技术专利和先进设备，并利用巨大的市场潜力和优惠政策吸引外商投资，对解决高技术产业发展中的技术瓶颈和资

金缺口也有积极作用。提升本土企业技术能力的努力还体现在促进本土企业之间、企业与大学和科研院所之间的技术转移与产学研合作创新。金融危机后,出口导向的高技术产业受到冲击,竞争的加剧和要素成本的上升促使高技术企业纷纷将加工制造环节从沿海地区向内地或者其他国家转移,中国高技术产业可持续发展问题日益受到关注。因此,研究新形势下技术转移与高技术产业生产率的关系,将为各地区因地制宜地制定技术转移政策、促进区域均衡发展提供借鉴。

本书采用 Malmquist 指数法测算高技术产业生产率及其分解的技术效率和技术进步,运用一阶差分法分析国外技术引进、本土技术转移和 FDI 三种技术转移方式在提升高技术产业生产率中的作用,考察不同技术转移方式和研发投入的关系及其对生产率影响的空间差异。

对发展中国家而言,技术转移和研发投入都是全要素生产率增长的重要来源。假定全要素生产率可以表示为:

$$\text{TFP}_{it} = e^{f(\text{FK}_{it},\ \text{DK}_{it},\ \text{FDI}_{it},\ \text{RD}_{it}) + \mu_i + \varepsilon_{it}} \tag{1}$$

其中,FK_{it}、DK_{it} 和 FDI_{it} 分别表示国外技术引进、本土技术转移和外商直接投资这三种技术转移方式,RD_{it} 表示研发投入;μ_i 表示未观测的地区效应;ε_{it} 为随机误差项。参照 Hu 等(2005)的研究,可将 $f(\cdot)$ 设定为:

$$f(\cdot) = \gamma_1 \ln \text{FK}_{it} + \gamma_2 \ln \text{DK}_{it} + \gamma_3 \ln \text{FDI}_{it} + \gamma_4 \ln \text{RD}_{it} \tag{2}$$

将(2)式代入(1)式,两边取对数,得到:

$$\ln \text{TFP}_{it} = \gamma_1 \ln \text{FK}_{it} + \gamma_2 \ln \text{DK}_{it} + \gamma_3 \ln \text{FDI}_{it} + \gamma_4 \ln \text{RD}_{it} + \mu_i + \varepsilon_{it} \tag{3}$$

在计量模型(3)中,未观测效应 μ_i 与解释变量之间可能存在着相关性,地区的资源禀赋、市场开放程度等未观测效应与该地区技术转移和研发投入可能相关。此外,经验研究表明不仅技术贸易、研发投入影响生产率增长,而且生产率增长自身也可能促进技术贸易和研发投入(吴延兵,2008),这就是说解释变量并不是严格外生变量。因此,本书采用一阶差分法做回归分析,以处理变量的共线性和内生性问题。建立如下一阶差分模型:

$$\Delta \ln \text{TFP}_{it} = \gamma_1 \Delta \ln \text{FK}_{it} + \gamma_2 \Delta \ln \text{DK}_{it} + \gamma_3 \Delta \ln \text{FDI}_{it} + \gamma_4 \Delta \ln \text{RD}_{it} + \Delta \varepsilon_{it} \quad (4)$$

模型(4)考察了三种技术转移方式对生产率的影响。实际上，由于 R&D 具有提高创新能力和吸收能力的两面性，不仅能通过产生新知识直接促进生产效率增长(Ortega-argiles 等，2011)；而且能提高企业对技术溢出的学习和吸收能力(Lhuillery，2011)。技术引进中通常包含着隐性技术，导致在技术引进中存在一定的技术门槛。这种门槛效应使其后的技术消化与技术创新更多取决于企业的研发能力。对高技术产业技术投入和生产率增长关系的研究发现，R&D 提高了对进口技术的吸收能力(王玲、Szirmai，2008)。因此，为了更准确地考察不同技术转移方式对生产率的影响差异，我们加入了三种技术转移方式与 R&D 投入的交互项，将模型进一步设定为：

$$\Delta \ln \text{TFP}_{it} = \gamma_1 \Delta \ln \text{FK}_{it} + \gamma_2 \Delta \ln \text{DK}_{it} + \gamma_3 \Delta \ln \text{FDI}_{it} + \gamma_4 \Delta \ln \text{RD}_{it} + \Phi + \Delta \varepsilon_{it} \quad (5)$$

其中：

$$\Phi = \delta_1 \Delta \ln \text{FK}_{it} \times \Delta \ln \text{RD}_{it} + \delta_2 \Delta \ln \text{DK}_{it} \times \Delta \ln \text{RD}_{it} + \delta_3 \Delta \ln \text{FDI}_{it} \times \Delta \ln \text{RD}_{it}$$

δ_1、δ_2 和 δ_3 分别表示研发存量对国外技术引进、本土技术转移和外商直接投资渠道技术引进的吸收能力。如果 δ_i 显著为正，表明这种技术转移方式和研发投入存在着互补效应，促进了生产率增长；如果 δ_i 显著为负，则表明这种技术转移方式和研发投入存在着替代效应，技术转移可能挤出了研发投入。

为了进一步分析技术转移对生产率的影响，本书将生产率分解为技术效率和技术进步，构造以下计量模型：

$$\Delta \ln \text{EC}_{it} = \gamma_1 \Delta \ln \text{FK}_{it} + \gamma_2 \Delta \ln \text{DK}_{it} + \gamma_3 \Delta \ln \text{FDI}_{it} + \gamma_4 \Delta \ln \text{RD}_{it} + \Phi + \Delta \varepsilon_{it} \quad (6)$$

$$\Delta \ln \text{TC}_{it} = \gamma_1 \Delta \ln \text{FK}_{it} + \gamma_2 \Delta \ln \text{DK}_{it} + \gamma_3 \Delta \ln \text{FDI}_{it} + \gamma_4 \Delta \ln \text{RD}_{it} + \Phi + \Delta \varepsilon_{it} \quad (7)$$

其中，EC_{it} 和 TC_{it} 分别表示技术效率和技术进步。

4.2.2 变量与数据

以各省市高技术产业工业总产值作为产出指标 Y_{it}，用各地区相应年份的工业品出厂价格指数缩减，得到 2000 年不变价的工业总产值。劳动投入通常可用从业人数或者总工作小时数衡量，从业人数测度法没有考虑员工是全日制还是兼职，而总工作小时数能够更准确地衡量劳动投入（Coelli、Rao、O'Donnell 等，2005）。本书采用各省市高技术产业研发活动人员折合全时当量作为劳动投入。物质资本存量采用永续盘存法（PIM）计算，计算公式为：

$$K_{it} = I_{it} + K_{i,\,t-1}(1 - \delta_{it}) \tag{8}$$

其中，K_{it} 表示资本存量；I_{it} 表示投资流量，以固定资产投资额测度，并用固定资产投资价格指数平减各年投资额，将其折算成 2000 年价格表示的实际值；δ_{it} 为折旧率，各省市均取 9.6%。对于基期物质资本存量，假定中国快速发展的高技术产业处于资本完全利用状态，则资本存量的增量与产出的增量之比将近似等于平均的资本存量产出之比，利用递增的资本产出比率方法（ICORs）可以计算基期固定资本存量（Timmer，1999）。

分别以国外技术引进经费和本土技术转移经费占产品销售产值的比重表示国外技术引进 FK_{it} 和本土技术转移 DK_{it}，用不含技术引进经费的 R&D 支出费用占产品销售产值的比重表示 RD_{it}。[①] 由于缺少各地区高技术产业外商直接投资的数据，本书根据高技术产业的行业分类，在数据可获取的情况下，用工业行业中的医药制造业、电子及通信设备制造业、电气机械及器材制造业、仪器仪表及文化办公机械制造业中外商资本占实收资本比重的均值表示外商直接投资 FDI_{it}。

本书采用中国的 30 个省市（不含西藏和港澳台）2000—2013 年的面板数据进行实证分析。数据来源于《中国高技术产业统计年鉴》《中国工业经济统计年鉴》和《中国统计年鉴》。其中，工业品出

---

① 少数省份的国外技术引进经费、本土技术转移经费和 R&D 支出费用的数据缺失或为 0，本书以 10^{-5} 代替，以便于取对数。

厂价格指数和固定资产投资价格指数来源于《中国统计年鉴》；高技术产业工业总产值、从业人员平均人数、国外技术引进经费、本土技术转移经费和 R&D 支出来源于《中国高技术产业统计年鉴》；医药制造业、电子及通信设备制造业、电气机械及器材制造业、仪器仪表及文化办公机械制造业中外商资本和实收资本的数据来自于《中国工业经济统计年鉴》。

4.2.3 估计结果与分析

本书采用 Malmquist 指数法测算生产率，这种方法不要求行为假设和价格信息，并可以将生产率拆分为技术效率和技术进步。

根据 Fare 等(1994a)的定义，假设在时期 t，第 k 个决策单元使用 n 种投入 $x_{k,n}^t$，得到第 m 种产出 $y_{k,m}^t$，z 表示每个横截面观察值的权重，计算每个决策单元基于投入的 Farrell 技术效率的非参数规划模型为：

$$F_i^t(y^t, x^t \mid C, S) = \min \theta^k \tag{9}$$

$$y_{k,m}^t \leq \sum_{k=1}^{K} z_k^t y_{k,m}^t, \quad m = 1, \cdots, M;$$

$$\sum_{k=1}^{K} z_k^t x_{k,n}^t \leq \theta^k x_{k,n}^t, \quad n = 1, \cdots, N;$$

$$z_k^t \geq 0, \quad k = 1, \cdots, K$$

定义距离函数：

$$D_i^t(y^t, x^t) = \frac{1}{F_i^t(y^t, x^t \mid C, S)} \tag{10}$$

则在时期 t 和 $t+1$ 的技术条件下，从时期 t 到 $t+1$ 技术效率变化的 Malmquist 生产率指数分别为：

$$M_i^t = \frac{D_i^t(x^t, y^t)}{D_i^t(x^{t+1}, y^{t+1})} \tag{11}$$

$$M_i^{t+1} = \frac{D_i^{t+1}(x^t, y^t)}{D_i^{t+1}(x^{t+1}, y^{t+1})} \tag{12}$$

将生产率的变化表示为这两个 Malmquist 生产率指数的几何均值：

$$M_i(x^{t+1}, y^{t+1}; x^t, y^t) = \left\{ \left[\frac{D_i^t(x^t, y^t)}{D_i^t(x^{t+1}, y^{t+1})} \right] \left[\frac{D_i^{t+1}(x^t, y^t)}{D_i^{t+1}(x^{t+1}, y^{t+1})} \right] \right\}^{1/2}$$

$$= \frac{D_i^t(x^t, y^t)}{D_i^{t+1}(x^{t+1}, y^{t+1})} \left[\frac{D_i^{t+1}(x^{t+1}, y^{t+1})}{D_i^t(x^{t+1}, y^{t+1})} \times \frac{D_i^{t+1}(x^t, y^t)}{D_i^t(x^t, y^t)} \right]^{1/2}$$

$$= EC(x^{t+1}, y^{t+1}; x^t, y^t) \times TC(x^{t+1}, y^{t+1}; x^t, y^t)$$

(13)

其中，EC 为规模报酬不变且要素自由处置条件下的相对效率变化指数，测度从时期 t 到 $t+1$ 每个观察对象到最佳实践边界的追赶程度。TC 为技术进步指数，测度从时期 t 到 $t+1$ 技术边界的移动。

效率变化、技术进步和生产率变化分别如图 4-1、图 4-2、图 4-3 所示。

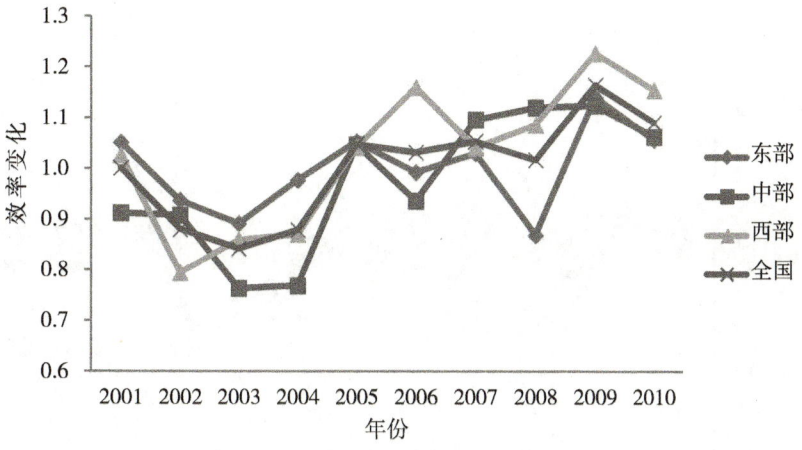

图 4-1　高技术产业效率变化

对计量模型(5)(6)和(7)采用 Hausman 检验以确定采用随机效应模型或者固定效应模型，并通过 Breusch-Pagan 检验验证是否选择随机效应。如果两种检验结论一致，则采用随机效应模型；如果两种检验的结论相反，则非观测效应可能同时存在于常数项和复合误差项中，此时使用随机效应或者固定效应模型都难以得到一致

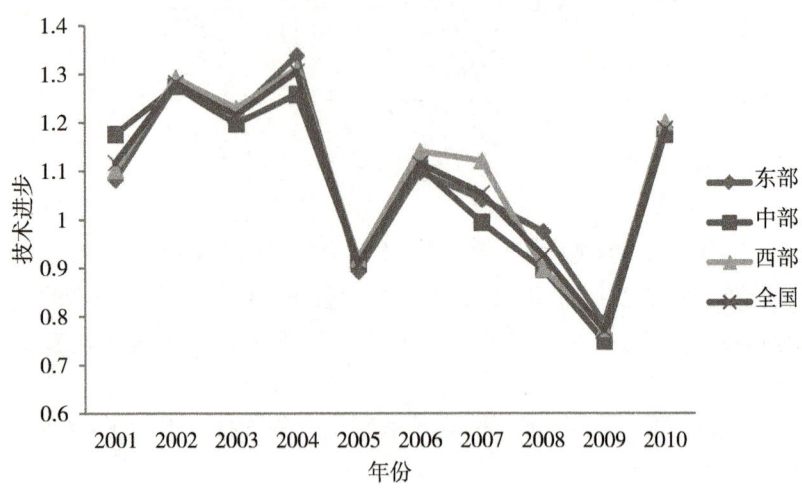

图 4-2 高技术产业技术进步

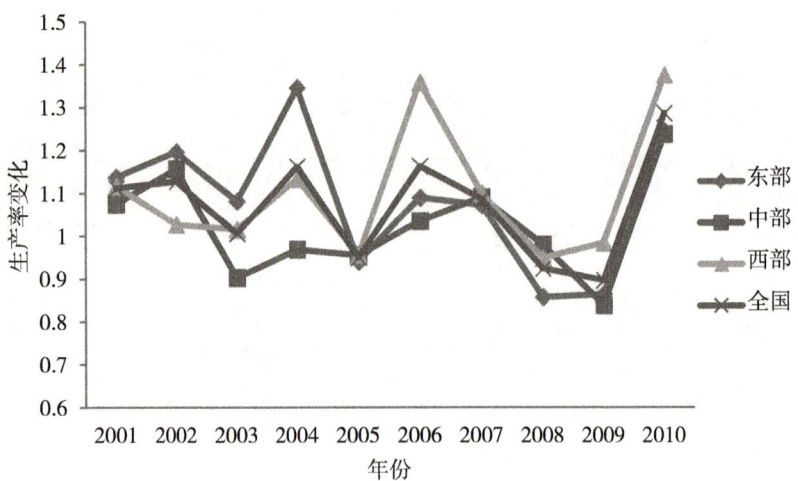

图 4-3 高技术产业生产率变化

的有效估计量,可行的广义最小二乘估计方法(FGLS)通过极小化加权误差平方和来消除误差项的异方差和自相关,从而获得一致有效估计量,本书选择 FGLS 方法进行估计。表 4-1 给出了国外技术引进、本土技术转移和 FDI 三种技术转移方式对高技术产业生产率的影响；表 4-2 给出了不同技术转移方式与高技术产业生产率增长的空间差异的关系。

1. 技术转移方式对生产率影响的时期差异

从表 4-3 可以看出，2000—2010 年，国外技术引进对高技术产业技术效率的估计系数显著为负，对技术进步的估计系数显著为正，且对技术效率的负向影响大于对技术进步的正向作用（两者的估计系数分别为 -0.04 和 0.018），因而，国外技术引进对生产率具有显著负向影响。这表明国外技术引进推动了高技术产业技术进步，但同时在更大程度上产生了技术无效率，抑制了高技术产业生产率增长；本土技术转移与高技术产业技术效率显著正相关，对技术进步和生产率的影响不显著，表明本土技术转移显著提升了高技术产业技术效率，但不能促进技术进步和生产率增长；外商直接投资对高技术产业技术效率的估计系数显著为正，对技术进步和生产率的影响不显著；研发投入产生了技术无效率，与技术进步和生产率显著负相关。

表 4-3　技术转移对高技术产业生产率影响的时期差异

变量	2000—2010			2000—2005			2006—2010		
	ΔlnEC	ΔlnTC	ΔlnTFP	ΔlnEC	ΔlnTC	ΔlnTFP	ΔlnEC	ΔlnTC	ΔlnTFP
ΔlnFK	-0.04*** (-3.57)	0.018* (1.77)	-0.022* (-1.75)	-0.05*** (-3.52)	0.041*** (3.37)	-0.009 (-0.56)	-0.046*** (-2.73)	0.002 (0.14)	-0.044** (-2.45)
ΔlnDK	0.026* (1.84)	-0.009 (-0.75)	0.016 (1.03)	0.006 (0.43)	0.029** (2.38)	0.035** (2.11)	0.07*** (2.68)	-0.068*** (-3.06)	0.002 (0.08)
ΔlnFDI	0.094* (1.9)	-0.022 (-0.49)	0.073 (1.29)	-0.007 (-0.09)	-0.223*** (-3.66)	-0.229*** (-2.75)	0.166** (2.47)	0.108* (1.88)	0.274*** (3.83)
ΔlnRD	-0.285*** (-6.74)	-0.099*** (-2.62)	-0.384*** (-8.00)	-0.295*** (-4.62)	-0.009 (-0.17)	-0.304*** (-4.09)	-0.356*** (-5.21)	-0.117** (-2.03)	-0.474*** (-6.52)

续表

变量	2000—2010			2000—2005			2006—2010		
	ΔlnEC	ΔlnTC	ΔlnTFP	ΔlnEC	ΔlnTC	ΔlnTFP	ΔlnEC	ΔlnTC	ΔlnTFP
ΔlnFK× ΔlnRD	0.026 (1.46)	0.017 (1.12)	0.043** (2.17)	-0.032 (-1.29)	0.037* (1.74)	0.005 (0.16)	0.068** (2.41)	0.023 (0.97)	0.091*** (3.05)
ΔlnDK× ΔlnRD	0.062*** (2.74)	-0.018 (-0.89)	0.044* (1.72)	0.022 (0.85)	-0.029 (-1.35)	-0.008 (-0.26)	0.098* (1.88)	-0.022 (-0.5)	0.076 (1.37)
ΔlnFDI× ΔlnRD	0.07 (1.24)	-0.127** (-2.52)	-0.057 (-0.89)	0.126 (1.08)	-0.207** (-2.09)	-0.082 (-0.61)	-0.014 (-0.18)	-0.169*** (-2.58)	-0.183** (-2.23)
常数项	-0.004 (-0.17)	0.008 (0.42)	0.005 (0.18)	-0.004 (-0.15)	-0.022 (-0.89)	-0.027 (-0.78)	0.0003 (0.01)	0.042 (1.51)	0.042 (1.22)
Wald chi2	104.96	16.45	95.81	45.54	46.49	47.35	79.37	19.99	90.51
R^2	0.286	0.1	0.268	0.289	0.293	0.297	0.359	0.123	0.389
LM 检验	14.00	15.33	14.23	10.37	7.89	5.47	10.75	13.24	8.3
p 值	0.000	0.000	0.000	0.001	0.005	0.019	0.001	0.000	0.004
Hausman 检验	0.51	1.1	0.55	2.54	9.65	9.45	5.23	4.08	8.58
p 值	0.999	0.993	0.999	0.924	0.209	0.222	0.633	0.771	0.284
估计方法	RE	RE	RE	RE	RE	RE	RE	RE	RE

注：括号内为 t 值。*、**、***分别表示在10%、5%和1%的水平上显著。

将2000—2010年分为2000—2005年和2006—2010年两个阶段，可以发现技术引进对高技术产业生产率的影响存在时期差异。2006年前后，国外技术引进虽然都降低了产业技术效率，但对技术进步的估计系数由0.041减小到0.02，并且在统计上不再显著，这说明2000—2010年国外技术引进对产业技术进步的贡献逐渐减弱，对生产率的抑制作用增强；本土技术转移对产业技术进步的估计系数由0.029减小到-0.068，对技术效率的估计系数由0.006提高到0.07，在统计上都显著，说明本土技术转移逐渐对技术进步产生了不利影响，但显著提升了技术效率。2006—2010 年，外商直接投资对高技术产业技术效率、技术进步和生产率的估计系数都显著为正，表明 FDI 技术溢出效应增强，FDI 渠道的技术引进提升了产业技术效率，促进了技术进步和生产率增长。

国外技术引进阻碍了高技术产业生产率增长，这是由于在出口导向的高技术产业中，企业为了满足国外技术标准和市场需求，不断引进先进的工艺流程和技术设备，在短期内促进了产业技术进步，但从长期看造成了对本土企业市场空间的挤压和替代，抑制了本土企业的技术创新。而且，大量企业在引进国外技术过程中，不注重提高管理效率和积累生产经验，造成产业技术效率低下；此外，随着高技术产业技术水平的提高，国外技术引进产生的学习效应逐渐减弱，对技术进步的贡献变小，这些都抑制了高技术产业生产率增长。

本土技术转移不能显著促进高技术产业生产率增长，但对技术效率具有显著的正向溢出。可能的原因在于国内企业间技术水平差距小，领先企业为了保持竞争优势，不轻易转让先进技术，从而使国内引进的技术不处于生产前沿，难以促进产业技术进步。然而，由于本土企业的外部环境相似，企业在引进国内技术的过程中，易于通过学习模仿提高管理效率和积累生产经验，能够消化吸收国内引进技术，发挥引进技术的生产潜力。

外商直接投资对高技术产业的技术效率具有显著的正向外溢效应，外资比重每增加 1%，产业技术效率提高 0.094%。由于高技术产业技术升级快，市场竞争激烈，外资在高技术产业具有明显的技术优势，技术溢出的空间大，外资企业在很大程度上通过示范效应和竞争效应促使内资企业模仿学习，提高了整个产业的技术效率。近年来，通过鼓励跨国公司建立中外合作合资研发中心，在外资优惠政策中限制外资企业经营模式等措施加强外资企业与本土企业技术合作，外资的正向溢出效应随着中国利用外资水平的提高而更加显著，2006—2010 年，FDI 渠道的技术引进显著提升了产业技术效率，促进了技术进步和生产率增长。

研发投入阻碍了高技术产业技术效率和生产率提高。原因在于国内高技术企业的研发投入通常以消化吸收国外先进技术，进而推出模仿改进产品为目标。当国内企业的模仿品投放市场后，外企又引入更先进的技术，使国内企业研发投入的成果在很大程度上被国外梯度引入的先进技术淘汰（李宾，2008）。因而，国内企业研发投入耗费了经济资源，产生了技术无效率，却无法推动技术前沿，最终阻碍了技术效率和生产率提高。

国外技术引进和本土技术转移都与研发投入存在着互补效应，这可能说明，尽管研发投入没有推动高技术产业技术前沿并提升技术效率，但研发投入增加了企业知识存量和技术水平，提高了对引进技术的消化吸收能力。比较2000—2005年与2006—2010年这两个时期，可以发现技术引进和研发投入的互补效应显著促进了产业技术效率和生产率提升。FDI与研发投入存在着替代效应，阻碍了技术进步。表明外资企业与中国本土企业的技术根植性较差，外资企业依赖母国研发资源，与中国本土企业的技术交流和研发合作程度低，对中国高技术产业技术进步的溢出效应非常弱。

2. 技术转移与高技术产业生产率增长的空间差异

将30个省市划分为东部、中部和西部地区①，以考察技术转移对高技术产业产生率的影响是否存在着区域差异。见表4-4。

表4-4　技术转移与高技术产业生产率变动的空间差异

变量	东部			中部			西部		
	ΔlnEC	ΔlnTC	ΔlnTFP	ΔlnEC	ΔlnTC	ΔlnTFP	ΔlnEC	ΔlnTC	ΔlnTFP
ΔlnFK	-0.02 (-1.07)	-0.007 (-0.34)	-0.028 (-1.41)	-0.047** (-2.06)	0.03* (1.86)	-0.017 (-0.82)	-0.04** (-2.11)	0.023* (1.64)	-0.017 (-0.75)

---

① 东部地区包括北京、天津、河北、辽宁、上海、江苏、浙江、福建、山东、广东和海南；中部地区包括山西、内蒙古、吉林、黑龙江、安徽、江西、河南、湖北、湖南；西部地区包括广西、重庆、四川、贵州、云南、陕西、甘肃、青海、宁夏、新疆。

续表

变量	东部			中部			西部		
	ΔlnEC	ΔlnTC	ΔlnTFP	ΔlnEC	ΔlnTC	ΔlnTFP	ΔlnEC	ΔlnTC	ΔlnTFP
ΔlnDK	0.01	-0.002	0.008	-0.007	0.014	0.007	0.034	-0.029*	0.005
	(0.38)	(-0.06)	(0.3)	(-0.24)	(0.67)	(0.27)	(1.51)	(-1.71)	(0.2)
ΔlnFDI	-0.099	-0.294**	-0.393***	0.139*	-0.1*	0.039	0.091	0.161***	0.252**
	(-0.85)	(-2.17)	(-3.23)	(1.73)	(-1.76)	(0.54)	(1.02)	(2.41)	(2.44)
ΔlnRD	-0.134***	-0.382***	-0.516***	-0.249***	-0.2***	-0.449***	-0.422***	0.095	-0.327***
	(-2.03)	(-4.98)	(-7.51)	(-3.15)	(-3.57)	(-6.33)	(-5.25)	(1.57)	(-3.5)
ΔlnFK× ΔlnRD	0.07***	0.077***	0.147***	-0.007	-0.017	-0.024	-0.015	0.025	0.01
	(3.05)	(2.86)	(6.12)	(-0.17)	(-0.56)	(-0.63)	(-0.42)	(0.95)	(0.25)
ΔlnDK× ΔlnRD	-0.016	-0.067	-0.083*	0.064	0.047	0.111**	0.087**	-0.015	0.072
	(-0.37)	(-1.34)	(-1.85)	(1.18)	(1.2)	(2.26)	(2.03)	(-0.45)	(1.45)
ΔlnFDI× ΔlnRD	-0.384	-1.07***	-1.455***	0.198	-0.034	0.164	-0.035	-0.072	-0.107
	(-1.33)	(-3.18)	(-4.83)	(1.26)	(-0.3)	(1.16)	(-0.4)	(-1.11)	(-1.06)
常数项	-0.006	0.032	0.026	-0.003	0.018	0.015	0.002	-0.008	-0.006
	(-0.24)	(1.09)	(0.99)	(-0.06)	(0.59)	(0.4)	(0.04)	(-0.22)	(-0.11)
Wald chi2	23.16	51.75	147.96	26.19	21.22	56.11	57.65	18.46	28.37
R^2	0.203	0.363	-	0.264	0.225	-	0.413	0.184	0.257
LM 检验 p 值	4.65 0.031	4.77 0.029	2.73 0.098	4.46 0.035	4.04 0.044	3.28 0.070	4.35 0.037	4.52 0.034	4.38 0.036
Hausman 检验 p 值	0.96 0.996	1.42 0.985	0.9 0.996	0.45 0.999	0.89 0.996	1.09 0.993	1.02 0.994	0.87 0.997	0.39 0.99
估计方法	RE	RE	FGLS	RE	RE	FGLS	RE	RE	RE

注：括号内为 t 值。*、**、***分别表示在10%、5%和1%的水平上显著。

表 4-4 的估计结果表明，国外技术引进对东部地区高技术产业技术效率、技术进步和生产率的影响都不显著；国外技术引进显著促进了中西部地区高技术产业技术进步，但同时降低了中西部地区的技术效率；本土技术转移对东中部地区生产率的影响不显著，并抑制了西部地区技术进步；外商直接投资显著阻碍了东部地区技术进步和生产率增长，然而对西部地区技术进步和生产率具有显著的正向影响；外商直接投资显著提高了中部地区技术效率，但阻碍了中部地区技术进步；研发投入抑制了东中西部地区技术效率和生产率的提高，对三者生产率的估计系数分别为 -0.516、-0.449 和 -0.327，表明研发投入对东部地区的阻碍作用强于中西部地区；国外技术引进和研发投入的交互项对东部地区技术效率、技术进步和生产率的估计系数都显著为正，说明二者具有互补效应，显著提高了东部地区技术效率，促进了技术进步和生产率增长；本土技术转移和研发投入在中部地区具有互补效应；本土技术转移和研发投入的交互项对西部地区技术效率的估计系数显著为正，说明研发投入促进了对国内引进技术的消化吸收，提高了西部地区技术效率；外商直接投资和研发投入交互项对东部地区技术进步和生产率的估计系数显著为负，表明本土研发不能吸收外商直接投资的技术溢出，阻碍了东部地区技术进步和生产率增长。

由于东中西部技术水平不同，中西部地区技术水平相对较低，国外技术引进显著促进了中西部地区技术进步，但中西部地区在引进国外技术时缺乏必要的生产管理经验和知识积累导致技术效率低下。本土技术转移阻碍了西部地区技术进步，原因之一是购买国内技术不处于技术前沿，西部地区生产前沿的移动通常由于一些企业引进国外先进生产设备，导致本土技术转移与西部地区技术进步显著负相关。

FDI 技术溢出效应的区域差异表明，外资既可以通过竞争和示范效应、劳动力流动效应以及前后向关联效应等渠道产生正向技术溢出效应，也可能提升东道国企业的平均生产成本，产生"市场窃取"效应。在东部地区，过度的外资流入挤占了本土企业的生存空间，使其无法增加研发和创新投入，因而，东部地区过度的 FDI 产生了"市场窃取"效应,阻碍了技术进步和生产率增长。在中部地区,外资企业也具有较大的竞争优势,本土企业只能被动跟随外企的技术路线,难以提升技术创新能力,从而阻碍了中部地区技术进步,但外资通过竞争和示范效应促使本土企业提高管理效率以降低成本,提高了中部地区技术效率。西部地区市场化水平和对外开放程度不高,有限的外资进入推动了技术进步和生产率增长。

技术引进一方面会对研发投入产生挤出和替代效应,另一方面具有技术溢出效应。国外技术引进和研发投入在东部地区具有互补效应,由于技术引进中通常包含着隐性技术,导致在技术引进中存在一定的技术门槛。这种门槛效应使其后的技术消化与技术创新更多取决于企业的研发能力。东部地区较高的研发投入使其知识存量和技术水平高于中西部地区,对国外引进技术有更强的吸收能力,使国外技术引进的溢出效应大于对研发投入的替代效应,显著提高了东部地区技术效率,促进了技术进步和生产率增长;由于东部地区企业技术水平差距不大,国内引进技术的溢出效应弱,因而本土技术转移对研发投入的替代效应阻碍了生产率增长。本土技术转移和研发投入在中西部地区具有互补效应,主要由于国内企业技术水平差距小,购买国内技术在中西部地区具有适宜性,有利于当地企业消化吸收,促进生产率增长。东部地区研发投入不能吸收外商直接投资的技术溢出,这是由于外资企业为了保持其技术优势,严格限制专有知识和技术流向东道国企业,外企高度依赖母国研发资源,使东部地区本土企业难以通过合作研发获取技术溢出。

4.2.4 结论

本书运用2000—2010年中国省际高技术产业的面板数据,实证分析了国外技术引进、外商直接投资、本土技术转移三种技术转移方式在促进高技术产业生产率增长中的作用,探讨了各种技术转移方式与研发投入的相互作用及其对高技术产业生产率的影响,并考察技术转移对生产率影响是否存在时期和区域差异。得出以下主要结论:国外技术引进阻碍了生产率增长,但在短期内促进了技术进步;本土技术转移有利于技术效率提高,但对生产率影响不显著；从长期看，国外技术引进对技术进步的贡献逐渐减弱，而本土技术转移在提升技术效率中的作用在增强；国外技术引进和本土技术转移都对研发投入产生了互补效应，前者在东部地区作用明显，后者在中西部地区更加显著。FDI对高技术产业技术效率产生正向溢出，但抑制了研发投入，阻碍了生产率增长，这在东部地区最为突出。

通过引进国外技术和吸收外商直接投资发展高技术产业的做法在东部地区将难以为继，其生产率增长将更多依赖产品研发设计和销售网络。决策者需要通过调整技术转移政策和外资政策推动具备技术优势的高技术企业与跨国公司合作研发，为这些企业提供政府采购和研发补贴激励其增加研发投入，在吸收外资时突出技术合作提高本土企业的主导地位。中西部地区在承接高技术产业转移的过程中应结合本地的产业基础和企业技术能力现状引进适宜技术，以企业技术改造为契机，引进适宜技术改进工艺流程，推动产业优化升级；同时借鉴东部地区技术转移经验，促进技术转移机构和技术市场管理机构的资源优化，提高技术转移机构的市场化水平。决策者在为企业从高校和科研机构引入前沿技术创建合作平台的过程中，更应注重完善技术转移和成果转化的制度环境，因地制宜地制定技术转移政策以促使外部先进技术与本地高技术产业深层次融入。

4.3 技术转移、行业异质性与产业效率

4.3.1 高技术行业的异质性分析[①]

1. 模型设定

技术转移是促进高技术产业升级、建设技术创新体系的重要途径，在过去的20多年里，我国陆续制定出台了一系列政策法规和

---

① 彭峰，周银珍，李燕萍．中国高技术行业的技术转移与效率差异［J］．求索，2016(3)：92-96.

相关措施完善技术转移体系,然而,高技术产业化程度不高、技术效率低下的现状并没有得到显著改善。同时,高技术产业发展中的行业差距却在进一步扩大,高性能计算机、无线宽带通信、高速铁路、新能源汽车等行业已居于世界领先地位,而化学药品制造、医疗设备制造、飞机制造等行业仍处在国际产业分工的低端。① 金融危机后,我国高技术产业发展面临着更加复杂激烈的竞争环境。一方面,国内要素成本的上涨导致一些跨国公司将加工制造环节向其他东南亚国家转移,日趋严格的环境规制使得中西部地区在承接高技术加工制造转移时犹豫不决;另一方面,美国、德国、日本等发达国家纷纷加强了高新技术领域的创新部署和技术攻关,促使高端要素和产业资源竞争日益加剧。因而,深入到细分行业层面,考察技术转移在技术效率提升中的异质性作用,对促进我国高技术产业技术创新有着重要意义。

已有文献通过实证检验国际技术转移对高技术产业的溢出效应(仇怡、吴建军,2010;余泳泽,2012;Li、Wei,2012;杨高举、黄先海,2013;Liu 等,2014),但这类文献很少将本土技术转移纳入技术效率提升的分析框架中,去考察不同技术转移方式对技术效率的影响差异。此外,有关技术转移与高技术产业效率关系的研究文献也很少考虑行业异质性。不同高技术行业之间的产业形态、技术表现和发展路径不尽相同,需要深入到具体行业才能揭示其发展状态、技术路径和升级战略(陈玲、薛澜,2010;Zhang 等,2014)。因而,本书采用 SBM 方法测度中国高技术产业细分行业的技术效率,针对高技术产业发展中呈现的行业差异,将高技术产业区分为高效率行业和低效率行业两类。运用系统 GMM 方法考察本土技术转移、国外技术引进和 FDI 三种技术转移方式在高技术产业效率提升中的作用,并进一步考察不同技术转移方式对高效率行业和低效率行业的影响差异,从而为完善技术转移政策体系,促进中国高技术产业效率提升提供借鉴。

技术效率反映了给定投入下获得最大产出的能力,是产业竞争

---

① 高技术产业化及其环境建设"十二五"专项规划。

力的重要组成部分。大量文献测度和评价了中国高技术产业的技术效率,所用效率测度方法分为随机前沿分析(SFA)和数据包络分析(DEA)两类:刘志迎等(2007)采用随机前沿分析方法考察了中国高技术产业发展过程中的总量增长模式和技术效率。王军和杨惠馨(2010)借助三阶段 DEA 方法测算中国省际高技术产业效率,发现规模效率的大幅下降导致省际技术效率不高。李再扬和杨少华(2010)运用 DEA 方法测度了中国省际电信业的技术效率,证实电信业的技术效率存在较大的区域差异。杨青峰(2014)基于三阶段 DEA 模型在剥离对外开放程度、人力资本水平等环境因素的情况下测算了中国省际高技术产业的技术效率,发现产业效率的整体均值只有 0.381。董晓庆等(2014)运用基于 DEA 的 Malmquist 指数方法测度了五大类高技术行业的创新效率,发现国有企业的创新效率普遍低于民营企业。Lee 等(2010)构建了模糊网络分析模型评价高技术产业中设备引进中的技术转移效率。Wang 和 Wang(2014)运用改进的 TOPSIS 方法评价中国省际高技术产业效率,发现广东和江苏的产业效率最高。这类文献多从省际层面证实了我国高技术产业效率偏低。

另有一类文献通过实证检验了国际贸易、FDI、研发投入等因素对高技术产业效率的影响。仇怡和吴建军(2010)根据中国 1998—2007 年省际高技术产业的面板数据证实了国际贸易不仅促进了产业集聚,同时提高了当地的技术水平。李正卫等(2010)对浙江省 1111 家高新技术企业的研究发现,非体现性技术引进对企业自主研发有显著的正向影响,而体现性技术引进则没有显著影响。这类研究中,有关 FDI 溢出效应的研究最为丰富,余泳泽和武鹏(2010)对中国高技术产业的实证研究表明外资企业较高的全要素生产率水平对内资企业产生了显著的正向技术溢出。孙玮等(2011)认为 FDI 质量特征和所有制结构会直接影响 FDI 对高技术产业技术溢出的程度。余泳泽(2012)提出外商投资规模对技术外溢的影响具有一定的"门槛条件",与技术外溢存在着倒"U"形曲线关系。杨高举和黄先海(2013)在考察中国高技术产业国际分工地位的内部动力时发现 FDI 溢出效应的作用有限。也有研究表明

FDI 的溢出效应存在显著的行业差异，沙文兵和李桂香(2011)利用1995—2008年中国高技术产业17个细分行业的面板数据，研究证实了FDI技术溢出效应主要发生在中等外资开放程度的行业中，对外资开放程度较低的行业和对外资开放程度过高的行业没有产生显著的FDI技术溢出效应。Czarnitzki 和 Thorwarth(2012)考察了基础研究对高技术产业生产率和低技术产业生产率的影响差异。还有一些文献考察了技术转移和创新活动的关系。Li 和 Wei(2012)基于中国省际高技术产业的面板数据分析技术转移和消化吸收能力对创新产出的影响。Liu 等(2014)利用中国高技术产业的面板数据实证检验了外资竞争、本土知识水平与产业创新活动之间的关系。Li 和 Wei(2012)基于中国高技术产业省际面板数据实证发现技术引进和本土技术获取对创新产出都没有显著正向影响。Liu 等(2014)基于中国高技术产业1998—2008年的面板数据证实了本土知识基础能够减少外资竞争对创新活动的压力。尽管高技术产业效率影响因素的实证研究文献比较丰富，但这些文献大多忽略了本土技术转移在产业效率提升中的作用(Zhang 等, 2012；李燕萍、彭峰, 2012)。彭峰和李燕萍(2013)将国外技术引进、国内技术转移和FDI等技术转移方式纳入到同一框架下，基于省际面板数据考察了不同技术转移方式对高技术产业效率的影响。

已有文献运用不同方法对高技术产业效率进行了评价，并通过实证检验了高技术产业效率的影响因素，为本书提供了理论和方法基础。然而，对中国高技术产业发展而言，积极促进本土技术转移是近年来产业政策的重要举措，现有研究很少将本土技术转移纳入技术效率的分析框架；其次，现有技术转移溢出效应的研究文献很少考虑行业异质性。因而，本书从技术效率和效率变化两个角度分析高技术产业中的行业发展差异，并在同一框架下考察本土技术转移、国外技术引进和FDI三种技术转移方式对高技术产业效率的影响及其行业异质性。

2. 技术效率的测度

技术效率可以通过数据包络分析(DEA)或者随机前沿分析

(SFA)方法来测度。前者运用线性规划方法构建观测数据的非参数前沿,后者假定投入和产出之间的关系具有某个给定的生产函数形式(Coelli 等,2005)。由于无需假定具体的生产函数、能有效解决多投入产出问题,本书选择 DEA 方法来计算高技术行业的技术效率。传统的 DEA 方法在投入过度或者产出不足的情况下往往会高估评价对象的效率,对产出或者投入的忽视也会造成效率测度结果的偏差(王兵等,2010)。因而,本书采用非径向(Non-radial)、非角度(Non-oriented)的超效率 SBM 模型测度技术效率,这种方法不仅可以有效地解决投入要素的"拥挤"或"松弛"问题,并且可以进一步区分有效率的决策单元(Cooper 等,2007)。

将生产可能集 $P \backslash (x_0, y_0)$ 和 $\overline{P} \backslash (x_0, y_0)$ 分别定义为:

$$P \backslash (x_0, y_0) = \left\{ (\bar{x}, \bar{y}) \mid \bar{x} \geq \sum_{j=1, \neq 0}^{n} \lambda_j x_j, \bar{y} \leq \sum_{j=1, \neq 0}^{n} \lambda_j y_j, \bar{y} \geq 0, \lambda \geq 0 \right\} \tag{1}$$

$$\overline{P} \backslash (x_0, y_0) = P \backslash (x_0, y_0) \cap \{\bar{x} \geq x_0, \bar{y} \leq y_0\} \tag{2}$$

超效率 SBM 模型可以表述为(Tone,2002;Cooper 等,2007):

$$\delta^* = \min\delta = \frac{\dfrac{1}{m}\sum_{i=1}^{m} \bar{x}_i / x_{i0}}{\dfrac{1}{s}\sum_{r=1}^{s} \bar{y}_r / y_{r0}} \tag{3}$$

$$\text{s.t.} \ \bar{x} \geq \sum_{j=1, \neq 0}^{n} \lambda_j x_j$$

$$\bar{y} \leq \sum_{j=1, \neq 0}^{n} \lambda_j y_j$$

$$\bar{x} \geq x_0, \ \bar{y} \leq y_0,$$

$$\bar{y} \geq 0, \ \lambda \geq 0$$

这个分式规划可以应用 Charnes-Cooper 转换为线性规划求解:

$$\tau^* = \min\tau = \frac{1}{m}\sum_{i=1}^{m} \frac{\widetilde{x}_i}{x_{i0}} \tag{4}$$

$$\text{s.t.} \ 1 = \frac{1}{s}\sum_{r=1}^{s} \frac{\widetilde{y}_r}{y_{r0}}$$

$$\tilde{x} \geqslant \sum_{j=1,\neq 0}^{n} \Lambda_j x_j$$

$$\tilde{y} \leqslant \sum_{j=1,\neq 0}^{n} \Lambda_j y_j$$

$$\tilde{x} \geqslant tx_0, \ \tilde{y} \leqslant ty_0,$$

$$\Lambda \geqslant 0, \ y \geqslant 0, \ t \geqslant 0$$

以高技术行业主营业务收入作为产出指标 Y_{it}，以年末固定资产原价表示资本投入 K_{it}，劳动投入 L_{it} 用各高技术行业从业人员平均人数衡量。① 数据来源于《中国高技术产业统计年鉴》和中经网统计数据库。运用 DEA-Solver Pro5.0 软件求解，可得 1996—2013 年中国高技术产业各行业的技术效率(TE)，图 4-4 给出了高技术产业及其所属五大类行业的技术效率。

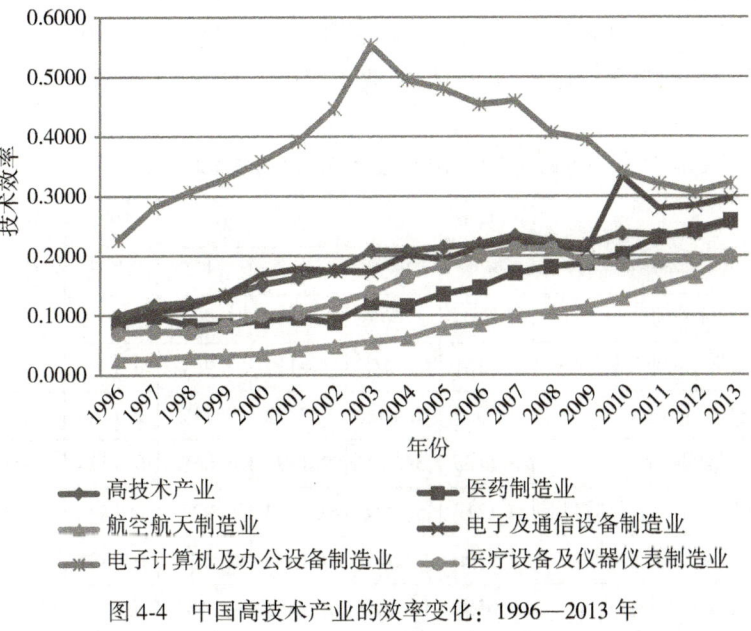

图 4-4 中国高技术产业的效率变化：1996—2013 年

---

① 由于数据可获取性，本书没有考虑中间投入。

由图4-1，中国高技术产业的技术效率在1996—2007年逐步提高，在2007—2013年出现了"S"形波动，但总体上呈现上升趋势。在其所属五大类高技术行业中，电子计算机及办公设备制造业的技术效率最高，在1996—2003年经历了快速的效率提升，在2003—2012年效率持续下降，因而在整个时期技术效率增长缓慢，属于高技术效率低增长率行业。电子及通信设备制造业的技术效率仅在2007—2009年出现了下降，在其他年份都保持较高的效率增长，属于高技术效率高增长行业。医药制造业、医疗设备及仪器仪表制造业的技术效率低于整体产业平均效率，前者在1996—2004年出现"S"形波动，后者在2007—2013年呈现"S"形波动，因而这两类行业效率增长率也不高，属于低技术效率低增长行业。航空航天器制造业在这五类行业中技术效率最低，但在1996—2013年都保持较高的效率增长，属于低技术效率高增长行业。将1996—2013年分为1996—2007年、2007—2013年两个时期，考察高技术产业及其细分行业在不同时期的效率变化，如表4-5所示。

表4-5　不同时期高技术产业技术效率的均值与增长率

	1996—2007		2007—2013		1996—2013	
	均值	增长率	均值	增长率	均值	增长率
高技术产业	0.1704	9.60%	0.2348	3.99%	0.1919	7.62%
医药制造业	0.1101	7.11%	0.2112	7.20%	0.1460	7.14%
化学药品制造	0.0932	10.81%	0.2122	9.11%	0.1360	10.21%
中成药制造	0.1165	5.26%	0.1891	6.66%	0.1424	5.75%
生物、生化制品的制造	0.1313	6.95%	0.2383	5.97%	0.1686	6.61%
航空航天器制造业	0.0520	13.56%	0.1375	12.51%	0.0826	13.19%
飞机制造及修理	0.0551	12.18%	0.1488	13.48%	0.0887	12.64%
航天器制造	0.0467	18.03%	0.1177	10.88%	0.0720	15.51%
电子及通信设备制造业	0.1643	9.29%	0.2631	6.86%	0.1993	8.44%
通信设备制造	0.2893	13.89%	0.3605	-0.19%	0.3106	8.92%

续表

	1996—2007		2007—2013		1996—2013	
	均值	增长率	均值	增长率	均值	增长率
通信传输设备制造	0.1778	9.96%	0.4105	27.23%	0.2662	16.05%
通信交换设备制造	0.2928	12.52%	0.3641	31.23%	0.3123	19.12%
通信终端设备制造	0.2216	15.10%	0.2116	-2.47%	0.2153	8.90%
雷达及配套设备制造	0.0590	14.60%	0.1459	12.33%	0.0897	13.80%
广播电视设备制造	0.1534	16.21%	0.5227	60.21%	0.2918	31.74%
电子器件制造	0.1054	11.43%	0.1820	5.41%	0.1324	9.31%
电子真空器件制造	0.1198	10.52%	0.1459	0.78%	0.1284	7.09%
半导体分立器件制造	0.0834	14.20%	0.1534	1.19%	0.1071	9.61%
集成电路制造	0.1134	9.55%	0.1842	3.81%	0.1376	7.52%
电子元件制造	0.1056	7.27%	0.1498	1.09%	0.1204	5.09%
家用视听设备制造	0.2348	6.44%	0.2266	-3.10%	0.2282	3.07%
其他电子设备制造	0.1946	9.25%	0.4259	55.59%	0.2831	25.60%
电子计算机及办公设备制造业	0.3987	7.19%	0.3646	-5.60%	0.3821	2.68%
电子计算机整机制造	0.5985	20.35%	0.4368	-16.80%	0.5266	7.24%
电子计算机外部设备制造	0.3234	0.27%	0.2299	-6.24%	0.2885	-2.02%
办公设备制造	0.2908	6.08%	0.3325	0.76%	0.3044	4.20%
医疗设备及仪器仪表制造业	0.1268	10.83%	0.1977	-1.01%	0.1496	6.65%
医疗设备及器械制造	0.1519	7.03%	0.1843	-3.74%	0.1610	3.23%
仪器仪表制造	0.1107	14.72%	0.2075	0.77%	0.1428	9.80%

由表 4-5 可以看出，在 1996—2007 年，中国高技术产业技术效率的均值为 0.1704，增长率为 9.60%。在五大类高技术行业中，

电子计算机及办公设备制造业的技术效率最高，效率值为 0.3987，其细分(四位码)行业电子计算机整机制造业在所有行业中有着最高的技术效率(高达 0.5985)和效率增长率(高达 20.35%)。电子及通信设备制造业的技术效率和增长率都略低于高技术产业平均水平。医药制造业呈现低效率和低增长，而航空航天器制造业、医疗设备及仪器仪表制造业这两个行业则呈现低效率和高增长。在 2007—2013 年，中国高技术产业技术效率的均值上升为 0.2348，但效率增长率较前一个时期大幅度放缓(仅为 3.99%)，主要原因可能在于全球金融危机的爆发，对一些以出口为导向的高技术行业产生了较大冲击，致使这些行业成本上升产出减少，如电子计算机及办公设备制造业，医疗设备及仪器仪表制造业。电子计算机及办公设备制造业尽管在五大类高技术行业中技术效率最高，但效率增长率最低，而且为负增长(-5.60%)。医疗设备及仪器仪表制造业的技术效率也出现了负增长(-1.01%)。电子及通信设备制造业也在一定程度上受到金融危机影响，其效率增长率低于前一个时期，但仍属于高效率和高增长行业。医药制造业和航空航天器制造业受金融危机影响较小，都保持了较高的效率增长。这表明，高技术产业内不同行业间技术效率存在较大差异，而且不同时期不同行业的技术效率变化也存在显著差异，高技术产业效率存在较大提升空间。

3. 技术转移的溢出效应及其行业异质性

(1)技术转移的溢出效应。

在开放经济条件下，中国的技术进步经历了"引进技术设备和生产线填补技术空白""利用外资发展高技术产业""自主创新与跨国企业本地导向研发相结合"三个阶段(黄烨菁，2008)。通过从发达国家引进先进设备和技术专利，国内企业能以较低的成本实现产品的换代升级，并在实践中积累知识(干中学)，从而提高生产效率(Bilgin 等，2012)；FDI 对东道国企业具有示范效应、竞争效应、劳动力流动效应以及前后向关联效应(Kinoshita，2001；Venturini、Verbano，2014；Mitra 等，2014)，但 FDI 的技术外溢效应还受到行业差异、人力资本等因素的影响(蒋殿春、张宇，2006)。近年来，中国政府提出建立以企业为主体、市场为导向、产学研结合的技术创新体系，积极推动企业和科研机构、高校联合进行研究开发和技术转移，企业在获取国内技术的过程中，也可能提升技术水平(彭峰、李燕萍，2013)。除了本土技术转移、国外技术引进、外商直接投资外，自主研发也可能是技术效率的重要影响因素，R&D 具有提高创新能力和吸收能力的双重作用(Teixeira、Fortuna，2010；Ortega-Argiles、Vivarelli，2011)，从而促进生产率增长，但这种正向效应存在于创新导向的产业中(Chen 等，2015)。技术效率的其他影响因素还包括人力资本水平和行业差异(Yang等，2010；Zhang 等，2014)，将它们作为控制变量，建立如下计量模型：

$$TE_{it} = \beta_1 DT_{it} + \beta_2 FT_{it} + \beta_3 FDI_{it} + \beta_4 RD_{it} + \beta_5 HC_{it} + D + \mu_i + \varepsilon_{it} \tag{5}$$

其中，i 表示行业，t 表示年份，DT_{it}、FT_{it} 和 FDI_{it} 分别表示本土技术转移、国外技术引进和外商直接投资，RD_{it} 表示研发投入，HC_{it} 表示人力资本水平，β_i 为相应变量的估计系数。μ_i 表示未观测的行业效应，ε_{it} 为随机误差项。D 表示行业虚拟变量，取值 0 或 1。

在计量模型(5)中，技术转移和研发投入与技术效率之间很可能存在着高度的双向因果关系，经验研究表明不仅技术转移、研发投入影响技术效率，而且效率提升也可能促进技术转移和研发投入(Barro、Sala-i-Martin，2003；张建清、孙元元，2011；李燕萍、彭峰，2012)。此外，遗漏某些随时间变化而又同时影响自变量和技术效率的非观测因素也可能导致内生性。对此类问题，Arellano 和 Bond(1991)提出了一种 GMM 方法(DIF-GMM)来处理，但 DIF-GMM 估计量采用水平值的滞后项作为差分变量的工具变量，较易受弱工具变量的影响而产生有限样本偏误。Arellano 和 Bover(1995)、Blundell 和 Bond(1998)提出了 SYS-GMM 估计量，它结合了差分方程和水平方程，采用差分变量的滞后性作为水平值的工具变量，具有更好的有限样本性质。本书利用系统 GMM 方法考察技术转移对高技术产业技术效率的影响。在模型(5)中引入因变量的滞后项，得到如下计量模型：

$$\mathrm{TE}_{it} = \beta_0 \mathrm{TE}_{i,t-1} + \beta_1 \mathrm{DT}_{it} + \beta_2 \mathrm{FT}_{it} + \beta_3 \mathrm{FDI}_{it} + \beta_4 \mathrm{RD}_{it} + \beta_5 \mathrm{HC}_{it} + D + \mu_i + \varepsilon_{it} \quad (6)$$

分别以本土技术购买经费和国外技术引进经费占主营业务收入的比重表示本土技术转移变量 DK_{it} 和国外技术引进变量 FK_{it}，用不含技术引进经费的 R&D 支出费用占主营业务收入比重表示 RD_{it}。外商直接投资的技术溢出变量 FDI_{it} 可以用主营业务收入中外资企业所占比重表示。用 R&D 人员占就业人数比重表示人力资本水平 HC_{it}。

采用中国 1996—2013 年的面板数据进行实证分析。数据来源于《中国高技术产业统计年鉴 1996—2014》和中经网统计数据库。描述性统计结果如表 4-6 所示。

表 4-6　　　　　　　　描述性统计结果

变量	定义	均值	标准差	最小值	最大值
TE	技术效率	0.2000	0.1492	0.0152	1.1915
DK	本土技术购买经费占主营业务收入比重(%)	0.0467	0.0819	0.0000	0.7816
FK	国外技术引进经费占主营业务收入比重(%)	0.3434	0.4654	0.0000	3.2513
FDI	主营业务收入中外资企业所占比重(%)	0.5056	0.3604	0.0000	4.3726
RD	RD 支出占主营业务支出比重(%)	1.9575	3.3963	0.0108	44.6765
HC	研发人员占从业人员比重(%)	0.0453	0.0629	0.0030	0.6725

系统 GMM 估计结果如表 4-7 所示。表 4-7 中，模型 1 是本土技术转移、国外技术引进和 FDI 三种技术转移方式对行业技术效率影响的 GMM 估计结果。模型 2、模型 3 和模型 4 采用逐步回归法

4.3 技术转移、行业异质性与产业效率

依次加入自主研发投入、人力资本水平和行业因素作为控制变量考察技术转移对技术效率的作用。所有模型的 AR(2) 检验表明差分方程的残差项不存在二阶自相关，而 Sargan 检验表明选取的工具变量在整体上是有效的。模型 4 在考察技术转移对技术效率的影响时，对高技术产业效率的影响因素的分析更为全面，以模型 4 的估计结果进行分析。

表 4-7 技术转移对技术效率影响的估计结果

	1	2	3	4
L	0.8155***	0.8314***	0.8088***	0.7226***
	(69.04)	(161.04)	(184.72)	(52.04)
DK	0.0338***	0.0422***	0.0335***	0.0491***
	(4.83)	(5.47)	(6.27)	(5.01)
FK	0.0037***	0.0033***	0.0034***	−0.0086***
	(10.67)	(5.66)	(2.72)	(−3.87)
FDI	0.0489***	0.0520***	0.0495***	−0.0111
	(28.14)	(18.79)	(16.92)	(−0.78)
RD		−0.0016***	−0.0065***	−0.0045***
		(−57.57)	(−24.28)	(−11.26)
HC			0.3644***	0.1559***
			(18.62)	(6.18)
D				0.0963***
				(7.34)
AR(1)	0.0506	0.0518	0.0537	0.0565
AR(2)	0.7403	0.6406	0.6513	0.6063
Sargan	1.0000	1.0000	1.0000	1.0000

注：括号内为 t 值。*、**、*** 分别表示在 10%、5% 和 1% 的水平上显著。

本土技术转移对高技术产业的技术效率具有显著的正向影响，本土技术购买经费与主营业务收入的比值每增加 1%，技术效率将提升 0.0491%；在考虑行业差异的情况下，国外技术引进对高技术产业效率有显著的抑制作用，国外技术引进经费与主营业务收入

的比值每增加1%，技术效率将下降0.0086%；外商直接投资对产业技术效率没有显著影响；研发投入与产业技术效率显著负相关；人力资本水平和行业因素对产业技术效率有显著的正向影响。

本土技术转移对技术效率有显著的正向影响，中国本土技术转移可以分为两类：一类是大学和科研机构向企业提供的技术转移；另一类是供应链上下游企业间的技术转移。近年来中国政府积极推动高新技术成果产业化，在校企技术转移上探索出一系列有效转移和成果转化机制，促进了企业技术效率提升；本土供应链企业面临着激烈的市场竞争，具有技术优势的核心企业为了增强整体供应链竞争力，向供应链上下游企业转移相关技术，也在不同程度上促进了这些企业技术效率提升。

国外技术引进阻碍了高技术产业技术效率提升。原因可能在于：处于高技术产业全球价值链中的国内企业为了满足跨国公司和国际购买者需求，持续动态引入新的生产设备和工艺，导致对上游本土制造部门市场空间的替代和挤压，而市场空间的不足又进一步阻碍了本土设备企业的技术创新和研发投入（陈爱贞等，2008）。由于持续的动态技术引进，下游企业自身也无法有效吸收引进技术的知识溢出，从而对整个产业技术效率产生了负向影响。

外商直接投资对高技术产业的技术效率的影响不显著，理论上外资在高技术产业具有一定的技术优势，技术溢出的空间较大，外资企业可以通过示范效应和竞争效应促使内资企业模仿学习，但外资在中国高技术产业中的投资主要是设立三资企业，与内资企业的直接联系较少，限制了其溢出效应（杨高举、黄先海，2013）。

研发投入与高技术产业技术效率显著负相关。原因在于国内高新技术企业的研发投入通常以消化吸收国外先进技术，进而推出模仿改进产品为目标。当国内企业的模仿品投放市场后，外企又引入更先进的技术，使国内企业研发投入的成果在很大程度上被外企梯度引入的先进技术淘汰（李宾，2010）。人力资本水平与高技术产业效率显著正相关，较高的人力资本水平不仅有助于产业技术创新，也提高了技术转移的消化吸收能力。行业因素对产业效率也有着显著影响，本书将高技术产业分为高效率行业和低效率行业，考察不同技术转移方式对产业技术效率影响的行业异质性。

(2)技术转移对高技术产业技术效率影响的行业异质性。

采用系统 GMM 方法检验技术转移对技术效率的影响是否存在行业差异，所有模型的 AR(2) 检验表明差分方程的残差项不存在二阶自相关，而 Sargan 检验表明工具变量在整体上是有效的。估计结果如表 4-8 所示。

表 4-8 技术转移对技术效率影响的行业差异

	高效率行业		低效率行业	
	1	2	3	4
L	0.8396***	0.8270***	0.9235***	0.8873***
	(115.98)	(20.30)	(4.94)	(7.10)
DK	0.2104***	0.1611***	0.0062*	0.0126***
	(4.71)	(4.43)	(1.86)	(4.35)
FK	-0.0059	-0.0052	-0.0070**	-0.0070*
	(-1.22)	(-1.06)	(-2.06)	(-1.82)
FDI	0.0542***	0.0484***	-0.0600	0.0043
	(14.39)	(7.25)	(-0.54)	(0.09)
RD	-0.0029***	-0.0112***	0.00004	-0.0017
	(-26.44)	(-11.16)	(0.03)	(-0.91)
HC		0.5862***		0.3942*
		(8.84)		(1.75)
AR(1)	0.0553	0.0516	0.0203	0.0403
AR(2)	0.5942	0.5753	0.0751	0.2460
Sargan	1.0000	1.0000	1.0000	1.0000

注：括号内为 t 值。*、**、***分别表示在10%、5%和1%的水平上显著。

回归结果表明，本土技术转移对高效率行业和低效率行业技术效率的影响存在显著差异。尽管本土技术转移对两类行业技术效率都有显著的正向影响，但对前者的溢出效应要远大后者，本土技术购买经费占主营业务收入比重每提高1%，两类行业的技术效率分别上升0.1611%和0.0126%，近年来随着我国积极鼓励高技术企业通过产学研合作实现技术转移，企业既可以从高校和科研院所购买所需技术专利，也可以从供应链企业获取技术转移，技术市场的完善为企业购买适宜技术，有效获取技术转移创造了条件。但本土技术转移在不同高技术行业推行的力度存在差异，在医药制造业、航空航天器制造业、医疗设备及仪器仪表制造业三类行业（低技术效率行业）中科研成果转化率低于电子及通信设备制造业和电子计算机及办公设备制造业两类行业（高技术效率行业）。

国外技术引进对高效率行业的影响不显著，但抑制了低效率行业效率提升。可能原因在于：一方面，电子及通信设备制造业、电子计算机及办公设备制造业这两类高效率行业有较高的技术水平和较强的消化吸收能力，为了在激烈的市场竞争中维持和扩大市场份额，这些企业一方面增加研发投入，另一方面在技术引进中也以专利许可为主，并注重对引进技术的消化吸收和改进创新，因而国外技术引进促使企业在学习消化过程中积累生产经验，在一定程度上抵消了国外技术引进的负效应。

FDI对高效率行业有着显著的正向影响，对低效率行业作用不显著。导致这种现象的原因有两个方面：一方面，FDI技术溢出主要发生在外资开放程度适中的行业中，外资开放程度过高或者过低都可能导致内外资企业间技术差距较大或者经济联系较少，造成技术溢出效应不显著（沙文兵、李桂香，2011）；另一方面，FDI溢出效应的大小与内资企业的吸收能力有关，技术效率越高的企业，其吸收能力越强，越能够从外资流入中获得更大的技术溢出效应（Blake等，2009）。

4. 结论

本书采用SBM模型测度1996—2013年中国高技术产业细分行

业的技术效率，并运用系统 GMM 方法考察本土技术转移、国外技术引进和 FDI 三种技术转移方式在效率提升中的行业异质性。技术效率的结果表明，中国高技术产业的技术效率在 1996—2007 年逐步提高，在 2007—2013 年出现了"S"形波动，但总体上呈现上升趋势；高技术产业内不同行业间技术效率存在较大差异，而且不同时期不同行业的技术效率变化也存在显著差异；电子及通信设备制造业呈现出高效率高增长率，电子计算机及办公设备制造业呈现高效率低增长率，航空航天器制造业呈现低效率高增长率，而医药制造业和医疗设备及仪器仪表制造业两类行业则是低效率低增长率。系统 GMM 估计结果表明，本土技术转移显著促进了高技术行业的技术效率提升，但对高效率行业的溢出效应远高于低效率行业；国外技术引进对高效率行业的溢出效应不显著，对低效率行业有显著负向溢出效应；而 FDI 对高效率行业有显著的正向溢出效应，对低效率行业的溢出效应不显著。

　　促进高技术产业效率提升要求针对不同行业采取差异化的技术转移策略。在高技术效率行业中，选择具有市场规模和技术优势的企业，以这些企业为主导，联合高校和科研机构设立研发中心，提供技术支持使其成长为供应链主导企业，进而使其获得技术创新所需的垄断利润，依赖产品研发设计和销售网络提升效率。同时在这类行业中积极引入具有较强研发能力的外资企业，利用产业关联有效吸收外资技术溢出。在低技术效率行业中，一方面，还有相当数量的企业依靠国际代工生产，这些企业为了满足国际客户的要求持续动态引入国外技术装备，而代工获得的微利被购买发达国家技术装备"回收"，无法积累研发设计所需要的垄断利润(刘志彪、张杰，2007)；另一方面，科研院所有大量的研究成果不能满足市场需求。这就要求决策部门完善技术服务平台，有效协调企业的技术需求和高校、科研机构的技术供给，使高校和科研机构也能准确了解市场需求，有助于推进技术创新和科技成果产业化；让企业以较低的成本获得技术信息、培训技术和管理人员。政府也可以综合运用税收优惠、财政支持或政府采购等多种方式激励企业增加研发投入，同时推进所有制改革、改善企业经营环境都将对高技术产业的技术效率提升产生积极影响。

4.3.2 高技术产业与工业行业的差异性分析

现有文献分行业和区域实证检验了 R&D 投入对中国高技术产业生产率的影响(朱有为、徐康宁，2007；Zhang 等，2012)，但鲜有文献从行业异质性角度研究技术转移与效率变化的关系。最近有文献分析了技术贸易对中国高技术产业效率的影响(李燕萍、彭峰，2012)，但没有将 FDI 途径的技术引进纳入到同一框架下分析。鉴于此，本书试图从以下几个方面扩展已有文献：利用超效率 SBM 模型测度高技术产业效率和工业行业效率；并在核算各地区高技术产业和工业行业技术引进存量、研发资本存量的基础上，建立回归分析模型考察国外技术购买、FDI、本土技术转移三种技术引进方式对不同行业效率的影响差异，特别是通过引入不同技术引进方式和研发投入的交互作用分析技术引进和研发投入的关系及其对技术效率的影响。

1. 模型设定

对发展中国家而言，自主研发和技术转移都可能是效率提升的重要来源。因此，建立如下模型：

$$TE_{it} = \beta_0 + \beta_1 FKS_{it} + \beta_2 FDI_{it} + \beta_3 DKS_{it} + \beta_4 RDS_{it} + \mu_i + \varepsilon_{it} \quad (7)$$

其中，FKS_{it}、DKS_{it} 分别表示通过国外技术购买、本土技术转移的方式引进的知识存量；FDI_{it} 表示外商资本的比重；RDS_{it} 表示自主研发的知识存量；μ_i 表示未观测的地区效应；ε_{it} 为随机误差项。

在计量模型(7)中，未观测效应 μ_i 与解释变量之间可能存在着相关性，地区的资源禀赋、市场开放程度等未观测效应与该地区技术引进和研发投入可能相关。此外，经验研究表明不仅技术贸易、研发投入影响生产率增长，而且生产率增长自身也可能促进技术贸易和研发投入(Barro、Sala-i-Martin，2004；彭国华，2007)，这就是说解释变量并不是严格外生变量。本书取这些变量的一阶滞后项来处理变量的内生性问题。

模型(7)考察了三种技术转移方式对技术效率的影响。事实上，技术引进中的门槛效应使得企业需要相应的自主研发能力才能实现技术进步，R&D 不仅可以通过产生新的知识促进效率提升；还可以增强企业对外部知识溢出的吸收能力，从而间接影响技术效率。因此，为了更准确考察不同技术转移方式对技术效率的影响差异，我们加入了三种技术转移方式与 R&D 存量的交互项，将模型进一步设定为：

$$\mathrm{TE}_{it} = \beta_0 + \beta_1 \mathrm{FKS}_{it} + \beta_2 \mathrm{FDI}_{it} + \beta_3 \mathrm{DKS}_{it} + \beta_4 \mathrm{RDS}_{it} + \Psi + \mu_i + \varepsilon_{it} \tag{8}$$

其中：$\Psi = \delta_1 \mathrm{FKS}_{it} \times \mathrm{RDS}_{it} + \delta_2 \mathrm{FDI}_{it} \times \mathrm{RDS}_{it} + \delta_3 \mathrm{DKS}_{it} \times \mathrm{RDS}_{it}$，$\delta_i$（$i=1,2,3$）分别表示自主研发的知识存量对国外技术购买、外商直接投资、本土技术转移渠道三种技术转移方式的吸收能力。如果 δ_i 显著为正，表明这种技术引进和自主研发存在着互补效应，促进了效率提升；如果 δ_i 显著为负，则表明这种技术引进和自主研发存在着替代效应，技术引进可能挤出了自主研发投入。

本书采用超效率 SBM 模型测度技术效率，这种方法不仅可以有效地解决投入要素的"拥挤"或"松弛"问题，并且可以进一步区分有效率的决策单元。超效率 SBM 模型可以表述为（Tone，2002）：

$$\delta^* = \min \delta = \frac{\frac{1}{m}\sum_{i=1}^{m}\frac{\bar{x}_i}{x_{i0}}}{\frac{1}{s}\sum_{r=1}^{s}\frac{\bar{y}_r}{y_{r0}}} \tag{9}$$

$$\text{s.t.} \quad \bar{x} \geq \sum_{j=1,\neq 0}^{n} \lambda_j x_j$$

$$\bar{y} \leq \sum_{j=1,\neq 0}^{n} \lambda_j y_j$$

$$\bar{x} \geq x_0, \ \bar{y} \leq y_0,$$

$$\bar{y} \geq 0, \ \lambda \geq 0$$

这个分式规划可以应用 Charnes-Cooper 转换为线性规划求解：

$$\tau^* = \min \tau = \frac{1}{m}\sum_{i=1}^{m}\frac{\tilde{x}_i}{x_{i0}} \tag{10}$$

$$\text{s.t.} \quad 1 = \frac{1}{s}\sum_{r=1}^{s}\frac{\tilde{y}_r}{y_{r0}}$$

$$\tilde{x} \geq \sum_{j=1,\neq 0}^{n} \Lambda_j x_j$$

$$\tilde{y} \leq \sum_{j=1,\neq 0}^{n} \Lambda_j y_j$$

$$\tilde{x} \geq tx_0, \tilde{y} \leq ty_0,$$

$$\Lambda \geq 0, y \geq 0, t \geq 0$$

2. 变量和数据

以各省市高技术产业工业总产值作为产出指标 Y_{it}，用各地区相应年份的工业品出厂价格指数缩减，得到 2000 年不变价的工业总产值。劳动投入用各省市高技术产业从业人员平均人数衡量。物质资本存量采用永续盘存法（PIM）计算，计算公式为：

$$K_{it} = I_{it} + K_{i,t-1}(1 - \delta_{it}) \tag{11}$$

其中，K_{it} 表示资本存量；I_{it} 表示投资流量，以固定资产投资额测度，并用固定资产投资价格指数去减各年投资额，将其折算成 2000 年价格表示的实际值；δ_{it} 为折旧率，参照张军等（2004），各省市均取 9.6%。对于基期物质资本存量，假定中国快速发展的高技术产业处于资本完全利用状态，则资本存量的增量与产出的增量之比将近似等于平均的资本存量产出之比，利用递增的资本产出比率方法（ICORs）可以计算基期固定资本存量（Timmer，1999）。

由于缺少各地区高技术产业外商直接投资的数据，我们用医药制造业、电子及通信设备制造业、电气机械及器材制造业、仪器仪表及文化办公机械制造业中外商资本的比重的均值作为外商直接投资 FDI_{it} 的代理变量。

对于研发资本存量 RDS_{it}，仍然采用永续盘存法（PIM）计算，参照 Coe 和 Helpman（1995），基期研发资本存量 RDS_0 和 t 期研发资本存量 RDS_{it} 的计算公式分别为：

$$RDS_0 = E_{i0}/(g_i + \in_{it}) \tag{12}$$

$$RDS_{it} = E_{i,t-1} + RDS_{i,t-1}(1 - \in_{it}) \tag{13}$$

其中，E_{it} 表示不含技术引进费用的 R&D 支出，用 R&D 价格指数缩减各年 R&D 支出，将其折算成 2000 年价格表示的实际值。对于 R&D 价格指数的构建，由于科技活动经费内部支出中"劳务费"

和"仪器设备费"各年中的平均比重基本相同,我们借鉴王玲和 Szirmai(2008),将 R&D 价格指数设定为固定资产投资价格指数和消费价格指数的均值。g_i 为实际 R&D 支出的增长率,借鉴 Griliches(1980),取 g_i 为实际 R&D 支出年增长率的算数平均值;$\in_{it}$ 为 R&D 资本存量的折旧率,参照 Griliches(2000),取折旧率为 15%。

对于国外技术购买知识存量 FKS_{it} 和本土技术转移知识存量 DKS_{it},可以用与测算 R&D 存量同样的方法得到,各地区相应年份的国外技术购买经费和本土技术转移经费仍用 R&D 价格指数缩减为 2000 年价格表示的实际值。

本书采用中国大陆 30 个省市(不含西藏)2000—2010 年的面板数据进行实证分析。数据来源于《中国高技术产业统计年鉴》《中国科技统计年鉴》《中国工业经济统计年鉴》和《中国统计年鉴》。其中,工业品出厂价格指数、固定资产投资价格指数和居民消费价格指数来源于《中国统计年鉴》;高技术产业工业总产值、从业人员平均人数、国外技术购买经费、本土技术转移经费和 R&D 支出来源于《中国高技术产业统计年鉴》;为了考察技术引进的行业异质性,本书将高技术产业与工业行业整体进行了比较,工业行业的有关变量用同样方法计算。工业行业国外技术购买经费、本土技术转移经费和 R&D 支出(不含各种技术引进经费)来源于《中国科技统计年鉴》,其他数据来自于《中国工业经济统计年鉴》。

3. 估计结果与分析

表 4-9 给出了国外技术购买、外商直接投资、本土技术转移三种技术引进方式对高技术产业和工业行业生产率的影响的估计结果。

表 4-9　　　　　不同技术引进方式对生产率的影响

变量	高技术产业		工业行业	
	1	2	3	4
常数项	0.184***	0.154***	0.151***	−0.007
	(13.47)	(11.01)	(4.91)	(−0.21)

续表

变量	高技术产业		工业行业	
	1	2	3	4
FKS	0.224***	0.050	0.233***	0.470***
	(4.57)	(1.01)	(4.36)	(7.36)
FDI	0.376***	0.266***	0.406	0.118
	(4.97)	(3.81)	(1.57)	(0.45)
DKS	−0.819*	0.137	0.418**	0.401**
	(−1.89)	(0.35)	(2.24)	(2.11)
RDS	0.104***	0.314***	0.032***	0.109***
	(7.90)	(6.51)	(4.56)	(11.60)
FKS*RDS		0.149***		−0.065***
		(3.65)		(−6.74)
FDI*RDS		0.123		0.138***
		(1.13)		(3.18)
DKS*RDS		−5.385***		−0.005
		(−9.94)		(−0.15)
F 统计量	50.76	55.56	66.49	75.62
N	300	300	300	300
R^2	0.708	0.672	0.510	0.518

注：括号内为 t 值。*、**、***分别表示在10%、5%和1%的水平上显著。

估计结果表明，国外技术购买渠道的技术引进与高技术产业效率显著正相关，FDI 渠道的技术引进对技术效率有着显著的正向影响，本土技术转移阻碍了技术效率提升。但在考虑技术引进与自主研发的交互作用的情况下，国外技术引进和本土技术转移对技术效率的影响并不显著。自主研发显著地促进了效率提升，产出弹性为 0.314；国外技术引进和自主研发交互项的估计系数显著为正，表明二者之间存在着互补效应。而本土技术转移和自主研发交互项的估计系数显著为负,说明二者之间具有替代效应。

为了考虑技术引进对技术效率的影响是否存在行业异质性,表4-8 的第 3 列和第 4 列给出了不同技术转移方式对工业行业整体技术效率的影响,结果表明,国外技术购买与工业行业效率显著正相关;FDI 渠道的技术引进促进了效率提升,但并不显著。本土技术转移显著促进了工业行业效率提升。R&D 对工业行业整体技术效率的促进作用显著;国外技术引进与自主研发的交互项的估计系数显著为负,这表明二者存在替代效应;FDI 渠道的技术引进与自主研发交互项的估计系数显著为正,说明 FDI 对工业行业自主研发具有溢出效应。

国外技术购买渠道的技术引进对中国高技术产业效率的影响不显著,这可能由于出口导向的高技术企业为了满足国外技术标准和市场需求,不断引进先进的工艺流程和技术设备,但仅依靠先进的技术设备却缺乏必要的生产管理经验和知识积累;此外,国外技术购买也造成了对本土企业市场空间的挤压和替代,从而抑制了本土企业的技术创新。这种情况在工业行业中普遍存在(陈爱贞、刘志彪、吴福象,2008)。外商直接投资显著促进了高技术产业效率提升。可能原因在于国内企业通过学习效应、模仿效应和人才流动效应,提高了企业技术应用水平与管理水平,促进了技术效率的提高,对高技术产业产生了较高水平的溢出效应。FDI 对高技术产业的正向溢出效应高于工业行业整体,说明引导外资进入技术含量高的产业,更能促进这些产业的技术进步(蒋殿春、张宇,2006)。在高技术产业中,国外技术引进与自主研发存在着互补效应,但国外技术购买对自主研发的互补效应明显强于本土技术转移,这可能说明,国内引进的技术并不处于生产前沿(国内企业技术水平差距小,企业为保持竞争优势一般不会转移先进技术),企业通过国内购买技术对产业效率的影响有限;国外技术购买对自主研发的互补效应也高于工业行业整体,原因可能在于,相对于其他工业行业,高技术产业持续的研发投入,增加了对引进技术的消化吸收能力。

4.4 技术转移对高技术产业创新效率的影响①

大力发展高技术产业是优化产业结构和建设创新体系的重要战略举措,积极推动本土技术转移与产学研合作创新是实现这一战略的重要途径。在过去的 20 多年里,中国高技术产业技术进步显著,但技术投入高而创新产出低的现状并没有得到明显改善。在创新资源严重不足的情况下,如何调整本土技术转移政策来提升高技术产业创新效率是亟待解决的重要议题。

已有对中国高技术产业创新效率的研究主要集中在两个方面:一类文献注重于对高技术产业创新现状的分析。这类文献多以省级区域或者细分行业为对象,对高技术产业创新效率进行测度或评价,主要的研究方法包括 TOPSIS 方法②、主成分分析方法③、SFA 方法④、DEA 方法⑤、Russell 模型⑥等,但无论是从区域层面还是行业层面,研究结果大多证实我国高技术产业创新效率有较大的提升空间。另有一类文献则注重分析导致创新效率不高的原因,采用案例研究的文献较少,Huang 和 Chi 调查了中国 1722 家高技术企

---

① 彭峰,李燕萍. 本土技术转移对高技术产业创新效率的影响[J]. 科技进步与对策,2015,32(23):125-128.

② Wang Z X, Wang Y Y. Evaluation of the Provincial Competitiveness of the Chinese High-tech Industry Using an Improved TOPSIS Method[J]. Expert Systems with Applications, 2014 (41): 2824-2831.

③ 赵玉林,程萍. 中国省级区域高技术产业技术创新能力实证分析[J]. 商业经济与管理,2013(6):77-85.

④ Hu J L, Yang C H, Chen C P. R&D Efficiency and the National Innovation System: An International Comparison Using the Distance Function Approach[J]. Bulletin of Economic Research, 2014, 66 (1): 55-71.

⑤ 李向东,李南,白俊红,谢忠秋. 高技术产业研发创新效率分析[J]. 中国软科学,2011 (2):52-61.

⑥ 陈凯华,官建成,寇明婷. 中国高技术产业"高产出、低效益"的症结与对策研究——基于技术创新效率角度的探索[J]. 管理评论,2012,24(4):53-66.

4.4 技术转移对高技术产业创新效率的影响

业在创新过程中面临的内部障碍和外部障碍,以及这些障碍如何影响企业的创新绩效。① 更多的文献则通过实证考察了高技术产业创新效率的影响因素,如 R&D、国际贸易和 FDI 在创新效率提升中的作用。魏洁云和江可申建立 PVAR 模型证实自主研发和国内技术购买促进了创新产出,国外技术引进对创新产出先抑制后促进。② 王华等运用 Probit 随机效应模型证实,国际贸易和技术许可对我国企业自主创新具有正向影响,但外商直接投资并没有对我国企业技术创新起到促进作用。③ 李培楠等结合面板回归方法和 BP 神经网络方法证实外部技术在开发阶段对产业绩效有正向影响,但在转化阶段对产业绩效有负向影响。④ 此外,有研究发现吸收能力也会导致创新效率呈现差异。⑤ 对中国高技术产业的实证表明,在考虑吸收能力的情况下,跨国公司在东道国的 R&D 活动对创新绩效有着显著影响。⑥ 此外,构建良好的外部联系渠道将促进开放式创新,从而使企业获得更高的绩效。⑦ 还有少量文献考察了本土技

---

① Huang X L, Chi R Y. Innovation in China's High-tech Industries: Barriers and Their Impact on Innovation Performance[J]. International Journal of Technology Management, 2013, 62 (1): 35-55.

② Liu X H, Buck T. Innovation Performance and Channels for International Technology Spillovers: Evidence from Chinese High-tech Industries[J]. Research Policy, 2007, 36 (3): 355-366.

③ 魏洁云, 江可申. 基于面板向量自回归模型高技术产业创新动态影响的研究[J]. 系统管理学报, 2014, 23 (4): 572-584.

④ 王华, 赖明勇, 柴江艺. 国际技术转移、异质性与中国企业技术创新研究[J]. 管理世界, 2010(12): 131-142.

⑤ 李培楠, 赵兰香, 万劲波. 创新要素对产业创新绩效的影响——基于中国制造业和高技术产业数据的实证分析[J]. 科学学研究, 2014, 32 (4): 604-612.

⑥ Li W W, Wei Y R. Technology Transfer, Adaptation & Assimilation and Indigenous Invention Patent Output: Evidence from Chinese High-tech Industries [J]. Procedia Engineering, 2012(29): 1392-1398.

⑦ Wang C H, Chang C H, Shen G C. The Effect of Inbound Open Innovation on Firm Performance: Evidence from High-tech Industry [J]. Technological Forecasting and Social Change, 2015, 99(11): 222-230.

术转移对创新效率的影响,魏守华等发现大学等科研机构对高技术产业创新存在积极的溢出效应,但外资 R&D 活动的溢出效应不明显。① 进一步的研究证实采取项目合作或者人员交流的本土技术转移方式都将比分割状况的 R&D 活动更有助于提升高技术产业创新绩效。② 最近有文献比较分析了不同技术转移方式对创新效率的影响差异。梁华和张宗益基于高技术产业分行业面板数据证实,自主 R&D、国外技术引进和三资企业技术溢出是有效的技术溢出渠道,而国内技术转移对技术创新的溢出效应不显著。③ 赵志耘和杨朝峰运用随机前沿知识生产函数模型分析转型期我国高技术产业创新效率的影响因素,发现国外技术引进对创新能力的影响不显著,但本土技术转移明显促进了 R&D 产出。④

已有研究采用不同方法测度了中国高技术产业创新效率,并通过大量实证考察了创新效率的影响因素,但很少有文献将本土技术转移方式纳入创新效率的分析框架中,去比较分析本土技术转移与国外技术引进以及 FDI 对高技术产业创新效率的影响差异。本土技术转移是促进高技术产业自主创新的重要实践模式,但这种模式在多大程度上促进了产业创新,通过何种途径促进了产业创新,现有研究并没有解决。因而,本书采用超效率 SBM 模型对中国省际高技术产业创新效率进行准确测度,运用系统 GMM 方法分析本土技术转移对创新效率的影响,在同一框架下比较分析三种技术转移方式在创新效率提升中的差异及其相互作用对创新效率的影响,为提升我国高技术产业创新效率提供对策建议。

---

① 魏守华,姜宁,吴贵生. 本土技术溢出与国际技术溢出效应——来自中国高技术产业创新的检验[J]. 财经研究, 2010, 36(1): 54-65.
② 魏守华,王英茹,汤丹宁. 产学研合作对中国高技术产业创新绩效的影响[J]. 经济管理, 2013(5): 19-30.
③ 梁华,张宗益. 我国本土高技术企业技术创新渠道源研究[J]. 科研管理, 2011, 32(6): 26-35.
④ 赵志耘,杨朝峰. 转型时期中国高技术产业创新能力实证研究[J]. 中国软科学, 2013(1): 32-42.

4.4.1 方法与模型

1. 模型设定

本土技术转移、国外技术引进和 FDI 是高技术产业中的三种主要技术转移方式①，本书在统一框架下比较分析三种技术转移方式对创新效率的作用差异。此外，人力资本水平和区位因素也会对创新效率产生影响②。本书建立如下模型：

$$IE_{it} = C + \beta_1 DKS_{it} + \beta_2 FKS_{it} + \beta_3 FDI_{it} + \beta_4 HC_{it} + \beta_5 E_{it} + \mu_i + \varepsilon_{it} \tag{1}$$

其中，i 表示省市，t 表示年份，IE_{it} 表示高技术产业创新效率；DKS_{it}、FKS_{it} 和 FDI_{it} 分别表示本土技术转移、国外技术引进和外商直接投资；HC_{it} 表示人力资本水平；E_{it} 表示东部地区虚拟变量；β_i 为相应变量的估计系数；μ_i 表示未观测的地区效应；ε_{it} 为随机误差项。

为了避免计量模型(1)中变量内生性导致的参数有偏估计问题，本书采用系统 GMM 方法分析本土技术转移对创新效率的影响，在模型(1)中引入因变量的滞后项，得到如下计量模型：

$$IE_{it} = C + \beta_0 IE_{i,t-1} + \beta_1 DKS_{it} + \beta_2 FKS_{it} + \beta_3 FDI_{it} + \beta_4 HC_{it} + \beta_5 E_{it} + \mu_i + \varepsilon_{it} \tag{2}$$

考虑到多种技术转移方式之间的相互作用，本书将模型进一步设定为：

$$IE_{it} = C + \beta_0 IE_{i,t-1} + \beta_1 DKS_{it} + \beta_2 FKS_{it} + \beta_3 FDI_{it} + \beta_4 HC_{it} + \beta_5 E_{it} + \Phi + \mu_i + \varepsilon_{it} \tag{3}$$

其中，$\Phi = \rho_1 DKS_{it} \times FKS_{it} + \rho_2 DKS_{it} \times FDI_{it} + \rho_3 FKS_{it} \times FDI_{it}$。

---

① 有关出口贸易与效率变化关系的研究存在两种假说："自我选择效应"和"出口学习效应"。前者得到了普遍支持，但对后者存在较大争议(Melitz, 2003；彭峰, 2013)。因而，本书没有将出口纳入到技术转移的分析框架中。

② 彭峰，李燕萍. 技术转移方式、自主研发与高技术产业技术效率的关系研究[J]. 科学学与科学技术管理，2013, 34 (5)：44-52.

2. 创新效率的测度方法

本书采用非径向（Non-radial）、非角度（Non-oriented）的超效率 SBM 模型测度高技术产业的创新效率，这种方法与随机前沿分析（SFA）方法相比，无需假定具体的生产函数，能有效解决多投入产出问题。而且与传统的 DEA 方法相比，这种方法可以有效地解决投入要素的"拥挤"或"松弛"问题，还可以进一步区分有效率的决策单元。

将生产可能集 $P \backslash (x_0, y_0)$ 和 $\overline{P} \backslash (x_0, y_0)$ 分别定义为：

$$P \backslash (x_0, y_0) = \{(\bar{x}, \bar{y}) \mid \bar{x} \geq \sum_{j=1, \neq 0}^{n} \lambda_j x_j, \bar{y} \leq \sum_{j=1, \neq 0}^{n} \lambda_j y_j, \bar{y} \geq 0, \lambda \geq 0\} \quad (4)$$

$$\overline{P} \backslash (x_0, y_0) = P \backslash (x_0, y_0) \cap \{\bar{x} \geq x_0, \bar{y} \leq y_0\} \quad (5)$$

超效率 SBM 模型可以表述为①：

$$\delta^* = \min \delta = \frac{\frac{1}{m} \sum_{i=1}^{m} \frac{\bar{x}_i}{x_{i0}}}{\frac{1}{s} \sum_{r=1}^{s} \frac{\bar{y}_r}{y_{r0}}} \quad (6)$$

$$\text{s.t.} \quad \bar{x} \geq \sum_{j=1, \neq 0}^{n} \lambda_j x_j$$

$$\bar{y} \leq \sum_{j=1, \neq 0}^{n} \lambda_j y_j$$

$$\bar{x} \geq x_0, \quad \bar{y} \leq y_0,$$

$$\bar{y} \geq 0, \quad \lambda \geq 0$$

这个分式规划可以应用 Charnes-Cooper 转换为线性规划求解：

$$\tau^* = \min \tau = \frac{1}{m} \sum_{i=1}^{m} \frac{\tilde{x}_i}{x_{i0}} \quad (7)$$

---

① Tone K. A Slacks-based Measure of Super-efficiency in Data Envelopment Analysis[J]. European Journal of Operational Research, 2002, 143 (1): 32-41.

$$\text{s.t.} \quad 1 = \frac{1}{s}\sum_{r=1}^{s}\frac{\tilde{y}_r}{y_{r0}}$$

$$\tilde{x} \geq \sum_{j=1,\neq 0}^{n}\Lambda_j x_j$$

$$\tilde{y} \leq \sum_{j=1,\neq 0}^{n}\Lambda_j y_j$$

$$\tilde{x} \geq tx_0,\ \tilde{y} \leq ty_0,$$

$$\Lambda \geq 0,\ y \geq 0,\ t \geq 0$$

3. 指标说明与数据来源

以各省市高技术产业新产品销售产值作为产出指标 Y_{it}，用各地区相应年份的工业品出厂价格指数缩减，得到 2000 年不变价的新产品销售产值。① 投入指标包括劳动投入、资本投入和研发投入。劳动投入用各省市高技术产业从业人员平均人数衡量。物质资本存量采用永续盘存法(PIM)计算，计算公式为：

$$K_{it} = I_{it} + K_{i,t-1}(1 - \delta_{it}) \tag{8}$$

其中，K_{it} 表示资本存量；I_{it} 表示投资流量，以固定资产投资额测度；δ_{it} 为折旧率，各省市均取 9.6%。基期物质资本存量的计算参照文献。②

对于研发资本存量 RDS_{it}，也采用永续盘存法(PIM)计算，基期研发资本存量 RDS_{i0} 和 t 期研发资本存量 RDS_{it} 的计算公式分别为：

$$RDS_{i0} = \frac{E_{i0}}{g_i + \tau_{it}} \tag{9}$$

$$RDS_{it} = E_{i,t-1} + RDS_{i,t-1}(1 - \tau_{it}) \tag{10}$$

其中，E_{it} 表示 R&D 支出。R&D 价格指数、R&D 支出年增长率

---

① 梁华，张宗益. 我国本土高技术企业技术创新渠道源研究[J]. 科研管理，2011, 32 (6): 26-35.

② 王玲, Szirmai A. 高技术产业技术投入和生产率增长之间关系的研究[J]. 经济学(季刊)，2008, 7 (3): 913-931.

g_i 以及折旧率 τ_{it} 的取值和计算参照文献。①

运用 DEA-Solver Pro5.0 软件求解，可得 2000—2013 年中国省际高技术产业的创新效率（IE_{it}）。

对于本土技术转移知识存量 DKS_{it} 和国外技术引进知识存量 FKS_{it} 可用测算 R&D 存量同样的方法。外商直接投资的技术溢出变量 FDI_{it} 可以用外商资本在行业实收资本中的比重表示②，用 R&D 人员占就业人数比重表示人力资本水平 HC_{it}③。

采用 27 个省市 2000—2013 年的面板数据进行实证分析。④ 数据来源于《中国统计年鉴 2001—2014》《中国高技术产业统计年鉴 2001—2014》和《中国工业经济统计年鉴 2001—2014》。

4.4.2 结果与讨论

表 4-10 给出了本土技术转移对高技术产业创新效率影响的估计结果。模型 1 给出了本土技术转移、国外技术引进和 FDI 三种技术转移方式对创新效率的影响差异，模型 2 将人力资本水平和东部区位因素作为控制变量分析本土技术转移对高技术产业创新效率的影响，模型 3 引入了三种技术转移方式的交互项。三个模型的 AR(2) 检验结果分别为 0.0819、0.0696、0.1416，表明模型残差无自相关；三个模型的 Sargan 检验结果分别为 0.9942、1.0000、1.0000，表明模型工具变量的使用总体上有效。模型 1、模型 2 和模型 3 的估计结果具有较高的一致性。

---

① 彭峰，李燕萍. 技术转移方式、自主研发与高技术产业技术效率的关系研究[J]. 科学学与科学技术管理，2013，34（5）：44-52.

② 彭峰，李燕萍. 技术转移方式、自主研发与高技术产业技术效率的关系研究[J]. 科学学与科学技术管理，2013，34（5）：44-52.

③ 彭峰，李燕萍. 技术转移方式、自主研发与高技术产业技术效率的关系研究[J]. 科学学与科学技术管理，2013，34（5）：44-52.

④ 本书选取 27 省市，东部地区包括北京、天津、河北、辽宁、上海、江苏、浙江、福建、山东、广东和海南 11 省市；中西部地区包括山西、内蒙古、吉林、黑龙江、安徽、江西、河南、湖北、湖南、广西、重庆、四川、贵州、云南、陕西、甘肃 16 省市。

4.4 技术转移对高技术产业创新效率的影响

表 4-10　本土技术转移对创新效率影响的估计结果

	模型 1	模型 2	模型 3
L	0.3433***	0.4765***	0.3144***
	(92.70)	(16.21)	(10.52)
DKS	0.0230***	0.0142***	0.0139***
	(19.84)	(3.65)	(5.76)
FKS	−0.0001*	−0.0006***	−0.0038***
	(−1.86)	(−2.64)	(−4.93)
FDI	0.0894***	0.1488**	0.1237**
	(5.15)	(2.11)	(2.02)
DKS×FKS			0.0007***
			(5.55)
DKS×FDI			−0.1117***
			(−5.84)
FKS×FDI			0.0061***
			(3.75)
HC		0.0095***	0.0133***
		(5.85)	(5.93)
E		0.1341***	0.2152***
		(5.96)	(5.32)
C	0.0947***	−0.0232	0.0009
	(20.51)	(−1.23)	(0.04)
AR(1)	0.0235	0.0195	0.0330
AR(2)	0.0819	0.0696	0.1416
Sargan	0.9942	1.0000	1.0000

注：括号内为 t 值。*、**、***分别表示在 10%、5% 和 1% 的水平上显著。

以模型 3 的估计结果进行分析。本土技术转移对创新效率的贡献系数为 0.0139，在 1% 的水平上显著，表明增加本土技术转移知识存量能提升高技术产业创新效率；国外技术引进对创新效率的贡献系数为 -0.0038，在 1% 的水平上显著，表明国外技术引进对产业创新效率产生抑制作用；外商直接投资对创新效率的贡献系数高达 0.1237，在 5% 的水平上显著，表明增加外资比重能提高产业创新效率；人力资本水平对产业创新效率贡献系数为 0.0133，在 1% 的水平上显著；东部区位因素对产业创新效率的贡献系数为 0.2152，在 1% 的水平上显著。

本土技术转移显著促进了高技术产业创新效率提升，原因可能在于中国政府积极推动产学研合作与技术转移，促使高校和科研机构对产业创新产生了溢出效应，如联想、清华同方、长虹等大量高技术企业受益于大学和科研机构的技术溢出。① 此外，技术转移的成效在很大程度上受到知识转移情境因素的影响，在本土技术转移过程中，由于转移主体间技术差距不大，文化制度相似度高等一系列原因，都使得接收方能更好地对转移技术进行消化吸收和改进创新。

国外技术引进对高技术产业创新效率产生了显著的抑制作用。原因可能在于：大量缺乏核心技术或者创新能力不足的本土企业为了满足跨国公司和国际购买者需要，持续动态从国外引入成熟的生产设备和工艺，导致自身无法有效吸收引进技术的知识溢出，同时挤占了用于技术创新和研发投入的资金，还造成了对上游本土制造部门市场空间的替代和挤压。② 这些企业引进国外技术只是对市场需求的被动反应，没有实现掌握核心技术这一目标，因而对整个高技术产业的创新效率产生了不利影响。

---

① 魏守华, 姜宁, 吴贵生. 本土技术溢出与国际技术溢出效应——来自中国高技术产业创新的检验[J]. 财经研究, 2010, 36 (1): 54-65.
② 陈爱贞, 刘志彪, 吴福象. 下游动态技术引进对装备制造业升级的市场约束——基于我国纺织缝制装备制造业的实证研究[J]. 管理世界, 2008 (2): 72-81.

外商直接投资对高技术产业的创新效率具有显著的正向外溢效应，外资在高技术产业具有一定的技术优势，技术溢出的空间较大，外资企业在一定程度上通过示范效应和竞争效应促使内资企业模仿学习。

本土技术转移和国外技术引进交互项对创新效率的贡献系数为0.0007，在1%的水平上显著，这表明本土技术转移与国外技术引进存在互补效应，增加本土技术转移知识存量，能从国外技术引进中获取更大的技术溢出，提升高技术产业的创新效率；本土技术转移与FDI交互项对创新效率的贡献系数为-0.1117，在1%的水平上显著，表明二者存在替代效应，外资企业从母公司获取技术，替代了在我国进行研发，因而FDI与本土技术转移不相容；国外技术引进和FDI交互项对创新效率的贡献系数为0.0061，在1%的水平上显著，外资企业从母公司引进技术，迫使本土企业增加研发投入，对高技术产业创新效率产生正向影响。

4.4.3 结论

本书运用超效率SBM模型测度中国省际高技术产业的创新效率，并在控制国外技术引进、FDI、人力资本和区位因素的情况下利用系统GMM方法实证检验本土技术转移对产业创新效率的影响，研究结果表明：

（1）本土技术转移对高技术产业创新效率有着显著的促进作用，而国外技术引进对创新效率具有抑制作用，FDI对高技术产业创新效率具有显著的正向外溢效应；

（2）本土技术转移与国外技术引进存在着互补效应，促进本土技术转移将有助于增强国外技术的溢出效应。本土技术转移与FDI存在替代效应，对创新效率产生显著负向影响。

在当前开放创新背景下，积极促进本土技术转移需要做到以下几点：

（1）在政府主导下整合技术服务平台。一方面，收集国内外行业领先企业发展动态，开展产品市场需求预测分析，并将结果反馈给国内高校和科研机构。另一方面，对本土企业发布国内高校和科研机构技术成果的适用范围和转让途径，避免本土企业低水平技术引进或者付出过高的引进成本。在本土技术转移过程中，建立评价机制引导技术供给方为需求方提供技术指导。

(2) 培养技术转移专业人才。专业人才缺乏是导致我国技术转移水平不高的重要原因，通过专业资格认证制度和技术转移实践选拔培养技术服务人员，并为这些人员提供国际交流机会和发展空间。

(3) 完善技术转移法律法规体系。在促进本土技术转移的同时，应注重通过立法保护我国的技术专利和知识产权。

(4) 促进本土技术转移还需要发挥国际技术转移的互补效应，有选择地引进国外先进技术，对外资进行甄别吸收，利用多种技术转移方式实现开放式创新。

4.5 本章小结

本章采用 DEA 方法测算了我国省际高技术产业的生产率及其分解的技术效率和技术进步，并运用动态面板 GMM 方法对国际贸易、自主研发与高技术产业生产率增长的关系进行了实证检验。研究结果表明：在 2000—2010 年，高技术产业技术效率出现了下降趋势，但其生产率增长和技术进步显著。高技术产业快速发展的国际贸易并没有促进其生产率增长，生产率增长主要来源于持续的自主研发投入，而立足于自主研发途径的技术吸收也在一定程度上促进了生产率增长。因此，在研发设计新产品过程中，高技术产业应具备生产中间产品的能力，减少对中间产品进口的依赖。促进高技术产业生产率增长主要取决于研发投入，但在加大研发投入的同时，应注重通过管理和制度创新提升技术效率。

采用 DEA 方法测度中国省际高技术产业 Malmquist 生产率指数，运用一阶差分法比较分析各种技术转移方式在提升生产率中的作用，并探讨了吸收能力异质性对溢出效应的影响。研究表明，国外技术引进在短期内促进了技术进步，但从长期看其对技术进步的贡献在逐渐减弱，而本土技术转移在提升技术效率中的作用在增

4.5 本章小结

强；国外技术引进和本土技术转移都对研发投入产生了互补效应，前者在东部地区作用明显，后者在中西部地区更加显著。FDI 对技术效率产生正向溢出，但抑制了研发投入，阻碍了生产率增长，这在东部地区最为突出。

采用 SBM 模型测度 1996—2013 年中国高技术产业细分行业的技术效率，并运用系统 GMM 方法考察本土技术转移、国外技术引进和 FDI 三种技术转移方式在效率提升中的行业异质性。技术效率的研究结果表明，电子及通信设备制造业呈现出高效率高增长率，电子计算机及办公设备制造业呈现高效率低增长率，航空航天器制造业呈现低效率高增长率，而医药制造业和医疗设备及仪器仪表制造业两类行业则是低效率低增长率。本土技术转移显著促进了高技术行业的技术效率提升，但对高效率行业的溢出效应远高于低效率行业；国外技术引进对高效率行业的溢出效应不显著，对低效率行业有显著负向溢出效应；而 FDI 对高效率行业有显著的正向溢出效应，对低效率行业的溢出效应不显著。

高技术产业与工业行业的比较分析表明，FDI 对高技术产业的正向溢出效应高于工业行业整体，说明引导外资进入技术含量高的产业，更能促进这些产业的技术进步。在高技术产业中，国内外技术购买与自主研发存在着互补效应，但本土技术转移对自主研发存在着替代效应，这可能说明，国内引进的技术并不处于生产前沿，企业通过国内购买技术对产业效率的影响有限；国外技术购买对自主研发的互补效应也高于工业行业整体，相对于其他工业行业，高技术产业持续的研发投入，增加了对引进技术的消化吸收能力。

运用超效率 SBM 模型测度中国省际高技术产业的创新效率，并利用系统 GMM 方法实证检验本土技术转移对产业创新效率的影响。结果表明，本土技术转移对高技术产业创新效率有着显著的促进作用，而国外技术引进对创新效率具有抑制作用，FDI 对高技术产业创新效率具有显著的正向外溢效应；本土技术转移与国外技术引进存在着互补效应，促进本土技术转移将有助于增强国外技术的溢出效应。本土技术转移与 FDI 存在替代效应，对创新效率产生显著负向影响。

5 环境规制下技术转移对高技术产业效率的影响

5.1 环境规制与中国高技术产业效率变化[①]

20世纪90年代以来,中国在坚持自主创新的同时,积极引进国外先进技术和吸收外商直接投资,多项措施并举极大地促进了高技术产业技术进步,然而,对技术效率的忽视造成了高技术产业近乎粗放式的发展,一个突出的现象就是高技术产业并没有呈现出高附加值低污染的特点,环境事件反而频频见诸报端:苹果在华供应链企业大量排放含重金属、氰化物的废水以及锡烟、铅烟等多种污染物;深圳宝龙工业园比亚迪喷涂工艺排放的刺激性气体长期困扰着周围居民;江西星火有机硅厂的废气污染致千亩良田大幅减产……这些仅仅是高技术产业环境污染的冰山一角。在生态日益脆弱的东部地区,环境规制使大量高技术企业将高污染的加工制造环节向中西部地区转移,加剧了人们对这些地区将成为"污染避难所"的担忧。如何提升高技术产业效率,协调环境保护与产业发展的关系引起了社会各界广泛的关注。

现有对中国高技术产业技术效率的研究很少考虑环境因素的影响(刘志迎等,2007;李燕萍、彭峰,2012;Zhang等,2012),主要原因可能在于高技术产业环境污染排放物的价格信息难以计算,或者其污染物排放量数据无法获取。本书试图在核算中国省际高技术产业污染排放的基础上,利用方向性距离函数测度环境技术效

[①] 李燕萍,彭峰,中国高技术产业环境技术效率及其影响因素研究[J]. 科技进步与对策,2013,30(22):65-70.

率。构建系统框架分析开放经济条件下高技术产业技术效率变化的影响因素,并进一步考察这些因素对环境技术效率的影响是否存在地区差异,从而为各省市因地制宜地制定高技术产业可持续发展政策提供建议。

技术效率反映观测对象从给定投入获取最大产出的能力,通常可以采用随机前沿分析(SFA)或者数据包络分析(DEA)方法来测算。前者将产出设定为表示技术无效率的非负随机误差和表示噪音的系统随机误差的函数,后者运用线性规划方法构建观测数据的非参数前沿,相对于前沿面测度效率(Coelli 等,2005)。由于不要求价格信息,无需行为和制度假设,数据包络分析对测算发展中国家的技术效率具有较好的适用性。官建成、陈凯华(2009)综合运用数据包络分析的松弛测度模型和临界效率测度模型分析中国高技术产业技术创新效率;王军、杨惠馨(2010)采用三阶段 DEA 方法测算中国 2006—2008 年省际高技术产业的技术效率。然而,由于没有考虑非合意产出如环境污染的影响,这些传统的测度方法不能反映真实的效率变化(Zhang 等,2011)。近年来,理论研究已经将非合意产出整合到效率分析框架中,出现了采用方向性距离函数测度产业效率和生产率的文献。胡鞍钢等(2008)采用 CO_2、COD、SO_2、废水总排量和固体废弃物总排量作为环境指标评价了中国 30 个省市的技术效率。Ke 等(2008)运用产出距离函数和超对数函数测算了 1996—2002 年中国 30 个省市的环境生产率。沈可挺、龚健健(2011)利用方向性距离函数测算了高耗能产业的生产率,得出其增长主要由技术进步推动,技术效率还存在较大的改进空间。但这类文献很少有针对中国高技术产业的实证研究。

另有大量文献考察了技术效率变化的影响因素。有关研发投入、人力资本和所有制改革对效率提升的作用取得了较为一致的结论:R&D 通过产生新知识直接促进生产效率提高(Teixeira、Fortuna,2010;Ortega-Argiles 等,2011);人力资本是决定技术进步的重要因素,在某种程度上决定着对技术转移的吸收能力;国有企业和非国有企业具有不同的激励、监督和约束机制,不同的市场环境和竞争条件使非国有企业更加注重提高效率。相关研究大多证实了研发投入、人力资本水平和所有制改革对中国技术效率的显著正向影响(岳书敬、刘朝明,2006;Hu 等,2005;Hsiao 等,2012)。由于利用技术转移是发展中国家实现技术追赶的重要方式,有文献实证检验了进口和外商直接投资对中国工业行业的技术溢出效应。张建清、孙元元(2011)运用系统 GMM 估计方法证实了进口贸易存在显著的技术溢出;Bilgin 等(2012)的研究也证实了从发达国家进口技术设备提高了中国企业效率。另有研究表明,企业对技术溢出的学习和吸收能力还受 R&D 存量的影响,王玲等(2008)对中国高技术产业技术投入和生产率增长关系的研究发现R&D 提高了对进口技术的吸收能力。近年来,环境规制与技术效率的关系也逐渐受到关注,许冬兰、董博(2009)采用径向 DEA 方法考察了 1998—2005 年环境规制对中国工业技术效率的影响,发现环境规制提高了工业技术效率。李玲、陶锋(2012)发现重度污染产业当前环境规制强度相对合理,能够促进环境全要素生产率提高、技术创新和效率改进。

已有文献为研究高技术产业效率提供了方法和理论基础,但在测算产业效率时很少考虑环境污染的影响(王军、杨惠馨,2010);此外,这些文献仅限于实证考察研发投入、人力资本水平和所有制等因素在提升高技术产业效率中的作用,很少将技术引进、外商直接投资和本土技术转移这些因素纳入分析框架(刘志迎等,2007;Zhang 等,2012)。本书运用方向性距离函数测度高技术产业环境技术效率,构建了开放经济条件下高技术产业效率变化影响因素的系统性实证分析框架。

5.1.1 技术效率的测度

1. 方法

假设每个省区高技术产业使用 N 种投入 $x = (x_1, \cdots, x_N) \in R_N^+$ 得到 M 种合意产出 $y = (y_1, \cdots, y_M) \in R_M^+$,以及 I 种非合意产出 $b = (b_1, \cdots, b_I) \in R_I^+$,生产可行性集 $P(x)$ 为:$P(x) = \{(y, b) : x \text{ 可以生产}(y, b)\}$,$x \in R_N^+$。为使 $P(x)$ 表示环境技术,假设生产可行性集 $P(x)$ 是一个有界闭集,具有以下性质:

(1) 合意产出和非合意产出是零结合的：如果 $(y, b) \in P(x)$ 且 $b = 0$，则 $y = 0$；这表明在生产合意产出时一定会有非合意产出；

(2) 合意产出是可自由处置的：如果 $(y, b) \in P(x)$ 且 $y' \leqslant y$，则 $(y', b) \in P(x)$；

(3) 非合意产出具有弱可处置性：$(y, b) \in P(x)$ 且 $0 \leqslant \theta \leqslant 1$，则 $(\theta y, \theta b) \in P(x)$，这表明在既定投入下，要减少非合意产出就必须减少合意产出。

环境技术给出了生产的可能性边界，在此基础上，可以通过方向性距离函数(DDF)计算每个省区高技术产业的环境技术效率。DDF 是 Shephard 距离函数的一般化，通过构造方向向量用以约束合意产出和非合意产出的变动方向和大小，可以在追求合意产出增加的同时，实现非合意产出的减少。基于产出的方向性距离函数可以表述为(Chung 等, 1997)：

$$\vec{D}_0(x, y, b; g) = \sup\{\beta: (y, b) + \beta g \in P(x)\} \quad (1)$$

$g = (g_y, g_b)$ 为产出扩张的方向向量，其选择由政策偏好和研究需要等因素决定。β 表示给定决策单元的合意产出(非合意产出)相对于生产前沿面可以增加(减少)的程度。β 值越小，表明决策单元越接近生产可能性边界，生产效率就越高；β 为 0 时，表示决策单元位于生产前沿面，生产是最有效率的。

在没有环境规制时，方向向量 $g = (y, 0)$，在构造生产技术时不考虑非合意产出；而在环境规制的情况下，方向向量 $g = (y, -b)$，非合意产出在技术上具有弱可处置性。可以利用 DEA 求解方向性距离函数。

有环境规制的情况下：

$$\vec{D}_0^t(x^{t, k'}, y^{t, k'}, b^{t, k'}; y^{t, k'}, -b^{t, k'}) = \max \beta \quad (2)$$

s.t. $\sum_{k=1}^{K} z_k^t y_{km}^t \geqslant (1 + \beta) y_{k'm}^t, \quad m = 1, 2, \cdots, M;$

$\sum_{k=1}^{K} z_k^t b_{ki}^t = (1 - \beta) b_{k'i}^t, \quad i = 1, 2, \cdots, I;$

$$\sum_{k=1}^{K} z_k^t x_{kn}^t \leq x_{k'n}^t, \quad n = 1, 2, \cdots, N;$$

$$z_k^t \geq 0, \quad k = 1, 2, \cdots, K$$

没有环境规制时：

$$\vec{D}_0^t(x^{t,k'}, y^{t,k'}, 0; y^{t,k'}, 0) = \max\beta \quad (3)$$

$$\text{s.t.} \sum_{k=1}^{K} z_k^t y_{km}^t \geq (1+\beta) y_{k'm}^t, \quad m = 1, 2, \cdots, M;$$

$$\sum_{k=1}^{K} z_k^t x_{kn}^t \leq x_{k'n}^t, \quad n = 1, 2, \cdots, N;$$

$$z_k^t \geq 0, \quad k = 1, 2, \cdots, K$$

根据 Chung 等（1997），定义 t 期到 $t+1$ 期的技术效率变化指数为：

$$EC_t^{t+1} = \frac{1 + \vec{D}_0^t(x^t, y^t, b^t; g^t)}{1 + \vec{D}_0^{t+1}(x^{t+1}, y^{t+1}, b^{t+1}; g^{t+1})} \quad (4)$$

EC 测度从 t 期到 $t+1$ 期每个观察对象到最佳实践前沿的追赶程度，其值大于（小于）1 表示技术效率改善（恶化）。

2. 变量和数据

以各省市高技术产业工业总产值作为产出指标 Y_{it}，用各地区相应年份的工业品出厂价格指数缩减，得到 2000 年不变价的工业总产值。劳动投入用各省市高技术产业从业人员平均人数衡量。物质资本存量采用永续盘存法（PIM）计算，计算公式为：

$$K_{it} = I_{it} + K_{i,t-1}(1 - \delta_{it}) \quad (5)$$

其中，K_{it} 表示资本存量；I_{it} 表示投资流量，以固定资产投资额测度，并用固定资产投资价格指数平减各年投资额，将其折算成 2000 年价格表示的实际值；δ_{it} 为折旧率，各省市均取 9.6%。对于基期物质资本存量，假定中国快速发展的高技术产业处于资本完全利用状态，则资本存量的增量与产出的增量之比将近似等于平均的资本存量产出之比，利用递增的资本产出比率方法（ICORs）可以计算基期固定资本存量（Timmer，1999）。

对于非合意产出指标，由于二氧化硫（SO_2）是环境规制的典型污染物和主要监控对象，具有较高的同质性，本书选取高技术产业 SO_2 排放量作为污染物排放指标。在统计数据库中并没有给出各省市高技术产业 SO_2 排放量，本书假设同一时期东部、中部和西部地区高技术产业环境技术存在差异，但地区内各省市环境技术差距很小，即地区内各省市单位产出会排放等量的 SO_2，根据各地区工业行业单位产出 SO_2 排放量确定地区间环境技术差异系数，由高技术产业细分工业行业 SO_2 排放量加总计算产业总排放量，在此基础上，结合各地区高技术产业产值测算地区 SO_2 排放量，最后，通过各省市高技术产业产值比重来确定省市 SO_2 排放量。

技术效率可以根据中国 30 个省市（不含西藏和港澳台）2000—2011 年的统计数据计算得出。数据来源于《中国高技术产业统计年鉴》和《中国统计年鉴》。其中，工业品出厂价格指数、固定资产投资价格指数以及细分行业 SO_2 排放量来源于《中国统计年鉴》；高技术产业工业总产值、从业人员数来源于《中国高技术产业统计年鉴》。

3. 高技术产业效率变化测度结果

分别运用 LINDO6.1 和 DEAP2.1 软件计算高技术产业考虑环境污染时的技术效率变化（EEC）和不考虑环境污染时的技术效率变化（EC），2000—2011 年两种技术效率变化的均值如表 5-1 所示。

表 5-1　　高技术产业技术效率变化的均值

地区	环境技术效率	传统技术效率	地区	环境技术效率	传统技术效率
北京	0.997	1.039	河南	0.983	0.953
天津	0.997	1.023	湖北	0.981	0.946
河北	0.971	0.912	湖南	0.981	0.996
山西	0.967	1.022	广东	1.000	1.000
内蒙古	1.001	1.013	广西	0.973	1.052
辽宁	0.974	1.080	海南	0.983	1.000

续表

地区	环境技术效率	传统技术效率	地区	环境技术效率	传统技术效率
吉林	0.985	1.064	重庆	1.001	0.960
黑龙江	0.969	0.900	四川	1.001	1.002
上海	1.000	1.006	贵州	0.978	0.982
江苏	0.990	0.949	云南	0.981	0.985
浙江	0.987	0.953	陕西	0.974	0.916
安徽	0.982	0.951	甘肃	0.969	0.994
福建	0.996	0.985	青海	1.000	1.041
江西	0.972	0.982	宁夏	0.980	1.031
山东	0.986	0.986	新疆	0.971	1.045
东部	0.989	0.994	中部	0.980	0.981
西部	0.983	1.001	总体	0.984	0.992

从表5-1可以看出，在考虑环境污染的生产前沿面上，除了上海和广东这些传统意义的高技术效率省市，也包括内蒙古、四川和青海这些考虑环境因素下的高技术效率省份。在不考虑环境污染时，西部地区技术效率年均提高0.1%，而东部地区年均下降0.6%，中部地区年均下降1.9%；高技术产业整体技术效率下降0.8%；在考虑了非合意产出后，各地区技术效率都出现了不同程度的下降，东部地区下降幅度最小，年均下降1.1%，西部地区次之，年均下降1.7%，中部地区下降幅度最大，年均下降2%，高技术产业整体环境技术效率下降1.6%。①

忽视环境污染会高估高技术产业的技术效率。得益于西部大开发战略，具有后发优势的西部地区高技术产业发展速度较快，技术

---

① 东部地区包括北京、天津、河北、辽宁、上海、江苏、浙江、福建、山东、广东和海南；中部地区包括山西、内蒙古、吉林、黑龙江、安徽、江西、河南、湖北、湖南；西部地区包括广西、重庆、四川、贵州、云南、陕西、甘肃、青海、宁夏、新疆。

效率也有较大提升,但考虑环境污染后,西部地区实际技术效率却在下降,降幅小于中部地区。环境规制使大量高技术企业将污染密集的加工制造环节转移到中西部地区,在一定程度上加剧了这些地区环境技术效率的恶化。

5.1.2 技术效率影响因素分析

根据已有相关理论和实证研究,中国高技术产业技术效率的影响因素可能包括:国外技术引进、本土技术转移、外商直接投资、研发投入、人力资本水平和所有制等。建立以下计量模型:

$$\ln EC_{it} = \beta_0 + \beta_1 \ln FK_{it} + \beta_2 \ln DK_{it} + \beta_3 \ln FDI_{it} + \beta_4 \ln RD_{it} + \beta_5 \ln HC_{it} + \beta_6 \ln OWS_{it} + \mu_i + \varepsilon_{it} \quad (6)$$

其中,EC_{it}表示技术效率变化,参照 Fare 等(1994)的做法,将EC_{it}换算成以 2000 年为基期的累积变化率形式。FK_{it}、DK_{it}和FDI_{it}分别表示国外技术引进、本土技术转移和外商直接投资,RD_{it}表示研发投入,HC_{it}表示人力资本水平,OWS_{it}表示所有制,$\beta_i(i=1,2,\cdots,6)$为相应变量的估计系数。μ_i表示未观测的地区效应,ε_{it}为随机误差项。

分别以国外技术引进经费和本土技术转移经费占产品销售产值的比重表示国外技术引进强度FK_{it}和本土技术转移强度DK_{it},用不含技术引进经费的 R&D 支出费用占产品销售产值的比重表示RD_{it}。外商直接投资的技术溢出变量(FDI)可以用外商资本在行业实收资本中的比重表示(毛日昇、魏浩,2007),但高技术产业统计数据中没有给出各省市外商资本的数据,本书根据高技术产业细分行业分类,以工业行业中的医药制造业、电子及通信设备制造业、电气机械及器材制造业、仪器仪表及文化办公机械制造业中外商资本占实收资本比重的均值作为外商直接投资FDI_{it}的代理变量。这四类工业行业的三位码细分行业基本涵盖了高技术产业的细分行业,具有较高的契合度,且相关数据可以从工业统计数据库获得。人力资本通常用教育年限法估算,但由于无法获取省际高技术产业就业人员受教育年限数据，本书用 R&D 人员占就业人数比重表示人力资本水平 HC_{it}（李梅、柳士昌，2011）。以国有企业产值比重表示所有制 OWS_{it}。

在计量模型(6)中，未观测效应 μ_i 与解释变量之间可能存在着相关性，经验研究表明不仅技术贸易、研发投入影响技术效率，而且效率提升也可能促进技术贸易和研发投入（Barro、Sala-i-Martin，2003；彭国华，2007），这就是说解释变量并不是严格外生变量。本书取这些变量的一阶滞后项来控制内生性。

采用中国 30 个省市（不含西藏和港澳台）2000—2011 年的面板数据进行实证分析。数据来源于《中国高技术产业统计年鉴》和《中国工业经济统计年鉴》。其中，高技术产业国外技术引进经费、本土技术转移经费、R&D 支出、R&D 人员和国有企业产值数据来源于《中国高技术产业统计年鉴》；医药制造业、电子及通信设备制造业、电气机械及器材制造业和仪器仪表及文化办公机械制造业中外商资本和实收资本的数据来自于《中国工业经济统计年鉴》。

5.1.3 估计结果与分析

对计量模型(6)采用 Hausman 检验以确定采用随机效应模型或者固定效应模型，并通过 LM 检验验证 Hausman 检验的结论。如果两种检验结论一致，则采用随机效应模型；如果两种检验的结论相反，则非观测效应可能同时存在于常数项和复合误差项中，此时使用随机效应或者固定效应模型都难以得到一致的有效估计量，可行的广义最小二乘估计方法（FGLS）通过极小化加权误差平方和来消除误差项的异方差和自相关，从而获得一致有效估计量。所以，两种检验结论不一致时，选择 FGLS 方法进行估计。表 5-2 给出了在考虑环境污染和不考虑环境污染两种情况下，高技术产业技术效率影响因素的估计结果。表 5-3 给出了环境规制下分地区高技术产业技术效率影响因素的估计结果。

5.1 环境规制与中国高技术产业效率变化

表 5-2　　　　　高技术产业效率变化的影响因素

	考虑环境污染			不考虑环境污染		
	FE	RE	FGLS	FE	RE	FGLS
lnFK	0.011***	0.014***	0.018***	0.011	0.023**	0.041***
	(5.65)	(7.84)	(9.57)	(1.11)	(2.39)	(3.78)
lnDK	0.002	0.001	−0.001	−0.007	−0.015	−0.053***
	(0.74)	(0.37)	(−0.59)	(−0.53)	(−1.15)	(−3.59)
lnFDI	0.020**	0.034***	0.038***	0.221***	0.292***	0.411***
	(2.10)	(3.98)	(4.69)	(4.23)	(6.11)	(8.74)
lnRD	−0.010	−0.013**	−0.016**	−0.062*	−0.058*	0.013
	(−1.51)	(−2.11)	(−2.46)	(−1.78)	(−1.71)	(0.35)
lnHC	0.006***	0.006***	0.006***	0.062***	0.067***	0.087***
	(3.40)	(3.80)	(3.58)	(6.56)	(7.27)	(8.45)
lnOWS	0.034***	0.022***	−0.003	−0.014	−0.050	−0.156***
	(5.36)	(3.64)	(−0.61)	(−0.41)	(−1.52)	(−4.92)
常数项	0.006	0.018	−0.013	−0.729***	−0.623***	−0.527***
	(0.14)	(0.49)	(−0.37)	(−3.36)	(−3.11)	(−2.71)
F/Wald chi2 检验	29.82	155.38	143.74	11.98	91.57	216.22
R^2	0.066	0.217		0.228	0.337	
LM 检验 [p 值]		187.64 [0.000]			284.76 [0.000]	
Hausman 检验 [p 值]		37.59 [0.000]			26.41 [0.000]	
模型选择		FGLS			FGLS	

注：括号内为 t 值或 z 值。*、**、***分别表示在 10%、5% 和 1% 的水平上显著。

1. 高技术产业技术效率的影响因素分析

由表 5-2 可知，在考虑环境污染和不考虑环境污染两种情况下，LM 检验均支持随机效应模型，而 Hausman 检验都支持固定效应模型，因此本书选择 FGLS 方法估计，在对估计结果进行分析时以 FGLS 为主，其他方法的估计结果作为参考。

国外技术引进和外商直接投资都对高技术产业技术效率具有显著的正向影响，不考虑环境污染时，两者的估计系数分别为 0.041 和 0.411；在考虑环境污染的情况下，国外技术引进的估计系数下降到 0.018，外商直接投资对技术效率的估计系数减小到 0.038，这表明忽视环境因素会高估国外技术引进和外商直接投资对技术效率提升的促进作用；在不考虑非合意产出时，本土技术转移显著阻碍了技术效率提升，研发投入都对技术效率的影响不显著；但在环境规制下，本土技术转移对技术效率的影响不再显著，研发投入与环境技术效率显著负相关。这两种情况下，人力资本水平都显著促进了技术效率提高；国有企业比重对传统技术效率有着显著的负向影响，但对环境技术效率的影响不显著。

国外技术引进显著提升了高技术产业技术效率。这可能由于高技术企业的技术水平与国外企业有较大的差距，发达国家成熟的技术对国内企业仍属先进技术，国内企业通过引进国外先进的生产设备和技术专利，在实践中逐步掌握引进设备和技术的操作方法，在形成生产能力的过程中积累了技术经验。近年来高技术产业逐步提升了技术专利和许可在技术引进中的比重，购买国外技术专利使企业在一定时期内获得市场垄断权，激发企业为消化吸收引进技术增加研发投入并进行技术创新。因此，国外技术引进促使企业在学习消化过程中积累生产经验，提高了技术效率。在考虑环境因素的情况下，国外技术引进对技术效率的促进作用变小，表明企业在引进国外技术的过程中，对技术环保的要求不高。可能原因在于，国内大部分地区缺少严格的环境规制，企业为节约成本，没有引进更为环保的技术。

本土技术转移不能促进高技术产业技术效率提升，可能原因在于，从整体上看国内企业之间技术水平差距不大，技术的替代性强（吴延兵，2008），企业为保持自身技术优势不轻易转移先进技术，造成了国内购买技术的溢出空间小，对高技术产业技术效率的提升作用有限。本土技术转移对产业环境技术效率的影响不显著，表明国内技术设备供应能力与环保标准存在差距，缺乏环保技术设备的共性技术研发平台。

外商直接投资对高技术产业技术效率具有显著的正向外溢效应，但在考虑环境因素的情况下，其技术效率溢出作用较小。外资比重每增加1%，环境技术效率仅提高0.038%。这可能由于：一方面，外资在高技术产业具有明显的技术优势，技术溢出的空间大，外资企业在很大程度上通过示范效应和竞争效应促使内资企业模仿学习；另一方面，外资企业多从事污染密集的加工制造环节，在环境保护上采取有别于本国的双重标准，对环境技术效率的溢出作用有限。

研发投入对高技术产业技术效率的影响不显著。原因在于国内高技术企业的研发投入通常以消化吸收国外先进技术，进而推出模仿改进产品为目标。当国内企业的模仿品投放市场后，外企又引入更先进的技术，使国内企业研发投入的成果在很大程度上被外企梯度引入的先进技术淘汰（李宾，2010）。同时，对绿色环保技术的研发投入有限，高技术企业研发投入耗费了经济资源，却不能显著提升环境技术效率。

人力资本与高技术产业技术效率显著正相关，人力资本水平的提高会增强对引进技术的吸收能力，提升产业的技术效率。在考虑环境污染的情况下，国有企业比重对环境技术效率的影响不显著，原因可能在于：一方面，降低国有企业比重有助于提升传统技术效率，另一方面，国有高技术企业通常比私有企业更有能力处理污染排放，因此，降低国有企业的比重不能显著提升环境技术效率。

2. 环境规制下高技术产业技术效率影响因素的地区差异分析

为了考察环境规制下高技术产业技术效率的影响因素是否存在地区差异，本书将30个省市划分为东部、中部和西部地区，分地区进行了实证检验。估计结果如表5-3所示。

表 5-3 环境规制下分地区高技术产业效率变化的影响因素

	东部地区			中部地区			西部地区		
	FE	RE	FGLS	FE	RE	FGLS	FE	RE	FGLS
lnFK	0.007** (2.06)	0.014*** (4.59)	0.015*** (5.08)	0.010*** (2.79)	0.014*** (3.23)	0.014*** (3.35)	0.012*** (3.98)	0.012*** (4.23)	0.015*** (4.52)
lnDK	0.005 (1.07)	0.002 (0.33)	-0.003 (-0.60)	-0.009* (-1.90)	-0.011 (-2.03)	-0.011** (-2.11)	0.006* (1.73)	0.007* (1.82)	0.005 (1.30)
lnFDI	-0.007 (-0.20)	0.033 (1.15)	0.039 (1.43)	-0.027 (-1.16)	-0.047 (-1.82)	-0.047* (-1.89)	0.035*** (2.75)	0.037*** (3.13)	0.045*** (4.11)
lnRD	-0.035*** (-3.48)	-0.035*** (-3.43)	-0.033*** (-3.05)	-0.011 (-0.76)	-0.022 (-1.42)	-0.022 (-1.48)	0.003 (0.27)	0.002 (0.24)	-0.0001 (-0.01)
lnHC	0.003 (0.66)	0.006 (1.32)	0.008 (1.64)	-0.005 (-1.10)	-0.002 (-0.38)	-0.002 (-0.40)	0.010*** (4.04)	0.010*** (4.30)	0.009*** (3.97)
lnOWS	0.017** (2.43)	0.006 (0.89)	-0.008 (-1.24)	0.064*** (4.62)	0.020 (1.53)	0.020 (1.59)	0.044*** (3.19)	0.041*** (3.13)	0.016 (1.22)

续表

	东部地区			中部地区			西部地区		
	FE	RE	FGLS	FE	RE	FGLS	FE	RE	FGLS
常数项	−0.097 (−1.37)	−0.071 (−0.95)	−0.116 (−1.41)	−0.090 (−1.19)	−0.272*** (−4.27)	−0.272*** (−4.43)	0.080 (1.15)	0.088 (1.40)	0.096* (1.83)
F/Wald chi2	8.05	41.76	54.03	12.54	47.17	50.76	14.87	90.39	54.72
R^2	0.044	0.267		0.121	0.339		0.293	0.303	
LM 检验 [p 值]		62.81 [0.000]			0.00 [1.000]			56.02 [0.000]	
Hausman 检验 [p 值]		32.21 [0.000]			67.00 [0.000]			3.04 [0.804]	
模型选择		FGLS			FE			RE	

注：括号内为 t 值或 z 值。*、**、*** 分别表示在 10%、5% 和 1% 的水平上显著。

国外技术引进对东中西部地区的环境技术效率都有显著的正向影响，对东部地区的促进作用更强；本土技术转移对东部地区环境技术效率的影响不显著，阻碍了中部地区环境技术效率提高，但对西部地区环境技术效率有着显著的促进作用；外商直接投资对西部地区技术效率有着显著的正向溢出效应，外资比重每增加1%，西部地区环境技术效率提升0.037%；研发投入阻碍了东部地区环境技术效率提高，对中西部技术效率影响不显著；人力资本与西部环境技术效率显著正相关，国有企业比重对中西部地区环境技术效率具有显著的正向影响。

国外技术引进对东部地区技术效率具有较大的正向溢出效应，原因在于技术引进中通常包含着隐性技术，导致在技术引进中存在一定的技术门槛。这种门槛效应使其后的消化吸收与技术创新更多取决于企业的技术能力，东部地区更高的R&D存量和人力资本水平提高了对引进国外技术的吸收能力。

本土技术转移对高技术产业环境技术效率的影响具有显著的地区差异，本土技术转移阻碍了中部地区技术效率提升，一个解释是，大量高技术制造企业从东部转移到中部地区，后者生产前沿的移动通常由于一些企业引进国外先进生产设备，导致本土技术转移与中部地区技术效率显著负相关；西部地区技术水平较低，购买国内技术具有适宜性，有利于企业消化吸收，也能在一定程度上提高技术效率。

东部地区有着严格的环境规制，使具有技术优势的外资企业进入的同时注重环境效益，外资通过竞争和示范效应促使本土企业提高管理效率以降低成本，但多数外资企业为节约成本，并没有采用高标准的环保技术，其对国内企业的环境技术溢出作用有限；与西部地区相比，中部地区产业基础和基础设施较为完善，大量污染型外资企业从东部向中部转移，环境因素使外资的技术溢出效应不再显著；西部地区市场化水平和对外开放程度不高，有限的外资进入促进了技术效率提升。

研发投入与东部地区技术效率显著负相关，主要是由于东部地区高技术产业技术升级快，市场竞争激烈，国内企业用于消化吸收国外先进技术以推出仿制改进产品的研发投入，由于外资企业梯度引入的先进技术而无法获得相应的经济收益，中西部地区高技术产业技术更新速度较慢，因而，研发投入在不同程度上提高了中西部地区技术效率。国有企业比重对东部环境技术效率的影响不显著，非国有企业更注重提升技术效率，但其污染治理意愿和能力有限，因此，降低东部地区国有企业比重并不能显著提升环境技术效率；在中西部地区，非国有企业技术水平较低，污染处理能力也低于国有企业，使得国有企业比重和环境技术效率显著正相关。

5.1.4 结论与建议

本书基于2000—2011年中国省际高技术产业的面板数据，利用方向性距离函数测度环境技术效率。在统一框架下实证分析国外技术引进、本土技术转移、FDI、研发投入、人力资本和所有制等因素在提升产业技术效率中的作用，得出以下主要结论：

(1)在不考虑环境污染时，西部地区技术效率呈现上升趋势，而东中部地区技术效率逐年降低；在考虑了非合意产出后，东中西部地区技术效率都出现了下降趋势，东部地区降幅较小，西部地区次之，中部地区降幅最大，忽视环境污染将会高估高技术产业的技术效率。

(2)国外技术引进和FDI对高技术产业技术效率具有显著的正向影响，但考虑环境因素后，两者对技术效率的促进作用都有大幅下降，忽视环境污染容易高估国外技术引进和FDI对技术效率的影响。

(3)本土技术转移、研发投入和所有制结构对高技术产业环境技术效率的影响具有显著的地区差异，本土技术转移对中部地区环境技术效率具有负向影响，但有助于西部地区环境技术效率提高，研发投入与东部地区技术效率显著负相关，国有企业比重和中西部地区环境技术效率显著正相关。

有效获取国外技术引进和外商直接投资的技术溢出需要进一步

完善高技术产业政策和外资政策，注重技术转移对生态环境的影响。一方面，积极推进产学研合作技术创新，强化企业与高校、科研机构的联系，可以使企业以较低的成本获得技术信息、培训技术和管理人员；而高校和科研机构也能准确了解市场需求，有助于推进技术创新和科技成果产业化。另一方面，在技术转移中强调技术培训和管理制度学习将更有效地促进企业技术效率提升。在高技术产业中推行绿色设计研发系统和建设环保技术设备的共性技术研发平台，鼓励国内企业研发生产符合环保标准的技术设备拓展国内和国际市场。政府也可以综合运用税收优惠、财政支持或政府采购等多种方式激励企业增加研发投入，同时推进所有制改革，改善中小企业经营环境，都将对产业效率提升产生积极影响。

环境规制使东部地区高技术产业更多依赖产品研发设计和销售网络提升效率，决策者需要通过调整技术转移政策和外资政策推动具备技术优势的高技术企业与跨国公司合作研发，在技术引进中实现"嵌入式创新"，为这些企业提供政府采购和研发补贴激励其增加绿色技术的研发投入。中西部地区在承接高技术产业转移的过程中应结合本地的产业基础和企业技术能力现状引进适宜技术，借鉴东部地区的外资政策和生产管理经验发挥后发优势，避免在发展高技术产业过程中付出高额的环境成本。

5.2　技术转移与高技术产业环境技术效率[①]

在过去的 20 多年里，高技术产业在坚持自主创新的同时，积极利用国际技术转移提升技术能力，并通过产学研合作鼓励国内技术转移，多项措施并举极大地促进了高技术产业技术进步，在高速铁路、无线宽带通信、高性能计算机、新能源汽车等领域已步入世界先进行列。然而，对环境技术效率的忽视导致高技术产业并没有

---

① 彭峰，李燕萍．技术转移与中国高技术产业环境效率[J]．软科学，2014, 28(8): 84-87.

呈现出高附加值低污染的特点，环境事件反而频频见诸报端：苹果在华供应链企业大量排放含重金属、氰化物的废水以及锡烟、铅烟等多种污染物；深圳宝龙工业园比亚迪喷涂工艺排放的刺激性气体长期困扰着周围居民；江西星火有机硅厂的废气污染致千亩良田大幅减产……这些仅是高技术产业环境污染的冰山一角。在生态日益脆弱的东部地区，环境规制使大量高技术企业将高污染的加工制造环节向中西部地区转移，加剧了人们对这些地区将成为"污染避难所"的担忧。因此，从可持续发展角度，研究新形势下技术转移与高技术产业环境技术效率的关系，将为各地区因地制宜地制定技术转移政策、建设技术创新体系提供借鉴。

技术转移产生的溢出效应能从很大程度上解释发展中国家的技术变化(Keller，2004)，发展中国家可以借助技术引进和吸收外商直接投资实现自主创新和技术追赶。通过在技术引进过程中的"干中学"和"用中学"，后发国家逐渐积累了一定的技术能力，可以直接选择某些处于生命周期成熟前阶段的技术实现跨越式追赶(Elkan，1996)。外商直接投资通过竞争效应、示范效应、劳动力流动效应以及前后向关联效应等渠道促进东道国技术进步(Kinoshita，2001)。外资既可以直接促进环境技术效率提升，也可以通过增强创新能力间接提升环境效率(Gao、Zhang，2012)。然而，现有关于技术转移对高技术产业溢出效应的文献很少考虑环境因素。比如，李正卫等(2010)对浙江省高技术产业中1111家企业研究发现，非体现性技术引进对企业自主研发有显著的正向影响，而体现性技术引进则没有显著影响。沙文兵、李桂香(2011)基于1995—2008年中国高技术产业17个细分行业的面板数据，研究发现FDI技术溢出效应主要发生在中等外资开放程度的行业中，对外资开放程度较低的行业和对外资开放程度过高的行业没有产生显著的FDI技术溢出效应。孙玮等(2011)认为FDI质量特征和所有制结构会直接影响FDI对高技术产业技术溢出的程度。余泳泽(2012)对中国高技术产业的面板门限回归分析证实外商投资规模对技术外溢的影响具有一定的"门槛条件"，与技术外溢存在着倒

"U"形曲线关系。

现有对技术转移与高技术产业技术效率关系的研究很少考虑环境因素(刘志迎等，2007；Zhang 等，2012)，主要原因可能在于高技术产业环境污染物排放量数据无法获取，或者其污染排放物的价格难以确定。本书试图在核算中国省际高技术产业污染排放的基础上，利用考虑非合意产出的 SBM 模型测度环境技术效率，运用系统 GMM 方法实证检验技术转移对高技术产业环境技术效率的影响，并进一步考察技术转移的溢出效应是否存在时期差异，从而为科学制定技术转移政策提供建议。

5.2.1 环境技术效率的测度

1. 方法

技术效率通常可以采用随机前沿分析(SFA)或者数据包络分析(DEA)方法来测算。前者将产出设定为表示技术无效率的非负随机误差和表示噪音的系统随机误差的函数，后者运用线性规划方法构建观测数据的非参数前沿，相对于前沿面测度效率(Coelli 等，2005)。由于不要求价格信息，无需行为和制度假设，数据包络分析对测算发展中国家的技术效率具有较好的适用性。由于没有考虑非合意产出如环境污染的影响，这些传统的 DEA 测度方法不能反映真实的效率变化。近年来，理论研究已经将非合意产出整合到效率分析框架中，用方向性距离函数(DDF)测度技术效率，DDF 是 Shephard 距离函数的一般化，通过构造方向向量用以约束合意产出和非合意产出的变动方向和大小，可以在追求合意产出增加的同时，实现非合意产出的减少(Chung 等，1997)，但这种方法没有考虑投入和产出变量的松弛性问题。因此，本书采用考虑非合意产出的 SBM 模型(Cooper 等，2007)，以准确测度高技术产业环境技术效率。

假设有 n 个决策单元，其投入、合意产出和非合意产出分别为 $x \in R^m$、$y^g \in R^{s_1}$、$y^b \in R^{s_2}$。定义矩阵 $X = [x_1, \cdots, x_n] \in R^{m \times n}$，$Y^g = [y_1^g, \cdots, y_n^g] \in R^{s_1 \times n}$，$Y^b = [y_1^b, \cdots, y_n^b] \in R^{s_2 \times n}$，$X > 0$，

$Y^g > 0$,$Y^b > 0$。规模报酬不变条件下的生产可能集定义为：$P = \{(x,y^g,y^b) \mid x \geq X\lambda, y^g \leq Y^g\lambda, y^b \geq Y^b\lambda, \lambda \geq 0\}$。其中，$\lambda \in R^n$ 为权重向量。则考虑非合意产出的 SBM-Undesirable 模型可以表示为（Cooper 等，2007）：

$$\rho^* = \min \frac{1 - \frac{1}{m}\sum_{i=1}^{m}\frac{s_i^-}{x_{i0}}}{1 + \frac{1}{s_1 + s_2}\left(\sum_{r=1}^{s_1}\frac{s_r^g}{y_{r0}^g} + \sum_{r=1}^{s_2}\frac{s_r^b}{y_{r0}^b}\right)} \quad (1)$$

s.t.

$$x_0 = X\lambda + s^-, \quad y_0^g = Y^g\lambda - s^g, \quad y_0^b = Y^b\lambda + s^b$$

$$s^- \geq 0, \quad s^g \geq 0, \quad s^b \geq 0, \quad \lambda \geq 0$$

其中，s^-、s^g 和 s^b 分别为投入、合意产出和非合意产出的松弛变量，$s^- \in R^m$，$s^g \in R^{s_1}$，$s^b \in R^{s_2}$。目标函数 ρ^* 关于 s^-、s^g 和 s^b 严格递减，且 $0 < \rho^* \leq 1$。当且仅当 $\rho^* = 1$，即 $s^{-*} = 0$，$s^{g*} = 0$，$s^{b*} = 0$ 时，存在非合意产出的决策单元才是有效的。当 $\rho^* < 1$ 时，决策单元是无效的，但可以通过减少投入和非合意产出，或者增加合意产出达到有效。

2. 变量和数据

以各省市高技术产业工业总产值作为产出指标 Y_{it}，用各地区相应年份的工业品出厂价格指数缩减，得到 2000 年不变价的工业总产值。劳动投入用各省市高技术产业从业人员平均人数衡量。物质资本存量采用永续盘存法（PIM）计算，计算公式为：

$$K_{it} = I_{it} + K_{i,t-1}(1 - \delta_{it}) \quad (2)$$

其中，K_{it} 表示资本存量；I_{it} 表示投资流量，以固定资产投资额测度，并用固定资产投资价格指数平减各年投资额，将其折算成 2000 年价格表示的实际值；δ_{it} 为折旧率，各省市均取 9.6%。对于基期物质资本存量，假定中国快速发展的高技术产业处于资本完全利用状态，则资本存量的增量与产出的增量之比将近似等于平均的资本存量产出之比，利用递增的资本产出比率方法（ICORs）可以计算基期固定资本存量(Timmer,1999)。

对于非合意产出指标,由于二氧化硫(SO_2)是环境规制的典型污染物和主要监控对象,具有较高的同质性,本书选取高技术产业SO_2排放量作为污染排放指标。考虑到中国的高技术产业集中在东部地区以及中西部省会城市(高技术人才较多,产业基础相对完善),这些地区的环境技术差异不大,可以假设各省市单位产出会排放等量的SO_2,通过各省市高技术产业产值比重来确定省市SO_2排放量。

技术效率可以根据中国30个省市(不含西藏和港澳台)2000—2011年的统计数据计算得出。数据来源于《中国高技术产业统计年鉴》和《中国统计年鉴》。其中,工业品出厂价格指数、固定资产投资价格指数以及细分行业SO_2排放量来源于《中国统计年鉴》;高技术产业工业总产值、从业人员数来源于《中国高技术产业统计年鉴》。

3. 高技术产业环境技术效率测度结果

运用 DEA-SOLVER Pro5.0 软件计算中国省际高技术产业的环境技术效率(ETE),图 5-1 描绘了 2000—2011 年高技术产业环境技术效率变化。

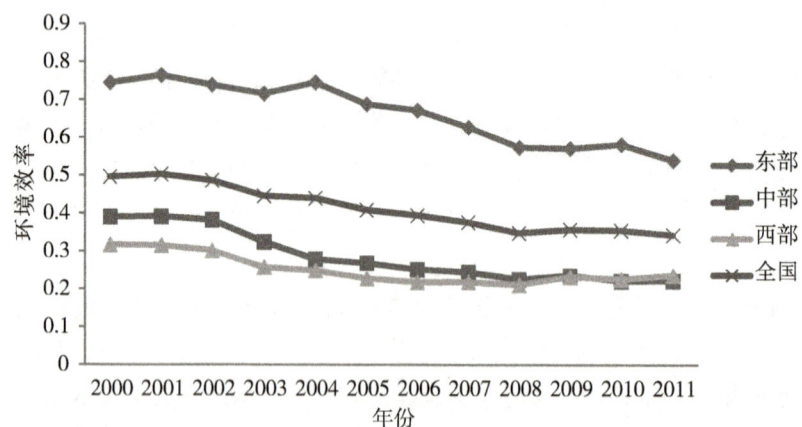

图 5-1 高技术产业环境技术效率

将 2000—2011 年划分为 2000—2005 年和 2006—2011 年两个时期，比较不同时期环境技术效率变化差异。各时期环境技术效率的均值如表 5-4 所示。

表 5-4　　　　高技术产业环境技术效率的均值

地区	2000—2005	2006—2011	2000—2011	地区	2000—2005	2006—2011	2000—2011
北京	0.8954	0.8531	0.8742	河南	0.3378	0.2478	0.2928
天津	0.8417	0.6838	0.7628	湖北	0.4130	0.3139	0.3634
河北	0.3805	0.2110	0.2957	湖南	0.3540	0.2644	0.3092
山西	0.2177	0.1081	0.1629	广东	0.9627	0.9430	0.9529
内蒙古	0.3989	0.3515	0.3752	广西	0.2982	0.2049	0.2515
辽宁	0.4649	0.3191	0.3920	海南	0.4855	0.3607	0.4231
吉林	0.3044	0.2460	0.2752	重庆	0.3748	0.2826	0.3287
黑龙江	0.3656	0.1649	0.2652	四川	0.3509	0.3167	0.3338
上海	0.9060	0.8927	0.8993	贵州	0.2618	0.2466	0.2542
江苏	0.9104	0.5782	0.7443	云南	0.3392	0.2947	0.3169
浙江	0.6895	0.5337	0.6116	陕西	0.3001	0.2082	0.2541
安徽	0.3507	0.2159	0.2833	甘肃	0.2110	0.1326	0.1718
福建	0.8790	0.6514	0.7652	青海	0.2062	0.1850	0.1956
江西	0.3139	0.1869	0.2504	宁夏	0.2119	0.1963	0.2041
山东	0.6448	0.5098	0.5773	新疆	0.2267	0.1659	0.1963
东部	0.7328	0.5942	0.6635	中部	0.3396	0.2332	0.2864
西部	0.2781	0.2233	0.2507	全国	0.4632	0.3623	0.4128

由表 5-4 可知，2000—2011 年，中国高技术产业环境技术效率的均值为 0.4128；各省市之间环境技术效率存在较大差异，广东、

上海和北京的环境技术效率最高,而山西、甘肃和青海的环境技术效率最低;分地区来看,东部地区的环境技术效率远高于中西部地区,三者分别为 0.6635、0.2864 和 0.2507;比较不同时期环境技术效率的均值发现,高技术产业的环境技术效率出现了下降趋势,中部地区的降幅最大。在当前大力培育和发展战略性新兴产业,全面提升高技术产业竞争力的背景下,中西部地区为承接产业转移降低环境门槛,使大量高技术企业将污染密集的加工制造环节从东部地区转移到中西部地区,在一定程度上加剧了这些地区环境技术效率的恶化。

5.2.2 计量模型

通过从发达国家引进先进设备和技术专利,企业能以较低的成本实现产品的换代升级,并在实践中积累知识(干中学),从而提高技术效率;近年来,中国政府提出建立以企业为主体、市场为导向、产学研结合的技术创新体系,积极推动企业和科研机构、高校联合进行研究开发。企业在获取国内技术的过程中,也可能提升技术水平;外商直接投资企业在市场导向、组织管理、人员培训、技术水平上更有优势,通过竞争效应、示范效应、劳动力流动效应提升国内企业技术效率。

除了国外技术引进(FKS)、本土技术转移(DKS)、外商直接投资(FDI)这些技术转移方式外,自主研发(RDS)、人力资本水平(HC)和产权结构(OWS)也可能是技术效率的重要影响因素,可将其作为控制变量。建立如下计量模型:

$$\ln ETE_{it} = \beta_1 \ln FK_{it} + \beta_2 \ln DK_{it} + \beta_3 \ln FDI_{it} + \Phi + \mu_i + \varepsilon_{it} \quad (3)$$

其中,$\Phi = \beta_4 \ln RD_{it} + \beta_5 \ln HC_{it} + \beta_6 OWS_{it}$。$i$ 表示省市,t 表示年份;FK_{it}、DK_{it} 和 FDI_{it} 分别表示国外技术引进、国内技术转移和外商直接投资;RD_{it} 表示研发投入;HC_{it} 表示人力资本水平;OWS_{it} 表示所有制;$\beta_i (i=1, \cdots, 6)$ 为相应变量的估计系数;μ_i 表示未观测的地区效应;ε_{it} 为随机误差项。

在计量模型(3)中,技术转移和研发投入与技术效率之间很可能存在着高度的双向因果关系，经验研究表明不仅技术转移、研发投入影响技术效率，而且效率提升也可能促进技术转移和研发投入（Barro、Sala-i-Martin，2003；彭国华，2007；张建清、孙元元，2011）。此外，遗漏某些随时间变化而又同时影响自变量和技术效率的非观测因素也可能导致内生性。对此类问题，Arellano 和 Bond（1991）提出了一种 GMM 方法（DIF-GMM）来处理，DIF-GMM 估计量采用水平值的滞后项作为差分变量的工具变量，较易受弱工具变量的影响而产生有限样本偏误。如果时间序列短，且滞后的被解释变量和解释变量具有长期一致趋势，则这些滞后的工具变量只是弱工具变量（Blundell、Bond，1998），为此，Arellano 和 Bover（1995）、Blundell 和 Bond（1998）提出了 SYS-GMM 估计量，它结合了差分方程和水平方程，采用差分变量的滞后项作为水平值的工具变量，具有更好的有限样本性质。本书利用 GMM 方法考察技术转移对高技术产业环境技术效率的影响。在模型（3）中引入因变量的滞后项，得到如下计量模型：

$$\ln ETE_{it} = \beta_0 \ln ETE_{it-1} + \beta_1 \ln FK_{it} + \beta_2 \ln DK_{it} + \beta_3 \ln FDI_{it} + \Phi + \mu_i + \varepsilon_{it} \tag{4}$$

分别以国外技术引进经费和本土技术转移经费占产品销售产值的比重表示国外技术引进变量 FK_{it} 和国内技术转移变量 DK_{it}，用不含技术引进经费的 R&D 支出费用占产品销售产值的比重表示 RD_{it}。外商直接投资的技术溢出变量 FDI_{it} 可以用外商资本在行业实收资本中的比重表示。用 R&D 人员占就业人数的比重表示人力资本水平 HC_{it}。以国有企业产值比重表示所有制 OWS_{it}。

采用中国 30 个省市（不含西藏和港澳台）2000—2011 年的面板数据进行实证分析。数据来源于《中国高技术产业统计年鉴》和《中国工业经济统计年鉴》。

5.2.3 实证结果与分析

基于 2000—2011 年中国省际面板数据实证检验国外技术引进、国内技术转移和 FDI 三种技术转移方式对高技术产业环境技术效率的影响。在此基础上，分时期对技术转移与高技术产业环境技术效率之间的关系进行考察。

1. 技术转移对环境技术效率影响

表 5-5 给出了技术转移与高技术产业环境技术效率关系的 GMM 估计结果，模型 1~3 逐步引入控制变量进行系统 GMM 估计，作为比较，模型 4~6 是差分 GMM 的估计结果。模型 3 和模型 6 在控制了研发投入、人力资本水平和所有制结构的情况下，检验技术转移对环境技术效率的影响。对所有模型的 AR(2) 检验表明差分方程的残差项不存在二阶自相关，而 Sargan 检验表明选取的工具变量在整体上是有效的。两种 GMM 方法对技术转移与环境技术效率关系的估值结果一致。

表 5.5　技术转移对环境技术效率影响的估计结果

	系统 GMM			差分 GMM		
	1	2	3	4	5	6
L. lnETE	0.9039***	0.8882***	0.8765***	0.8404***	0.8435***	0.7241***
	(42.91)	(29.86)	(15.81)	(44.04)	(16.40)	(12.58)
lnFK	0.0028***	0.0022	0.0027*	0.0032***	0.0033**	0.0032***
	(3.00)	(1.61)	(1.77)	(3.15)	(2.11)	(3.71)
lnDK	0.0040***	0.0054**	0.0054**	0.0092***	0.0096***	0.0051**
	(2.63)	(2.08)	(1.97)	(3.45)	(3.44)	(2.24)
lnFDI	0.0122	-0.0064	-0.0059	-0.0060	-0.0021	0.0108
	(1.63)	(-0.63)	(-0.47)	(-0.92)	(-0.23)	(0.92)
lnRD	0.0072	0.0473*	0.0532*	0.0211***	0.0295	0.0383***
	(1.35)	(1.87)	(1.75)	(3.60)	(1.60)	(3.92)
lnHC		-0.0344	-0.0396		-0.0132	-0.0108
		(-1.54)	(-1.50)		(-0.46)	(-0.80)

5.2 技术转移与高技术产业环境技术效率

续表

	系统 GMM			差分 GMM		
	1	2	3	4	5	6
lnOWS			−0.0004			0.0531***
			(−0.02)			(2.77)
C	−0.0231	−0.0185	−0.0187	−0.0200	−0.0193	−0.0155
	(−0.52)	(−0.37)	(−0.34)	(−0.49)	(−0.21)	(−0.19)
AR(1)	0.0107	0.0138	0.0117	0.0123	0.0126	0.0153
AR(2)	0.4995	0.5412	0.5452	0.5323	0.5563	0.5138
Sargan	1.0000	1.0000	1.0000	1.0000	1.0000	0.9998

注：括号内为 t 值。*、**、***分别表示在10%、5%和1%的水平上显著。

国外技术引进和国内技术转移都对环境技术效率具有显著的正向影响，两者在销售收入中的比重每增加1%，环境技术效率分别提升0.0027%和0.0054%；外商直接投资对环境技术效率的影响不显著；研发投入显著提高了产业环境技术效率，研发投入在销售收入的比重每提高1%，环境技术效率将提升0.0532%；人力资本水平和所有制结构对环境技术效率的影响不显著。

国外技术引进促进了高技术产业环境技术效率提升。这可能由于高技术企业的技术水平与国外企业有较大的差距，国外成熟的技术对国内企业仍属先进技术，国内企业通过引进符合国内环保要求的国外生产设备和技术专利，在实践中逐步掌握引进设备和技术的操作方法，形成相应生产能力并积累技术经验。同时，对自主创新能力的日益重视促使高技术产业逐步提升技术专利和许可在技术引进中的比重，购买国外技术专利使企业引进前沿技术后，在一定时期内获得市场垄断权，激发企业增加研发投入和技术创新。因此，国外技术引进促使企业在学习消化过程中积累生产经验，提高了环境技术效率。

国内技术转移对技术效率也有显著的正向影响，国内企业间外部环境相似，企业在引进国内技术的过程中，易于通过学习模仿提高管理效率和积累生产经验，能够消化吸收国内引进技术，发挥引进技术的生产潜力。

外资的技术溢出效应并不显著，可能原因在于，外资高技术企业相对本土企业具有较大的技术优势，挤占了本土企业的市场份额，提升了国内企业的平均生产成本，其"市场窃取"效应超过了正向技术溢出效应。另一个原因可能在于，外资高技术企业利用中国较低的环保标准和监管漏洞，在环境保护上采取有别于本国的双重标准，对环境技术效率的溢出作用有限。

自主研发显著促进了高技术产业环境技术效率提升。自主研发增加了企业在生产过程中的技术知识积累，提高了企业对引进技术的消化吸收能力，并使企业在掌握引进技术及其包含的隐性技术的基础上改进产品和技术，在模仿创新的过程中提高了技术效率。

2. 不同时期技术转移对环境技术效率的影响差异

将 2000—2011 年分为 2000—2005 年和 2006—2011 年两个时期，采用系统 GMM 方法检验技术转移对环境技术效率的影响是否存在时期差异，所有模型的 AR(2) 检验表明差分方程的残差项不存在二阶自相关，而 Sargan 检验表明工具变量在整体上是有效的。估计结果如表 5-6 所示。

表 5-6　技术转移对环境技术效率影响的时期差异

	2000—2005			2006—2011		
	1	2	3	4	5	6
L.lnETE	0.8951***	0.8891***	0.8444***	0.7492***	0.7777***	0.7728***
	(43.53)	(36.24)	(13.15)	(19.59)	(14.56)	(13.13)
lnFK	0.0104***	0.0109***	0.0062***	−0.0028**	−0.0040**	−0.0041***
	(6.57)	(5.47)	(2.76)	(−2.34)	(−2.40)	(−3.04)
lnDK	0.0053**	0.0062***	0.0091**	0.0093**	0.0089**	0.0072**
	(2.07)	(3.04)	(2.52)	(2.39)	(2.41)	(1.99)
lnFDI	0.0260***	0.0260***	0.0698***	0.0035	−0.0044	0.0090
	(4.40)	(3.30)	(2.92)	(1.03)	(−0.83)	(1.01)

续表

	2000—2005			2006—2011		
	1	2	3	4	5	6
lnRD	-0.0169***	-0.0272	-0.0314	0.0169***	0.0364*	0.0441**
	(-3.27)	(-1.09)	(-1.01)	(3.08)	(1.68)	(2.00)
lnHC		0.0061	0.0017		-0.0154	-0.0305
		(0.20)	(0.06)		(-0.59)	(-1.28)
lnOWS			0.1637***			-0.0575***
			(3.26)			(-3.54)
C	-0.0485**	-0.0683**	0.1280***	-0.1765***	-0.1408**	-0.2627***
	(-2.08)	(-2.41)	(2.58)	(-3.87)	(-1.98)	(-3.02)
AR(1)	0.0060	0.0064	0.0085	0.0111	0.0079	0.0029
AR(2)	0.0932	0.0963	0.1363	0.5148	0.4235	0.6904
Sargan	1.0000	1.0000	1.0000	1.0000	1.0000	1.0000

注：括号内为 t 值。*、**、***分别表示在10%、5%和1%的水平上显著。

国外技术引进和外商直接投资对环境技术效率的影响存在显著的时期差异。2000—2005年，国外技术引进和FDI都对环境技术效率具有显著的正向影响，但在2006—2011年，国外技术引进与环境技术效率显著负相关，而FDI对环境技术效率的影响不再显著，原因可能在于随着本土高技术企业技术能力提高，国外对技术转移进行了更为严格的限制，引进技术的溢出效应逐渐减弱。不同时期外资溢出效应的差异表明，外资企业利用中国较低的环境标准和廉价劳动力，在环境保护上采取有别于本国的双重标准，但随着环境规制的增强，其对环境技术效率的溢出效应有限。

这两个时期，国内技术转移都对环境技术效率产生显著的正向促进作用，国内技术转移占销售收入的比重每提高1%，这两个时期环境技术效率分别提升0.0091%和0.0072%，近年来随着我国对绿色环保技术的日益重视，积极鼓励国内企业通过产学研合作实现技术转移，购买国内技术具有较好的适宜性，有利于企业消化吸收，在一定程度上提高了环境技术效率。

研发投入对环境技术效率的影响也具有显著的时期差异，在2006—2011年，研发投入显著提升了环境技术效率。在前期由于本土高技术企业技术水平有限，其研发投入通常以消化吸收国外先进技术，进而推出模仿改进产品为目标。当国内企业的模仿品投放市场后，外企又引入更先进的技术，使国内企业研发投入的成果在很大程度上被国外梯度引入的先进技术淘汰（李宾，2010），这在前期表现出国内企业研发投入耗费了经济资源，产生了技术无效率。然而，持续的研发投入增加了企业知识存量和技术水平，提高了对引进技术的消化吸收能力，在后期逐渐对环境技术效率产生了显著的正向影响。所有制结构对环境技术效率作用的变化，可能表明在缺少环境规制时，非国有企业为降低成本一般不会投资环保技术，而国有企业有着较强的污染治理能力，使得国有企业比重与环境技术效率显著正相关，但随着环境规制的增强，非国有企业为减少环境成本，更注重提升技术效率。

5.2.4 结论

本书基于2000—2011年中国省际高技术产业的面板数据，运用考虑非合意产出的SBM模型测度产业环境技术效率，并在控制研发投入、人力资本和所有制等因素的情况下利用系统GMM方法实证检验技术转移在提升产业环境技术效率中的作用，得出以下主要结论：

（1）高技术产业环境技术效率出现了下降趋势，东部地区环境技术效率远高于中西部地区；

（2）国外技术引进和FDI对环境技术效率的影响存在时期差异，两者在前期都对环境技术效率具有显著的正向溢出效应，在后期对环境技术效率都没有显著的正向影响。研发投入和所有制改革都显著促进了高技术产业环境技术效率提升。

通过引进国外技术和吸收外商直接投资发展高技术产业的做法将难以为继，有效获取国外技术引进和外商直接投资的技术溢出需要进一步调整高技术产业政策和外资政策，在推动具备竞争优势的高技术企业与跨国公司技术合作的同时，注重技术转移对生态环境的影响。在技术转移中强调技术培训和管理制度学习，使高技术产业更多依赖产品研发设计和销售网络提升效率。同时，积极推进产学研合作技术创新，强化企业与高校、科研机构的联系，可以使企业以较低的成本获得技术信息、培训技术和管理人员；而高校和科研机构也能准确了解市场需求，有助于推进技术创新和科技成果产业化。在高技术产业中推行绿色设计研发系统和建设环保技术设备的共性技术研发平台，鼓励国内企业研发生产符合环保标准的技术设备拓展国内和国际市场。政府也可以综合运用税收优惠、财政支持或政府采购等多种方式激励企业增加研发投入，同时推进所有制改革、改善企业经营环境都将对高技术产业环境技术效率提升产生积极影响。

5.3　环境规制下技术转移与高技术产业创新效率[①]

近些年来，我国高技术产业技术进步显著，但高创新投入、低创新产出仍然是高技术产业发展面临的突出问题。从微观层面看，大量缺乏创新能力的企业被锁定在低附加值、微利化的加工制造环节，不仅阻碍了产业结构升级和价值链提升，也导致了一系列环境污染问题。因而，在我国创新资源严重不足与环境规制日益严格的情况下，如何根据高技术产业发展实际调整本土技术转移政策，进而提升创新效率就显得尤为迫切。

相关研究主要集中在两个领域：一类文献偏重于对产业创新效率的测度与评价，这类文献多以区域为研究对象。王晓红和陈范红运用 HM 指数方法测度高技术产业的技术开发和成果转化阶段的创新效率。[②] Jiang 等运用 DEA 方法评价了中国 31 个省市的高技术产

---

① 彭峰，周淑贞. 环境规制下本土技术转移与我国高技术产业创新效率[J]. 科技进步与对策，2017, 34(22)：115-119.

② 王晓红，陈范红. 基于 HM 指数的中国高技术产业创新效率分析[J]. 产业经济研究，2015 (6)：91-110.

业创新效率。① Hu 等运用 SFA 方法测度了 24 个国家 1998—2005 年的研发效率。② 行业视角的文献也比较丰富。李新春等利用共同前沿生产函数比较分析高技术产业与非高技术产业创新投入中的要素效率③；李向东等运用 SFA 和 DEA 两种方法测度高技术产业细分行业的创新效率④；陈凯华等综合运用 Russell 模型和单因素效率模型测度高技术产业细分行业的技术创新效率⑤。还有一些文献把视角转向微观企业层面。Cruz-Cázares 等运用 DEA 方法测度了 1992—2005 年西班牙制造企业的技术创新效率。⑥ 赵树宽等利用 DEA 方法评价了吉林省 151 家高技术企业的创新效率。⑦ 另有一类文献实证检验了高新技术产业创新效率的影响因素。孙玮等运用 SFA 方法考察 FDI 质量特征对高技术产业创新效率的影响。⑧ Czarnitzki 和 Thorwarth 考察了基础研究对高新技术产业生产率和低

---

① Jiang L, Jiang Y, Wu Z, Xu R F. The Measurement of Innovation Efficiency of Chinese High-tech Industry Using Data Envelopment Analysis[J]. Acta Oeconomica, 2015, 65(s2): 101-113.

② Hu J L, Yang C H, Chen C P. R&D Efficiency and the National Innovation System: An International Comparison Using the Distance Function Approach [J]. Bulletin of Economic Research, 2014, 66 (1): 55-71.

③ 李新春，李胜文，张书军．高技术与非高技术产业创新的单要素效率[J]．中国工业经济，2010(5): 68-77.

④ 李向东，李南，白俊红，谢忠秋．高技术产业研发创新效率分析[J]．中国软科学，2011(2): 52-61.

⑤ 陈凯华，官建成，寇明婷．中国高技术产业"高产出、低效益"的症结与对策研究——基于技术创新效率角度的探索[J]．管理评论，2012, 24(4): 53-66.

⑥ Cruz-Cázares C, Bayona-Saez C, Garcia-Marco T. You Can't Manage Right What You Can't Measure Well: Technological Innovation Efficiency [J]. Research Policy, 2013, 42 (6-7): 1239-1250.

⑦ 赵树宽，余海晴，巩顺龙．基于 DEA 方法的吉林省高技术企业创新效率研究[J]．科研管理，2013, 34 (2): 36-43.

⑧ 孙玮，王九云，成力为．FDI 质量对高技术产业自主创新效率的溢出效应——基于企业所有制结构视角的中国数据实证研究[J]．科研管理，2011, 32 (8): 57-66.

技术产业生产率的影响差异。① Li 和 Wei 基于中国省际高新技术产业的面板数据分析技术转移和消化吸收能力对创新产出的影响。② Guan 和 Chen 运用 PLSR 方法检验制度环境对创新效率的影响。③ 戴魁早和刘友金发现要素市场扭曲对高技术产业创新效率产生了抑制效应。④ Liu 等利用中国高新技术产业的面板数据实证检验了外资竞争、本土知识水平与产业创新活动之间的关系。⑤ Zhang 证实在外资较多的省份中其高度偏态分布的外资导致了创新效率的下降。⑥

尽管对高技术产业创新效率的研究文献比较丰富，但很少有文献深入分析环境规制下本土技术转移对产业创新效率的实效。在我国高技术产业发展中，多种技术转移方式并存。早期以引进国外技术和吸收外商直接投资为主。近年来，本土技术转移已经成为促进高技术产业发展的重要途径，但现有研究很少考察环境规制下本土技术转移与创新效率间的关系；其次，本土技术转移与其他技术转移方式相互作用如何，对产业创新效率又将产生何种影响，现有文献缺乏解释。因而，本书采用 SBM-Undesirable 方法测度环境规制下中国省际高技术产业的创新效率，建立计量经济学模型比较分析

---

① Czarnitzki D, Thorwarth S. Productivity Effects of Basic Research in Low-tech and High-tech Industries [J]. Research Policy, 2012 (41)：1555-1564.

② Li W W, Wei Y R. Technology Transfer, Adaptation & Assimilation and Indigenous Invention Patent Output：Evidence from Chinese High-tech Industries [J]. Procedia Engineering, 2012(29)：1392-1398.

③ Guan J C, Chen K H. Modeling the Relative Efficiency of National Innovation Systems [J]. Research Policy, 2012, 41 (1)：102-115.

④ 戴魁早，刘友金．要素市场扭曲与创新效率——对中国高技术产业发展的经验分析[J]．经济研究，2016 (7)：72-86．

⑤ Liu X H, Hodgkinson I R, Chuang F M. Foreign Competition, Domestic Knowledge Base and Innovation Activities：Evidence from Chinese High-tech Industries [J]. Research Policy, 2014 (43)：414-422.

⑥ Zhang L. The Knowledge Spillover Effects of FDI on the Productivity and Efficiency of Research Activities in China[J]. China Economic Review, 2017, 42：1-14.

本土技术转移、国外技术引进和 FDI 在提升高技术产业创新效率中的不同角色，并进一步考察本土技术转移与其他技术转移方式的交互作用。本书研究的重点不在于分析环境规制与本土技术转移和创新效率的关系，而是为考察本土技术转移对高技术产业创新效率的影响提供一种环境视角。①

5.3.1 方法与模型

研究表明本土技术转移(DT)、国外技术引进(FT)、外商直接投资(FDI)、人力资本水平(HC)和区位因素(分别用 EAST 和 WEST 代表东部和西部地区虚拟变量②，取值 0 或 1)是创新效率的重要影响因素。③ 本书旨在考察本土技术转移对高技术产业创新效率的影响，与已有相关文献相比，本书在测度创新效率时考虑了环境污染因素。因而本书仍采用线性模型分析本土技术转移与创新效率的关系。建立如下计量模型：

$$IE_{it} = C + \beta_1 DT_{it} + \beta_2 FT_{it} + \beta_3 FDI_{it} + \beta_4 HC_{it} + \beta_5 EAST_{it} + \beta_6 WEST_{it} + \mu_i + \varepsilon_{it} \tag{1}$$

其中，t 为年份；i 为省市；IE_{it} 为创新效率变量；HC_{it} 为各省市的人力资本水平变量；DT_{it} 为本土技术转移变量；FT_{it} 为国外技术引进变量；FDI_{it} 为外商直接投资变量；β_i 为相应变量的估计系数；μ_i 为省际区位效应；ε_{it} 为随机误差项。

本书利用系统 GMM 方法来解决模型计量(1)中的内生性问题，引入因变量的滞后项，建立新的计量模型：

---

① 已有研究表明环境规制与创新效率可能存在非线性关系(李勃昕等，2013)，但本书旨在考察环境视角下本土技术转移对高技术产业创新效率的影响。

② 根据《中国高技术产业统计年鉴》地区划分：东部地区包括北京、天津、河北、辽宁、上海、江苏、浙江、福建、山东、广东和海南；中部地区包括山西、内蒙古、吉林、黑龙江、安徽、江西、河南、湖北、湖南；西部地区包括广西、重庆、四川、贵州、云南、陕西、甘肃、青海、宁夏、新疆。

③ 彭峰，李燕萍. 技术转移方式、自主研发与高技术产业技术效率的关系研究[J]. 科学学与科学技术管理，2013，34 (5)：44-52.

$$\mathrm{IE}_{it} = C + \beta_0 \mathrm{IE}_{i,\,t-1} + \beta_1 \mathrm{DT}_{it} + \beta_2 \mathrm{FT}_{it} + \beta_3 \mathrm{FDI}_{it} + \beta_4 \mathrm{HC}_{it} +$$
$$\beta_5 \mathrm{EAST}_{it} + \beta_6 \mathrm{WEST}_{it} + \mu_i + \varepsilon_{it} \qquad (2)$$

在我国高技术产业中,本土技术转移、国外技术引进和 FDI 三种技术转移方式并存,而且相互影响。考虑到这三种技术转移方式的交互作用,本书将模型设定为:

$$\mathrm{IE}_{it} = C + \beta_0 \mathrm{IE}_{i,\,t-1} + \beta_1 \mathrm{DT}_{it} + \beta_2 \mathrm{FT}_{it} + \beta_3 \mathrm{FDI}_{it} + \beta_4 \mathrm{HC}_{it} +$$
$$\beta_5 \mathrm{EAST}_{it} + \beta_6 \mathrm{WEST}_{it} + \Psi + \mu_i + \varepsilon_{it} \qquad (3)$$

其中, $\Psi = \rho_1 \mathrm{DT}_{it} \times \mathrm{FT}_{it} + \rho_2 \mathrm{FT}_{it} \times \mathrm{FDI}_{it} + \rho_3 \mathrm{FDI}_{it} \times \mathrm{DT}_{it}$, $\rho_i (i = 1, 2, 3)$ 分别表示三种技术转移方式之间的交互效应。

本书采用 SBM-Undesirable 模型测度中国省际高技术产业的创新效率,这种方法不仅考虑了非合意产出如环境污染的影响,还能有效解决投入要素的"拥挤"或"松弛"问题,因而较其他效率测度方法更为准确。

假设有 n 个决策单元,其投入、合意产出和非合意产出分别为 $x \in R^m$、$y^g \in R^{s_1}$、$y^b \in R^{s_2}$。定义矩阵 $X = [x_1, \cdots, x_n] \in R^{m \times n}$,$Y^g = [y_1^g, \cdots, y_n^g] \in R^{s_1 \times n}$,$Y^b = [y_1^b, \cdots, y_n^b] \in R^{s_2 \times n}$,$X > 0$,$Y^g > 0$,$Y^b > 0$。规模报酬不变条件下的生产可能集定义为:$P = \{(x, y^g, y^b) \mid x \geq X\lambda, y^g \leq Y^g\lambda, y^b \geq Y^b\lambda, \lambda \geq 0\}$。

其中, $\lambda \in R^n$ 为权重向量。则考虑非合意产出的 SBM-Undesirable 模型可以表示为[1]:

$$\rho^* = \min \frac{1 - \frac{1}{m} \sum_{i=1}^{m} \frac{s_i^-}{x_{i0}}}{1 + \frac{1}{s_1 + s_2} \left(\sum_{r=1}^{s_1} \frac{s_r^g}{y_{r0}^g} + \sum_{r=1}^{s_2} \frac{s_r^b}{y_{r0}^b} \right)} \qquad (4)$$

$$\text{s.t.} \quad x_0 = X\lambda + s^-,$$
$$y_0^g = Y^g\lambda - s^g,$$
$$y_0^b = Y^b\lambda + s^b$$

---

[1] Chen L, Jia G Z. Environmental Efficiency Analysis of China's Regional Industry: A Data Envelopment Analysis (DEA) Based Approach [J]. Journal of Cleaner Production, 2017, 142: 846-853.

$$s^- \geq 0,\ s^g \geq 0,\ s^b \geq 0,\ \lambda \geq 0$$

其中，s^-、s^g 和 s^b 分别为投入、合意产出和非合意产出的松弛变量，$s^- \in R^m$，$s^g \in R^{s_1}$，$s^b \in R^{s_2}$。

以新产品不变价销售收入 YNP 和发明专利数 NP 作为合意产出指标，以工业 SO_2 排放量作为非合意产出指标 SO_2。这样选取是因为 SO_2 是环境污染的主要污染物之一，具有较高的同质性。本书采用如下方法对省际高技术产业 SO_2 排放量进行近似测度。

在不同的环境规制下，各省市高技术产业单位产出的 SO_2 排放量存在差异。如果某一地区环境规制较为严格，则该地区工业行业单位产值的 SO_2 排放量较小，其高技术产业单位产值的 SO_2 排放量也较小。以 t 年 j 省市单位工业产值的 SO_2 排放量来衡量地区环境规制程度 e_{tj}，引入行业间环境技术差异系数 k_t，以 $e_{tj}k_t$ 表示其高技术产业单位产值的 SO_2 排放量。设 t 年中国高技术产业 SO_2 排放量为 SO_{2t}，j 省市高技术产业产值为 Y_{tj}，其高技术产业 SO_2 排放量为 SO_{2tj}，则：

$$SO_{2t} = \sum_{j=1}^{n} SO_{2tj} = \sum_{j=1}^{n} e_{tj}k_t Y_{tj} \tag{5}$$

投入指标包括劳动投入 FDP 和研发资本存量 RD。劳动投入 FDP 用 R&D 活动人员折合全时当量衡量。研发资本存量 RD 由永续盘存法（PIM）计算，基期研发资本存量 RD_{i0} 和 t 期研发资本存量 RD_{it} 的计算公式分别为：

$$RD_{i0} = \frac{E_{i0}}{g_i + \omega_{it}} \tag{6}$$

$$RD_{it} = E_{i,\,t-1} + RD_{i,\,t-1}(1 - \omega_{it}) \tag{7}$$

其中，E_{it} 为 R&D 支出的实际值，g_i 为 R&D 支出的增长率，ω_{it} 为 R&D 资本存量折旧率，高技术产业研发资本存量的计算方法参照文献。① 运用 DEA-Solver Pro5.0 软件计算得到其创新效率（IE_{it}）。以省际高技术产业中全时 R&D 人员与其产业就业人数的

---

① 彭峰，李燕萍. 技术转移方式、自主研发与高技术产业技术效率的关系研究[J]. 科学学与科学技术管理，2013，34（5）：44-52.

5.3 环境规制下技术转移与高技术产业创新效率

比值来测度人力资本水平 HC_{it}。对于高技术产业的本土技术转移变量 DT_{it} 和国外技术引进变量 FT_{it} 也采用永续盘存法(PIM)测度,以高技术产业细分行业实收资本中外商资本所占比重来计算 FDI_{it}。

运用我国 2000—2015 年省际高技术产业的面板数据进行实证分析,在数据收集过程中,西藏相关数据缺失较多,以大陆其他 30 个省市数据进行实证分析。这 30 个省市少量缺失数据采用线性插值法处理。需要特别指出的是,中国高技术产业 SO_2 排放量无法直接获取,但可以通过高技术产业细分行业的工业 SO_2 排放量加总计算来测度,这些行业的工业 SO_2 排放量数据来源于《中国环境统计年鉴》。各省市工业生产总值数据来源于《中国统计年鉴》,各省市工业 SO_2 排放量数据可以从《中国环境统计年鉴》中获取。其他数据根据《中国高技术产业统计年鉴》和《中国工业经济统计年鉴》相关指标进行整理。描述性统计结果如表 5-7 所示。

表 5-7 描述性统计结果

变量	定义	单位	均值	标准差	最小值	最大值
YNP	不变价新产品销售收入	亿元	460.8316	1222.6640	0.0000	12396.7700
NP	拥有发明专利数	件	1905.7330	8819.4370	1.0000	125471.0000
SO_2	高技术产业 SO_2 排放量	万吨	0.6485	2.2134	0.0021	32.7832
RD	R&D 资本存量	亿元	69.0716	183.7611	0.0024	2044.2260
FDP	R&D 活动人员折合全时当量	人年	11430.7100	26426.6200	3.9600	224334.0000
DT	本土技术转移知识存量	亿元	1.5587	2.6015	0.0001	17.8868
FT	国外技术引进知识存量	亿元	13.2326	27.6996	0.0000	162.8369

续表

变量	定义	单位	均值	标准差	最小值	最大值
FDI	外商资本占实收资本的比重	—	0.1607	0.1498	0.0000	0.6267
HC	全时 R&D 人员占就业人数比重	%	3.5641	2.5280	0.0822	19.3372
EAST	东部地区虚拟变量	—	0.3667	0.4824	0.0000	1.0000
WEST	西部地区虚拟变量	—	0.3333	0.4719	0.0000	1.0000

5.3.2 估计结果

表 5-8 给出了环境规制下本土技术转移对中国高技术产业创新效率影响的 GMM 估计结果。其中，模型 1 除了三种技术转移方式外没有考虑其他控制变量，模型 2 在控制人力资本水平的情况下考察本土技术转移对高技术产业创新效率的影响，模型 3 进一步引入区位因素作为控制变量，模型 4 在此基础上引入了三种技术转移方式的交互项深入分析本土技术转移对创新效率的影响。所有模型都通过了 AR(2)检验和 Sargan 检验。模型 1~4 对本土技术转移与高技术产业创新效率间关系的估计结果具有稳健性，而模型 4 考虑了本土技术转移与其他技术转移方式的相互作用，估计结果更为准确。

表 5-8　　**本土技术转移与高技术产业创新效率**

	模型 1	模型 2	模型 3	模型 4
L	0.5248***	0.4821***	0.4366***	0.4367***
	(223.00)	(54.99)	(128.44)	(34.80)
DT	0.0374***	0.0294***	0.0318***	0.0279***
	(63.45)	(63.60)	(20.85)	(12.98)
FT	−0.0001***	−0.0002***	−0.0005***	−0.0038***
	(−3.91)	(−9.69)	(−8.23)	(−13.98)

5.3 环境规制下技术转移与高技术产业创新效率

续表

	模型1	模型2	模型3	模型4
FDI	0.2617***	0.2447***	0.2050***	0.0873
	(22.78)	(27.01)	(14.87)	(1.02)
HC		0.0167***	0.0131***	0.0128***
		(32.43)	(10.18)	(20.04)
EAST			0.0441***	0.0142***
			(4.30)	(4.65)
WEST			0.1609***	0.0124
			(4.21)	(0.12)
DT×FT				0.0002*
				(1.93)
FT×FDI				0.0061***
				(12.51)
FDI×DT				−0.0097
				(−0.36)
AR(1)	0.0133	0.0145	0.0141	0.0139
AR(2)	0.4810	0.5557	0.5693	0.5657
Sargan	1.0000	1.0000	1.0000	1.0000

注：括号内为 t 值。***、**、*分别表示在1%、5%和10%的水平上显著。

由表5-8估计结果可以看出，本土技术转移显著促进了高技术产业创新效率的提升，对创新效率的影响系数为0.0279，积极促进本土技术转移将有助于高技术产业创新效率提升；然而，国外技术引进则存在截然不同的作用，其对我国高技术产业创新效率具有显著的负向影响，对创新效率的影响系数为−0.0038；外商直接投资提高了产业创新效率，对创新效率的影响系数为0.0873；人力资本水平和高技术产业创新效率显著正相关；东部地区虚拟变量显著为正，西部地区虚拟变量不显著，表明环境规制下东部和中西部高技术产业创新效率呈现较大的区位差异。

本土技术转移显著促进了高技术产业创新效率提升。近年来随着国内环境规制日趋严格，本土企业和研发机构逐步加大了对绿色环保技术的研发力度，高技术企业面临着日益严峻的全球市场，符合环境要求的新技术更易于被高技术企业采用；同时，我国技术市场制度的完善也为本土技术转移创造了良好的环境，因而，推进本土技术转移能够显著提升高技术产业的创新效率。

然而，与本土技术转移的作用不同，国外技术引进对中国高新技术产业创新效率有着显著的负向影响。原因可能在于：当前加工制造企业在中国高技术产业中占有较大比例，这些企业为了降低生产成本和提高投入产出效率，持续动态引入新的生产设备和工艺[①]，通过工艺升级和产品创新满足跨国公司和国际购买者需要，这种技术引进没有实现消化吸收和改进创新，并产生了对引进技术的长期依赖，因而对高技术产业创新产生了抑制作用。这种现象表明目前我国仍未形成贯通高技术产业链的协同创新体系。

外商直接投资在环境规制下对创新效率具有正向的外溢效应。跨国公司在高技术领域具有较大的技术优势，对本土高技术企业具有示范效应和竞争效应，并通过技术合作和人员交流等途径对高技术产业创新效率产生技术外溢。然而，由于外资企业在我国高技术产业中多处于低端加工制造环节，在考虑环境因素的影响后，其技术溢出效应不显著。

本土技术转移和国外技术引进交互项的估计系数显著为正，交互项对创新效率的贡献系数为 0.0002。这表明二者间存在互补效应，本土技术转移知识存量的增加，有助于获取国外技术引进中的技术溢出，提升产业创新效率；国外技术引进和 FDI 交互项的估计系数显著为正，对创新效率的贡献系数为 0.0061，外资高技术企业从母公司梯度引进先进技术，迫使国内企业提高研发强度，在一定程度上促进了产业创新。FDI 与本土技术转移存在替代效应，两者的交互项估计系数为负，对创新效率的贡献系数为 -0.0097，原

---

① 彭峰，李燕萍. 本土技术转移对高技术产业创新效率的影响[J]. 科技进步与对策，2015，32（23）：125-128.

因可能在于外资高技术企业多依赖于其母公司的技术转移，而在我国设立研发中心的外资企业比较少，因而，FDI与本土技术转移具有替代性，这种替代效应对我国高技术产业技术创新产生了抑制作用。

5.3.3 结论

本书采用SBM-Undesirable模型测度环境规制下高技术产业2000—2015年的创新效率，建立计量经济学模型分析本土技术转移与国外技术引进、FDI的相互作用及其对创新效率的影响，得出以下主要结论：

（1）本土技术转移对高技术产业创新效率有着显著的正向影响，国外技术引进阻碍了创新效率提高，FDI对创新效率具有正向外溢效应；

（2）本土技术转移与国外技术引进两者之间存在着显著的互补效应，然而，FDI与本土技术转移两者之间存在着显著的替代效应，外资企业对国外母公司的技术转移依赖，替代了本土研发与技术创新。

随着我国环境规制日趋严格，本土技术转移在高技术产业创新效率提升中的作用将更加突出。促进本土技术转移需要政府部门通过有效的机制设计来减少高新技术产业化过程中的信息不对称问题。根据不同地区高技术产业发展实际和环境规制程度，探索创建集公共性和市场性为一体的技术服务组织，为缺乏自主创新能力的高技术制造加工型企业提供所需的新技术。对于具有市场规模和技术优势的高技术研发型企业，注重提供技术服务支持使其成长为供应链主导企业，进而使其获得技术创新所需的垄断利润，依赖产品研发设计和销售网络提升创新效率。

5.4 本章小结

本书在核算中国省际高技术产业污染排放的基础上，运用方向性距离函数测度产业的环境技术效率，并构建系统框架分析开放经济条件下技术效率的影响因素。研究表明，2000—2011 年，高技术产业效率出现了下降趋势。东部地区环境技术效率有小幅下降，西部地区次之，中部地区下降最大。忽视环境污染会高估高技术产业的技术效率；国外技术引进和 FDI 都对高技术产业技术效率具有显著的正向影响，但考虑环境因素后，两者对技术效率的作用都有不同程度的减小；本土技术转移、研发投入和所有制结构对高技术产业环境技术效率的影响还具有地区差异。

运用考虑非合意产出的 SBM 模型测度 2000—2011 年中国省际高技术产业的环境技术效率，并利用系统 GMM 方法实证检验技术转移对环境技术效率的影响，研究表明：省际高技术产业环境技术效率低下，并且出现了下降趋势。国内技术转移显著促进了环境技术效率提升，国外技术引进和 FDI 的技术溢出效应在逐渐减弱，两者在前期都对环境技术效率具有显著的正向溢出效应，在后期对环境技术效率都没有显著的正向影响。因此，国际技术转移的溢出效应不应被高估，积极促进国内技术转移更有助于产业效率提升。

采用 SBM-Undesirable 模型测度环境规制下高技术产业的创新效率，建立计量经济学模型分析本土技术转移与国外技术引进、FDI 的相互作用及其对创新效率的影响。基于省际动态面板数据的系统 GMM 估计得出，本土技术转移对高技术产业创新效率有着显著的正向影响，国外技术引进阻碍了创新效率提高，FDI 对创新效率具有正向外溢效应；本土技术转移与国外技术引进两者之间存在着显著的互补效应，然而，FDI 与本土技术转移两者之间则存在着显著的替代效应，外资企业对国外母公司的技术转移依赖，替代了本土研发与技术创新。

6 高技术企业如何通过技术转移提高效率：以长飞公司为例

6.1 长飞公司从技术引进到自主创新

20世纪80年代，光纤通信技术的广泛应用为光纤光缆产品提供了广泛的市场。一些国内企业从英国SGC、Heathway和法国A.S.M.等设备生产商引进光纤预制生产设备和光纤拉丝生产线，形成了我国的光纤光缆产业。① 长飞光纤光缆有限公司成立于1988年，由原邮电部、武汉市政府和荷兰飞利浦（PHILIPS）共同出资，飞利浦股权转让后，长飞公司成为由中国华信邮电经济开发中心、荷兰德拉克通信科技公司、武汉长江通信集团股份有限公司共同经营的一家高技术企业。长飞公司始终坚持"以客户为中心，以技术为导向，以研发为后盾，不断优化产品结构，严格质量管理"，其光纤光缆产品广泛运用于电信、交通、国防、石油、化工、医疗和教育等领域，产销量连续多年位居全国首位，产品远销美国、日本等50多个国家和地区，跻身全球光纤光缆行业前三位。② 从1991年利用引进飞利浦公司的技术装备生产第一根光纤开始，经过20多年的发展，长飞公司经历了从技术引进到消化吸收再到技术创新的全部过程，不仅具备了光纤预制棒制造、拉丝、

---

① 许伟. 引进、吸收、创新——武汉长飞的三阶段技术创新路径[J]. 价值工程, 2010 (30): 212-213.

② http: //www.yofc.com.cn/brand _ detail/&FrontComContent _ list01-brand1337827233602ContId = f2f903d0-a2d0-4d06-9395-a05081af97fe&com ContentId = f2f903d0-a2d0-4d06-9395-a05081af97fe&comp _ stats = comp-FrontComContent _ list01-brand1337827233602. html。

成揽一体化规模生产能力，同时也成为光纤光缆制造装备的研发和生产基地，2013年长飞公司向印度尼西亚PT公司出口了光缆生产线。

6.1.1 技术引进

光纤预制棒是光纤光缆的上游产品，也是光纤光缆生产的关键技术，光棒制造占到光纤光缆行业利润的70%，但当时国内并没有企业掌握光棒生产技术，只能从国外进口预制棒。在长飞公司成立的前几年里，原邮政部派代表前往美国、日本、荷兰等国考察光棒生产技术，主要有OVD(棒外化学气相沉积法)、VAD(轴向化学气相沉积法)和PCVD(等离子体激活化学气相沉积法)三种工艺，分别以康宁、住友、飞利浦公司为代表。中国工程院院士赵梓森比较这三种技术指出，中国缺少OVD技术所需的氦气和燃料，住友不会对中国转移其VAD技术。飞利浦公司的PCVD光棒生产技术具有沉积效率高、工艺灵活、原材料利用充分的特点，能生产单模、多模、色散位移等多种优质光纤，适合高品质光纤的大规模工业化生产，而且技术转让和生产设备的报价相对合理。原邮电部最终选择引进荷兰飞利浦公司的PCVD工艺和生产设备，并与武汉市政府和飞利浦公司共建长飞光纤光缆有限公司。设计生产能力为年产光纤4.8万公里。1992年正式投产，第一年实际产量就达到6万公里。1993年引进长PCVD床使预制棒尺寸增加了一倍，光纤年生产能力达到15万公里。在光缆制造上，从飞利浦公司引进了松套层绞成缆技术使光缆合格率保持在98%以上，1994年光缆产量达到9000公里。①

6.1.2 消化吸收

以合资的方式引进技术为技术转移创造了良好的环境，长飞公司成立初期就与飞利浦公司签署了为期10年的"光纤技术转让合

---

① 吴志怡. 中外真诚合作，高起点发展——记武汉长飞光纤光缆有限公司[J]. 中国信息导报，1995(8)：34-35.

同"，以及"按光纤光缆转让实施光纤技术连续转让和提供支持的协议"，明确规定了长飞公司和飞利浦公司之间技术转移的方式和程序，其中也包括要求飞利浦公司返销20%的光纤产品。由于合资各方利益一致，在董事会面临重大决策时通过友好协商达成一致，并通过会前沟通解决分歧，各方实现真诚合作。10年中，长飞公司先后选派了数百名优秀员工前往飞利浦公司接受技术和管理方面的培训。飞利浦也向长飞公司派驻技术人员传授技术经验。荷兰籍光纤技术专家马泰先生作为常驻人员指导光纤生产设备的安装与调试，毫无保留地向中方员工传授技术经验，在他的帮助下，长飞公司对光纤生产的沉积和拉丝工艺进行了改进，使光纤产量和质量大幅提升。马泰先生因此获得"国家友谊奖"。

6.1.3 模仿性创新

20世纪90年代，中国电信网络建设的兴起以及运营商投资扩展型发展为光纤光缆提供了广阔的市场。与邮电部有着密切联系的长飞公司凭借其优质的产品质量和合理的价格迅速在市场中占据有利地位，公司在保证质量的前提下抓紧扩产，到2001年就完成了六期光纤扩产以及光缆扩产。规模化生产产生了规模效益，增强了企业的抗打击能力，也为企业进行模仿性创新提供了保障。

20世纪90年代末，国际电信联盟根据现代通信大容量、高速率的要求提出了非零色散位移单模光纤的ITU-TG.655标准，面对美国、日本和欧洲光纤厂商垄断我国G.655光纤市场的企图，长飞公司迅速跟进，研制出第一代G.655光纤（保实光纤），被应用于国家光缆通信干线广州至惠州段。1998年，长飞公司进一步研制出大有效面积的G.655光纤（大保实光纤），成为世界上少数几个能生产G.655光纤的厂商之一，其生产的G.655光纤在全国各地电信骨干网络建设中被大量运用，填补了国内光纤产品生产空白，为国家电信网络建设节省了大量资金，也提高了长飞光纤产品的市场知名度和客户对长飞公司的认同感。这期间公司在对引进技术消化吸收的基础上开发出拉丝长度达到230公里的光纤预制棒和大尺寸多模光纤预制棒，从而解决了光纤生产上游原材料问题。

2001年，全球经济不景气和美国网络经济泡沫的破灭导致光纤市场供过于求，国外大量光纤产品涌入中国市场，掌握了光纤预制棒生产技术的长飞公司通过继续扩产降低生产成本和应对国内市场的价格战，一方面，调整产品结构和区域分布结构保障公司的盈利能力和竞争地位，在武汉成立了射频电缆企业致力于生产移动通信产品；与德拉克公司共同投资成立了长飞光纤光缆（上海）有限公司致力于生产销售通信光缆和光器件；在江苏成立了长飞光纤光缆有限公司（江苏）为用户提供光通信接入网解决方案；此外，长飞公司还在北京、成都、广州、上海成立了分公司或代表处为用户提供技术支持。2002年，国际光纤市场供过于求，美国、日本、韩国的光纤巨头为保持竞争优势和抢占中国市场份额，纷纷推出了G.652C光纤（低水峰光纤），以和普通G.652光纤相同的价格在中国市场倾销G.652C光纤。面对市场压力，长飞公司首次运用PCVD工艺成果研制出G.652C光纤，打破了国外的市场垄断和技术封锁，使长飞公司具备了与国际光纤巨头进行竞争的技术实力。① 另一方面，创新产品和工艺满足市场需求变化，自主研发并批量生产保实低水峰光纤，批量生产色散补偿光纤和模块，这场光纤市场的"严冬"反而使长飞成长为全球第三大光纤企业和第五大光缆企业。

2005年，长飞公司的"PCVD工艺制备非零色散位移单模光纤和规模化生产的技术研究"项目获得国内光纤光缆行业迄今为止的最高奖项——国家科学技术进步二等奖，填补了国内产品空白，这一年，公司开始销售光纤预制棒产品。② 2007年，长飞公司成功推出新一代FTTH用G.657光纤和系列保偏光纤（PMF）；2008年，长飞公司研发出180毫米大尺寸低水峰RIC光纤预制棒和连续拉丝

---

① 吴正东. 越飞越高——记长飞光纤光缆有限公司[J]. 当代通信, 2005(6): 64-67.
② 陈宝亮. 长飞的突破性创新[N]. 通信产业报, 2012-11-05(11).

技术等。① 行业领先技术使其光纤生产能力从最初的年产5万芯公里提高到1500万芯公里，光缆产量从最初年产0.5万皮长公里剧增到年产30万皮长公里。跻身全球第二大光纤生产企业和第五大光缆生产企业。公司在业界影响力的提升赋予其在国际国内光纤标准制定中更大的发言权，长飞公司作为中国专家组成员每年都受邀参加在瑞士日内瓦举办的ITU-T国际会议，参与了诸如G.656光纤国际标准、《敷设单模光纤光缆测试方法》《宽带非零色散位移单模光纤特性》等ITU-T标准的制定。在国内，长飞公司承担了《接入网用弯曲损耗不敏感单模光纤特性》《自承式架空用室外微缆》等行业标准的制定。② 对引进技术的消化吸收促进了长飞公司的技术积累，逐渐形成了模仿创新能力，每当康宁、OFS等光纤巨头推出新产品时，长飞公司都能在较短时间内开发出同类产品，与康宁、OFS等竞争市场。在长飞公司成长早期，技术模仿降低了光纤产品研发风险，增强了长飞公司的生产能力，也开拓了更大的市场。

6.1.4 突破性创新

近几年来，随着国内3G网络的推广，国内光纤需求持续强劲，竞争加剧和利润下降促使光纤光缆企业实现光棒、光纤和光缆制造一体化，预制棒成为产业链竞争的主要领域。富通住友、烽火藤仓等光纤企业相续上马投产光纤预制棒。早已经掌握预制棒生产技术的长飞公司为了保持竞争优势，提出了通过突破性创新完成光纤产业从制造中心向创新基地转变。从生产制造中，从产学研合作研发中打造原始性创新团队。2009年，长飞公司自主研发的中国首批国产高速拉丝塔在用户企业正式投产，结束了国内年产光纤4500万公里但尚无1公里出自国产拉丝塔的尴尬局面。事实上，早在2002年长飞公司就制定了拉丝塔国产化战略，从公司相关部

---

① 田毅凡. 长飞二十年发展创新之路[N]. 通信产业报，2008-12-01(36).

② 田毅凡. 长飞二十年发展创新之路[N]. 通信产业报，2008-12-01(36).

门抽取年轻优秀的技术人员组成拉丝塔研发项目组，完成机械设计和控制系统的软件研发。拉丝塔在天津长飞鑫茂科技有限公司正式投入使用，为中国光纤光缆设备的国产化走出重要一步。2011年，长飞公司获得18项专利授权中有11项是发明专利。其利用PCVD工艺自主研发出G.657.A2光纤，这种与国际光纤巨头康宁同步推出的光纤能够满足接入网抗弯性能的要求，在性能上与康宁的产品相比毫不逊色。[①] 2013年，长飞公司首次向国外出口光缆设备，向印尼最大的光缆生产商PT公司出口的多套光缆生产线通过客户验收。

技术转移促使长飞公司实现了从技术引进、消化吸收、模仿性创新到突破性创新的转变，极大地促进了企业效率提升。表6-1列出了技术转移对企业效率提升的影响。

表6-1　　　　　　技术转移对企业效率的影响

年份	技术转移和技术创新重要成果
1991	光纤试生产开始（下陷型包层单模光纤和50μm多模光纤）；按单模光纤计算，光纤产能达到4800公里。
1992	全面投产，超过光纤设计能力的45%；包层沉积速率提高了10%；引进和生产62.5μm多模光纤。
1993	为满足美国市场需求，全面生产62.5μm多模光纤；获得ISO9002国际质量认证、欧洲质量网证书和中国商品进出口局的质量证书；1993年年底，一期光纤扩产开始，产能将翻三番；由于引进了长PCVD床，预制棒的长度从0.6米增加到1.1米，预制棒的尺寸增加了1倍。
1994	拉丝塔的产能提高了35%，开始生产匹配型包层单模光纤和色散位移单模光纤（G.653）；引进45μm光学包层直径概念和合成石英材料，产能提高一倍；引进了改善剥离力的新型单模光纤涂覆材料。

---

① 陈宝亮．质量：变革时代的秩序之源[N]．通信产业报，2008-12-31(41)．

续表

年份	技术转移和技术创新重要成果
1995	引进 DLPC7 涂覆材料，具有低微弯、高 n 值和优异的抗老化性能，可提高光缆的使用寿命；沉积速率从 1.1 克/分钟提高到 1.55 克/分钟；改进了拉丝工艺，减小了光纤涂层的同心度误差，优化光纤的翘曲度，从而降低了光纤接续损耗；开发拉丝长度达 110 公里的预制棒（外径 42mm、光学包层 42μm）。
1996	光纤二期扩产完成，年产能达 50 万公里；拉丝速度达 800 米/分钟；引进拉丝长度达 230 公里的预制棒（外径 60mm、光学包层 30μm）；产能又提高一倍。
1997	光纤三期扩产完成，年产能接近 100 万公里；保实光纤——第一代 G.655 光纤研制成功；PCVD 沉积速率提高到 1.75 克/分钟。
1998	光纤四期扩产完成；具有专利技术的大保实光纤（大有效面积 G.655）研制成功；开发拉丝长度达 230 公里的预制棒（外径 60mm、光学包层 30μm）。
1999	光纤五期扩产完成；开发拉丝长度达 500 公里的预制棒（外径 80mm、光学包层小于 30μm）；开发大尺寸的多模预制棒。
2000	改进拉丝工艺和设备，低偏振模色散值的光纤产量因此增加。
2001	光纤六期扩产完成，年产能超过 800×10^4 公里；研制出高阶模色散补偿光纤和适用于千兆以太网的高贝光纤（50μm 和 62.5μm）；PCVD 沉积速率提高到 2.5 克/分钟；拉丝速度提高到 1000 米/分钟；1310/1550nm 波长的衰减水平达到 0.328/0.187dB/km；断纤率降到 15 次/1000 公里，可提高光缆的产出和寿命。
2002	研制出色散补偿模块和离保实光纤（G.655B）；开发出外径 90mm 和 100mm 的预制棒，拉丝长度达 800 公里；研制出 100/140μm 多模光纤；研制出适用于万兆以太网的超贝光纤；开发出更大尺寸的多模预制棒；拉丝速度提高到 1200 米/分；研制出负色散 G.655 光纤；开发成功 PCVD+OVD 工艺。
2003	光纤七期扩产完成，产能达到 1500 万公里；开发出低水峰全贝光纤、可外销实心预制棒和外径 120mm 的预制棒（拉丝长度为 1000 公里）；即将推出 G.656 光纤（SCL 波段光纤）；引进 DLPC9 涂覆材料。

续表

年份	技术转移和技术创新重要成果
2004	成为全球第三大光纤生产企业和第五大光缆生产企业。
2005	PCVD 工艺制备非零色散位移单模光纤和规模化生产技术研究获国家科学技术进步二等奖。开始光纤预制棒产品销售,光纤产销量突破 1 千万公里,国内市场占有率超过 40%。
2006	被评为"2006 中国信息产业年度十大创新企业",并荣获"中国名牌"称号。
2007	单根光纤预制棒拉丝长度突破 2000 公里;荣获"中国制造企业 500 强"称号。
2008	公司三方股东在武汉续签新一轮 20 年合资协议。
2009	完成光纤第 8 期扩产并启动第 9 期扩产;投资组建长飞鑫茂光缆有限公司,并成功收购深圳特发信息光纤公司部分股权;推出并完善了 G.657.A1/A2/B2 全系列光纤产品。
2010	获得由德国 DEKRA 颁发的 ISO9001:2008 版认证证书,企业质量管理体系达到世界先进水平;完成光纤第九期扩产。
2011	依托长飞公司的光纤光缆制备技术国家重点实验室(筹)正式挂牌,投资组建云晶飞公司,使长飞向全产业链运营迈出了坚实的一步。
2012	荣获"国际质量管理奖金奖"。
2013	获得印尼最大光缆厂商 Voksel 光纤订单(两次共计 46 万芯公里);光纤光缆制备技术国家重点实验室通过科技部验收;推出全新的优于 G.652.D 光纤技术规范的"全贝®+"低损耗单模光纤。作为"全贝®"低水峰 G.652.D 单模光纤的升级产品,实现了更低的衰减,光纤成缆后在 1550nm 通信窗口的衰耗值低于 0.185dB/km,可以更好地满足运营商传输网络向 100G、超 100G 长期演进的需求;向印度尼西亚 PT 公司出口了光缆生产线。

资料来源:1991—2003 的数据来源于:马泰,张穆.长飞公司光纤技术的发展[C]//第三届中国光通信技术与市场研讨会论文集.宜昌,2003—2009;2004—2013 年的数据来源于长飞公司网址:http://www.yofc.com.cn/。

6.2 案例剖析

6.2.1 有效技术知识转移的情境因素

知识具有默会性和嵌入性,默会性指知识不可编码(Kogut、Zander,1993)、不易表达(Bresman,1999)、难以传授(Kogut、Zander,1995;Lahti 等,2002)。强烈的分享意愿、互动交流、良好的组织安排以及相应的吸收能力是实现默会知识转移和共享的必要条件。嵌入性指知识嵌入人员、工具和任务及其相互作用构成的网络中(Argote、Ingram,2000),任何单一的载体(人员、工具或者任务)的流动都无法实现知识的转移。知识的这两种特性直接影响着知识转移的难易程度,有效的知识转移过程需要复制知识嵌入的载体和网络(Cummings、Teng,2003),从而构建一种类似的情境。这些情境因素包括企业战略、文化、组织结构和过程、环境、技术和运营等(徐金发等,2003)。知识转移的情境因素归结为四个维度:知识情境,接受者情境,组织比较情境和转移活动情境(Cummings、Teng,2003)。如表 6-2 所示。

表 6-2　　　　　　知识转移的情境因素

情境维度	主要指标	项　　目
知识情境	知识的默会性	不可编码(Kogut、Zander,1993), 不易表达(Bresman,1999), 难以传授(Kogut、Zander,1995;Lahti 等,2002)
	知识的嵌入性	嵌入人员、工具和任务及其构成的网络(Argote、Ingram,2000)
接受者情境	转移动机	转移动机(Goh,2002)
	知识吸收能力	知识吸收能力(Zahra、George,2002)

续表

情境维度	主要指标	项　　目
组织比较情境	知识差距	知识差距（Hamel，1991；Nonaka，1994）
	关系距离	信任与承诺(He 等，2011)， 战略相似性(Cummings，2001；Craighead 等，2009)
	制度差异	企业惯例，企业制度差异（Almeida，1996；Spencer，2000）
	地理距离	地理距离(Galbraith，1990；Night，2000)
转移活动情境	转移方式	初级转移，高级转移(关涛，2005)
	组织支持	组织设计，激励体系(Bartlett、Ghoshal，1998；Goh，2002)
	技术支撑	电子商务，信息技术应用（Kahn 等，2006；Lau 等，2009；Huang、Lin，2010）

　　Nonaka 和 Takeuchi(1995)在其 SECI 模型中提出知识转移包括社会化（socialization）、外部化（externalization）、整合化（combination）和内在化(internalization)四种模式，通过这四种模式的交互运作，实现了知识在个人之间、个人与组织之间的转移与转化，从而创造新的知识。这种知识创造、转移和转化的动态递进过程被称为知识螺旋。知识转化的四种模式分别对应初始场(origination ba)、互动场(interaction ba)、网络场(cyber ba)和练习场(exercising ba)，"场"的存在表明促进知识的转化和创新需要创造相应的组织情境(Nonaka、Takeuchi，1998)。

　　知识转移分为不同的阶段。Gilbert 和 Cordey-Hayes(1996)提出了知识转移的五阶段模型，他们认为缺少某种知识会使组织产生知识落差，继而组织会引进、转移新的知识以填补这种落差。这个知识转移过程分为知识获取、知识沟通、知识应用、知识接受和知识同化五个阶段，组织需要不断地学习才能实现预期目标。Szulanski(2000)将知识转移分为开始(initiation)、执行(implementation)、跃迁(ramp-up)和整合(integration)四个阶段,如图6-1所示。

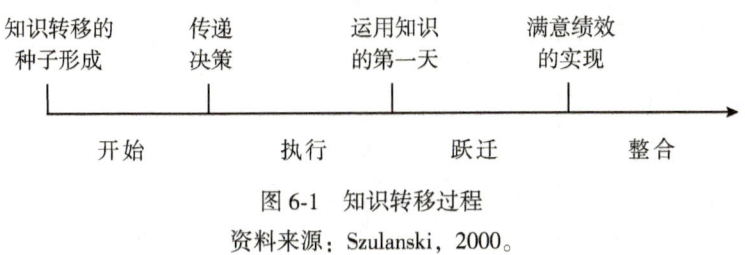

图 6-1　知识转移过程
资料来源:Szulanski,2000。

当组织发现知识差距时知识转移的种子开始萌芽,在执行阶段知识接受者与知识提供者建立适合知识转移情境的渠道,在跃迁阶段知识接受者确认并解决非预期的问题,而在整合阶段知识接受者将知识例行化。知识转移与知识情境、接受者情境、组织比较情境和转移活动情境密切相关,知识与情境的不匹配容易产生知识转移障碍,有效的知识转移需要针对知识转移的不同阶段构建相应的情境。因此,基于情境因素的企业间知识转移过程模型,如图6-2所示。

情境分析贯穿于知识转移的每个阶段,但在知识转移的各个阶段,情境分析的侧重点有所不同。企业首先通过对接受者情境和组织比较情境的分析明确知识差距和潜在的知识源,对与知识源关系距离和制度差异的分析是知识转移可行性分析的重要方面。在确定知识转移目标后,知识源根据接受者情境选择相应的知识发送,这时情境分析的重点在于转移活动情境,选取适合的知识转移方式,建立组织支持和技术支撑,从而形成有利的知识转移情境。在知识应用阶段,情境分析的主要目标在于调整接受者情境以鼓励员工学习并应用新知识。在整合阶段知识接受者需要形成相应的情境以消除新知识例行化的障碍。在这个转移过程中,接受者需要持续地学习以提高知识转移能力。知识转移的有效性评价也是知识转移过程的一个重要环节,有效性评价为降低知识转移成本和提升企业绩效提供解决方案。

知识转移是在特定情境下的动态过程,知识情境、接受者情

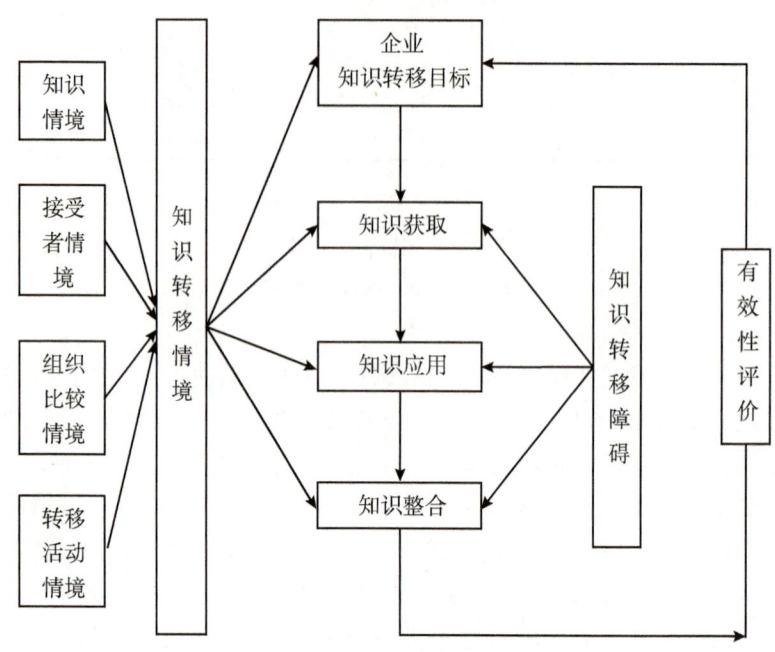

图 6-2 知识转移的情境分析模型

境、组织比较情境和转移活动情境影响到知识转移的各个环节。有效的知识转移需要企业根据所处情境制定明确的知识转移目标，寻求与知识提供者建立特定的知识转移关系和沟通机制，同时在企业内部鼓励员工持续学习和积极利用所获取的知识，以实现知识整合和例行化。在这个过程中，企业可以通过战略联盟建立长期稳定的合作关系，在企业间形成相互的信任与承诺，协商确定知识转移的利益分配和风险分担机制，这些都是有效知识转移的前提条件。接受者在知识获取阶段，不仅应重视获取适宜的技术知识，更应该注重构建知识转移的类似情境，这些可以通过与知识发送企业面对面交流、到对方企业实地学习、接受对方业务培训、共同组建研发和管理团队等方式实现。知识接受者在应用知识过程中，可以通过领导者参与、完善激励机制等方式建立学习型组织，鼓励员工运用新知识，并通过组织设计和激励机制构建促使新知识例行化的相应情境。在整个知识转移过程中，知识接受方和知识提供方建立相应情境下的沟通和协作机制是克服知识转移障碍的重要保障。

6.2.2 技术转移中的情境构建

1. 引进相应的管理制度和模式

飞利浦公司是一家著名跨国企业，有着丰富的管理经验和先进的经营模式。长飞公司在引进先进技术时，注重引进国外先进的管理制度和方法。公司采用扁平化组织结构，实行董事会领导下的总经理负责制，总经理负责公司的生产运营管理。成立了由总经理领导各部门经理参与的质量指导委员会，在生产车间以班为单位成立质量小组不断进行技术改进。长飞公司注重引进国际技术标准，建立了光纤标准资料的电子数据库收集了国际标准和先进标准的原文，员工可以通过局域网随时阅读技术标准资料，不仅提高了标准资料的利用效率，更为规范员工行为和指导生产提高了可靠保障。① 此外，长飞公司也注重引进国际质量管理程序，早在1992年长飞公司就启动了ISO9002质量认证程序，通过应用过程控制方法对关键工艺过程实行严格监控，保证产品符合工序需求，对光纤光缆产品的主要参数进行100%检验，并将所有检测数据自动采集到数据库以便于核查。1993年，公司顺利通过国际质量认证，为公司产品进入欧洲、美洲和澳洲等国外市场创造了有利条件。2002年，长飞公司通过了ISO9001：2000版国际认证，长飞公司的质量管理由以前的借鉴模式发展到自我提升模式。②

长飞公司致力于成为"亚洲和太平洋地区最主要的光纤光缆制造商和供应商之一，并在全球光纤光缆行业中处于领先地位"。激烈的市场竞争导致一些企业通过降低原材料采购标准和减少生产检

---

① 钮国辉．标准化是企业发展的有力保障——访长飞光纤光缆有限公司总经理徐锡洲[J]．中国标准化，2004(7)：4-5．

② http：//www.yofc.com.cn/brand_detail/&FrontComContent_list01-brand1337827233602ContId = 34671703-7e92-49fa-bdda-bb4c122a4702&comContentId = 34671703-7e92-49fa-bdda-bb4c122a4702&comp_stats = comp-FrontComContent_list01-brand1337827233602.html．

测环节来减少生产成本,而长飞公司通过优化企业管理结构,提高光纤预制棒产量减少成本。在研制新产品时,制定详尽的质量标准进行严格的产品测试,确保新产品符合用户需求。2006年,公司启动了"以制度为基础的程序化管理"项目,由公司的副总经理担任项目秘书组组长,部门经理作为项目组成员,对公司现有的管理流程和文件进行了全面的修订,进一步规范了公司的运营管理。①2006年,长飞公司被评为"2006年中国信息产业年度十大创新企业",并荣获"中国名牌"称号。2010年,长飞公司获得由德国DEKRA颁发的ISO9001:2008版认证证书,标志着企业质量管理体系达到世界先进水平。

2. 利用信息技术为技术转移提供支持

建立了完善的管理信息系统:(1)ERP系统。20世纪90年代,长飞公司先后引进了MAPIC系统和BPCS系统,建立了MRPII平台。2001年,长飞公司启动了企业资源计划体系,引入了ERP系统,在采购、生产和销售所有环节实施质量监控,确保产品和服务满足客户需求。(2)智能化仓储管理系统。长飞公司开发了智能化的仓储管理系统,对光纤产品的出库入库进行自动化管理,发运产品时可通过计算机程序自动选配产品和打印单据。(3)电子文件管理系统。长飞公司基于Lotus系统开发出电子文件管理系统,实施文件审批、发布、更新、备份等功能。(4)人力资源管理系统。长飞公司建立了员工招聘、培训、考核、薪酬、员工开发的数据库,对公司人力资源进行有效管理和开发。(5)制造管理信息系统。长飞公司自行开发了光纤光缆制造管理信息系统,自动采集光纤光缆产品的检测数据,识别不合格产品,打印测试报告和单据,实现了生产管理控制和产品信息的有效集成,确保了产品质量。②

---

① 刘春辉. 以优质光纤光缆产品满足市场需求——长飞公司作出庄重承诺[N]. 人民邮电, 2006-05-17(28).

② 刘春辉. 以优质光纤光缆产品满足市场需求——长飞公司作出庄重承诺[N]. 人民邮电, 2006-05-17(28).

3. 组织文化与程序化管理

长飞公司以"做一个有责任心的长飞人"作为企业核心价值观，以"守信用，重操守，但责任，不苟且"作为基本的行为准则。要求员工严格遵守操作规则，合理制订计划减少不可控因素的影响，严守职业操守，创造性完成本职工作，积极识别和预测市场需求变化。① 公司的人员招聘信息先在公司内部发布，员工可以根据自身意愿和能力竞争上岗，只有在内部招聘不到合适人才的情况下才向社会公开招聘，这种招聘制度为员工提供了公平竞争的机会和职业发展空间。重视对员工进行培训，确保大多数员工能够获得工艺技术、质量安全、管理技能、市场营销等方面的培训，为优秀员工提供到美国、荷兰等国接受先进技术和管理培训的机会。为员工购买养老保险、提供住房贷款以及丰厚的福利激励员工努力工作，根据OHSAS18001职业健康安全管理体系标准，最大限度降低员工职业病和工伤事故隐患，增强员工凝聚力。

6.2.3 积极完善产学研合作的技术创新体系

长飞公司始终把技术创新作为维持企业竞争力的重要保障，根据市场需求持续不断地推进技术革新和自主研发。长飞公司的研发起始于对引进技术的改进模仿，以项目组的形式展开研发工作。2000年公司成立了研发部，并与高校和科研院所合作研发光纤光缆新产品，逐步形成了产学研相结合的技术创新体系。与华中科技大学合作组建长飞公司企业博士后工作站。2001年年底，美国网络经济泡沫破灭导致全球电信设备需求急剧下降，光纤市场严重供过于求。在这种背景下，长飞公司一方面加大了研发投入；另一方面与高校和科研院所协同攻关，与湖北省化学研究院共同组建湖北省光通信材料工程研究中心，与武汉理工大学光纤传感中心共同组建了"国家863计划成果产业化基地"。严峻的市场形势反而使长

---

① 管理科学文摘访问团. 光谷创新之火——长飞光纤光缆有限公司徐锡洲总经理访谈[J]. 管理科学文摘，2003(5)：3-8.

飞公司相继研发出一系列更具市场竞争力的产品。包括研制出高阶模色散补偿光纤和适应于千兆以太网的高贝光纤，PCVD 沉积速率从 1997 年的 1.75 克/分钟提高到 2.5 克/分钟，拉丝速度从 1996 年的 800 米/分钟提高到 1000 米/分钟，1310/1550nm 波长的衰减水平达到 0.328/0.187dB/km，这些技术引起了飞利浦公司的兴趣，专门派专家到长飞公司学习并将这些技术反向引进到飞利浦公司。此外，长飞公司还研制出色散补偿模块和高保实光纤，适用于万兆以太网的超贝光纤，负色散 G.655 光纤，100/140μm 多模光纤，开发出外径 90mm 和 100mm 的光纤预制棒以及更大尺寸的多模预制棒，拉丝长度达到 800 公里，速度提高到 1200 米/分钟，而且成功开发出集中了 PCVD 和 OVD 两者工艺优点的 PCVD+OVD 工艺。2005 年，长飞公司完成了国家科技攻关项目"PCVD 大尺寸低水峰单模光纤预制棒制造工艺技术开发"和"全合成光纤预制棒产业化技术"，这种工艺兼具 PCVD 工艺的高性能和 OVD 工艺的低成本特点，增强了长飞光纤产品的市场竞争力。2006 年，长飞公司将研发部升级为研发中心，致力于光纤光缆工艺、产品和设备的研发，研发投入在销售收入中所占的比重提高到 5%以上。同年，长飞研发中心被科技部认定为国家企业技术研发中心。2010 年，依托长飞公司的"光纤光缆制备技术国家重点实验室"获准建设运行，实验室拥有高级专家 29 人，包括中科院院士、长江学者 5 人，获得"国家友谊奖"的外籍专家 1 人。实验室积极开展产学研合作，推动新型光纤制备技术及应用的发展和产业化，现已申请 PCT 7 项，申请专利 44 项，主持制定 CCSA 标准 3 项，主持修订 ITU-T 标准 2 项。① 与高校和科研院所合作研发，提高了知识吸收能力和技术创新能力。

---

① http://www.yofc.com.cn/shiyan_about/&FrontComContent_list01-about1341536117814ContId = ca68a5d2-10af-4dfc-925c-b469e245aeac&comContentId = ca68a5d2-10af-4dfc-925c-b469e245aeac&comp_stats = comp-FrontComContent_list01-about1341536117814.html。

6.3　讨论与启示

　　技术转移是在特定情境下的动态过程，知识情境、接受者情境、组织比较情境和转移活动情境影响到技术转移的各个环节。有效的技术转移需要企业根据所处情境制定明确的技术转移目标，寻求与技术提供者建立特定的技术转移关系和沟通机制，同时在企业内部鼓励员工持续学习和积极利用所获取的知识，以实现知识整合和例行化。在这个过程中，企业可以通过战略联盟建立长期稳定的合作关系，在技术转移各方间形成相互的信任与承诺，协商确定技术转移的利益分配和风险分担机制，这些都是有效技术转移的前提条件。接受者在技术获取阶段，不仅应重视获取适宜的技术知识，更应该注重构建技术转移的相关情境，这些可以通过与技术发送方进行面对面交流，到对方企业(机构)实地学习，接受对方业务培训，共同组建研发和管理团队等方式实现。技术接受者在应用知识过程中，可以通过领导者参与、完善激励机制等方式建立学习型组织来鼓励员工运用新知识，并通过组织设计和激励机制来构建使新知识例行化的相应情境。

7 结论与展望

7.1 结　　论

本书在统一框架下进一步探讨国外技术引进、本土技术转移、FDI 这三种技术转移方式与自主研发的相互作用及其对技术效率的作用，并探讨了吸收能力异质性对溢出效应的影响。本书另一个主要创新点是在核算中国省际高技术产业污染排放的基础上，实证检验技术转移对环境技术效率的影响。研究结果表明：

（1）国外技术引进、外商直接投资和自主研发显著促进了高技术产业技术效率提升，但本土技术转移对技术效率的影响并不显著；技术引进对自主研发产生了替代效应，但也通过技术溢出提高技术效率；FDI 和自主研发具有互补效应，对技术效率产生显著的正向影响；中国高技术产业技术效率有着显著的地区差异，东部地区技术效率远高于中西部地区，但东部地区各省之间也存在着显著差异。高技术产业技术效率有较大的提升空间。

（2）国外技术引进在短期内促进了技术进步，但从长期看其对技术进步的贡献在逐渐减弱，而本土技术转移在提升技术效率中的作用在增强；国外技术引进和本土技术转移都对研发投入产生了互补效应，前者在东部地区作用明显，后者在中西部地区作用更加显著。FDI 对技术效率产生正向溢出，但抑制了研发投入，阻碍了生产率增长，这在东部地区最为突出。

（3）省际高技术产业环境技术效率低下，并且出现了下降趋势。东部地区环境技术效率有小幅下降，西部地区次之，中部地区下降幅度最大。忽视环境污染会高估高技术产业的技术效率；国外技术引进和FDI都对高技术产业技术效率具有显著的正向影响，但考虑环境因素后，两者对技术效率的作用都有不同程度的减小；本土技术转移、研发投入和所有制结构对高技术产业环境技术效率的影响还具有地区差异。

(4) 国外技术引进和FDI的技术溢出效应在逐渐减弱，两者在前期都对环境技术效率具有显著的正向溢出效应，在后期对环境技术效率都没有显著的正向影响。因此，国际技术转移的溢出效应不应被高估，积极促进国内技术转移更有助于产业效率提升。

(5) 有效的技术转移首先要求企业构建相应的转移情境；注重全员参与的技术改进；在增加研发投入的同时，借助与高校和科研院所的研发合作来提高技术水平和吸收能力。

7.2 政策启示

7.2.1 在技术转移中实现产业效率提升

1. 在高技术产业中推行面向企业的技术资讯服务，避免企业低水平的重复技术引进

高技术产业对技术引进的需求很大，由于技术转移过程中的信息不对称等原因，企业通常会付出较高的成本，导致低水平的重复技术引进，因此，迫切需要在高技术产业中实施面向企业的技术资讯服务。在这方面，中国台湾地区IT产业集群发展中的技术竞争情报活动提供了有益的借鉴。20世纪70年代，中国台湾地区在产业和技术基础薄弱，人才和资本缺乏的情况下，能够实现IT产业跨越式发展，除了当局采取了鼓励IT产业发展的一系列优惠政策外，也与科技界在IT产业中开展技术竞争情报有着密切关系。[①] 1979年，台湾地区成立了促进IT产业发展的资讯工业策进会，重点开展产品市场预测、技术创新、主要企业发展动态以及政府产业

---

① 彭靖里，詹文男，李建平．台湾IT产业集群发展中的技术竞争情报活动及特征[J]．情报探索，2010(12)：56-59．

政策的情报收集，形成了"产业数据库系统"和"竞争分析简报数据库系统"等竞争情报服务平台。针对中小企业普遍缺乏技术人才的情况，台湾当局实施了产业技术资讯服务推广计划（ITIS），重点帮助高技术企业开展技术情报活动，到2008年，台湾当局对ITIS的投入就超过了30亿新台币。① 在台湾当局的大力支持和产业服务机构的帮助下，台湾IT企业纷纷结合自身情况开展竞争情报活动，提高技术引进消化吸收能力和自主创新能力。比如宏基公司设立了竞争情报部门，从事计算机行业的市场和产品研发情报收集与分析工作，对提高企业技术能力取得了显著成效。② 台湾地区IT产业技术竞争情报的模式的特点在于：企业在开展技术竞争情报活动时能结合IT产业由代工制造向自主设计发展的过程，从引进技术的消化吸收和"逆向工程"，发展到在日本、韩国、新加坡等国家或地区设立"情报跟踪站"收集市场和用户需求信息提高产品的设计能力，最后到对竞争对手技术发展的预测上，为企业实施技术跟随和超越战略提供决策支持服务，这种模式能够充分利用产业情报机构提供的公益性研究成果，同时由于企业技术竞争情报活动与产业情报机构的长期协作交流，能很好地解决商业秘密保护和信息服务外包之间的矛盾。③ 这为解决高技术产业中经常出现的低水平建设提供了方法和借鉴。

2. 提升企业的技术吸收能力

在高技术产业中普遍存在重技术引进轻消化吸收的倾向，吸收能力不高导致高技术产业出现"引进——落后——再引进——再落后"的怪圈（如表7-1所示）。相比之下，日本对引进技术能很好地

---

① 张锦顺，赵筱媛，郑彦宁. 台湾地区提升产业竞争力情报服务现状总结与特点分析——以ITIS计划及其参与机构为例［J］. 图书情报工作，2010，54(4)：56-60.

② 中国商业情报网. 台湾地区依靠竞争情报取得经济上的腾飞［EB/OL］.［2003-11-15］. http://www.21cnci.com.

③ 彭靖里，詹文男，李建平. 台湾IT产业集群发展中的技术竞争情报活动及特征［J］. 情报探索，2010(12)：56-59.

消化吸收、改进创新。比如，中国曾先后从英国和日本引进高压聚乙烯技术，从日本引进的技术是日本与中国同时引进的英国技术的改进产品。① 造成高技术产业技术吸收能力低下的原因主要在于：

（1）用于对引进技术的消化吸收的研发投入低；中国高技术产业消化吸收经费与技术引进经费的比例不到 0.4∶1，日本在 1990—1998 年，工业企业消化吸收经费与技术引进经费的比例就在 3∶1~4∶1。② 日本机电行业研发支出中引进费用占 16.9%，消化改造费用占 68.1%；电子工业研发支出中引进费用占 24.4%，吸收改造费用占 48.1%。③ 对引进技术的研发投入经费不足制约企业的消化吸收能力。技术引进消化吸收再创新过程中各参与主体的利益不一致。引进技术的企业通常更关注技术的生产效率和经济效益，对技术进行消化吸收的积极性不高；而对技术进行消化吸收的主体是科研机构或者科研能力较强的企业，其进行消化吸收再创新的产品，由于商业利益和竞争压力，"原装进口"产品通常比企业消化吸收改进的产品更有市场；"仿制文化"的盛行也打消了企业消化吸收改进的积极性；政府对某些设备提供税收优惠政策在一定程度上造成了对自主产品的歧视④，市场的失灵和政策的不完善抑制了企业进行技术消化吸收改进的动力。

表 7-1　中国高技术产业消化吸收经费与技术引进经费的比例

指　标	2000 年	2005 年	2007 年	2008 年	2009 年	2010 年
技术引进经费	470462.5	848183.6	1308968	842933	644240	687810
消化吸收经费	33685.2	274971.8	137407.3	150163	106224	138268

---

①　傅利平，石玉顶．中日技术引进的比较与对策分析[J]．科学管理研究，2003，21（1）：113-116．

②　梅永红．中国科技发展的几个重大关系问题[J]．求是，2001（4）：12．

③　阎莉．日本技术引进成功经验探析[J]．日本研究，2008(2)：41．

④　杨建．引进技术的消化吸收再创新中存在的问题与对策——以河南省为例[J]．学习论坛，2010，26（4）：37-41．

续表

指 标	2000 年	2005 年	2007 年	2008 年	2009 年	2010 年
消化吸收/技术引进	0.0716	0.324189	0.104974	0.178143	0.164883	0.201026

数据来源：根据《中国高技术产业统计年鉴 2011》计算。

(2) 高层次技术人才缺乏。以广东省为例，广东省在中国高技术产业格局中有着举足轻重的地位，高技术产业产值和出口额位居全国前列，但其科技人才队伍与发达国家相比仍有较大差距，2006 年每万名劳动力中从事 R&D 活动人数在广东只有 35 人，而法国和德国分别为 128 人和 118 人；企业研发人员不足，工业企业中本科及以上学历的从业人员所占比例仅为 6.6%[①]，技术开发人员特别是高技术开发人员不足严重影响着企业的技术吸收和技术创新能力。

在对符合鼓励进口目录的引进技术提供税收减免和优惠政策的同时，应对致力于技术消化吸收和研究开发的企业提供财政补助，将引进技术消化吸收再创新的产品列入政府优先采购范围，完善国内产品优惠采购制度和政府采购目录，规范技术市场秩序，保障引进技术消化吸收再创新的主体获得相应经济收益。完善产学研合作的技术转移机制，协调不同主体的利益追求，使研发、中试、产业化、市场化各参与主体分享再创新成果产业化的收益。在企业中设置培训中心和研发中心，对技术人员和管理人员进行培训。

3. 企业家培养

对不同类型的企业家培养对象采取不同的支持方式。对来自创新创业企业家的培养对象，注重为其企业发展提供资金支持，比如设立创新创业专项基金，帮助所在企业成功上市；对于来自战略企业家的培养对象，注重为其企业提供技术支持，为企业从高校科研机构获取适宜技术提供便利。通过提高政府为培养对象所在企业的

---

① 广东技术转移促进行动调研报告(2009)。

技术创新提供担保的力度，或者发展风投公司，解决企业创新融资困难。由企业领军人才培育办公室牵头成立由知名实业家、投资者、管理型学者组成的企业决策顾问委员会，打造"超级智囊团"，充分发挥高层次、多领域、跨行业的综合智力优势，为培养对象所在企业发展建言献策，打造品牌企业，帮助企业做大做强。对于实施并购的企业，除了由企业决策顾问委员会提供专业和战略支持外，政府可以在项目审批、债务处理、税收等方面为培育对象提供便利，鼓励培育对象并购其他企业；政府还可以通过向商业银行的信贷提供担保，支持培育对象所在企业发行股票、债券等为企业兼并重组融资；对有海外营业的企业，政府除了为这些具备较强竞争力的企业提供上述支持外，还可以为其信贷提供担保，支持其跨国并购。

建立科技人才需求信息库，推动企业与高科技人才的对接；设立引进高层次科技人才创新创业专项资金，解决引进的高层次人才在住房、户籍、医疗、社会保险、科研启动、投资创业、知识产权保护、子女入学、家属就业等方面的问题，吸引高层次创新创业人才到企业创业。可以通过建立与国外高校校友会、经商会等海外民间社团的经常性联系，采用"走出去，请进来"的方法，引进战略产业、支柱产业和重点项目急需的海外科技创新领军人才，处于国际国内学术前沿的学科或技术带头人；引进在世界著名跨国公司、国际组织担任高级职务的专业技术人员，在国外著名大学或科研机构担任教授或领衔研究的人员。提供项目经费和安家费一次性经费资助，优先推荐申报国家相关科技项目，优先支持相关成果转化，优先推荐申报享受政府特殊津贴专家或者其他荣誉称号，优先解决配偶及子女户口等优惠待遇和激励措施。

4. 改善企业的经营环境

在市场准入、各种优惠政策、税费负担等方面，中小企业仍然面临着不利的竞争环境，政府部门的自由裁量权过大也影响了中小企业对未来形成稳定的发展预期。因此，应将改善中小企业经营环境作为核心，继续清理和禁止各级政府对中小企业征收的不合理税费，提高民营资本的市场准入范围，降低各级政府的自由裁量权，为中小企业提供稳定的经营环境和发展预期。具体措施包括建立完善企业减负目标责任制，明确部门责任，形成党委、政府统一领导、纪检监察机关组织协调，部门各司其职、齐抓共管的领导体制和联动工作机制。各部门落实办事程序公示制、行政审批"一门办结制"、办事公开承诺服务制、咨询首问负责制、暂停服务公告制、重点项目专班负责制、特事特办制、行政过错追究制等工作制度。按照《国家发改委等十四部门关于开展治理和规范涉企收费工作的通知》，开展治理和规范涉企收费工作实施方案。对治理和规范涉企收费工作进行部署，继续清理涉企行政事业性收费，做到有依有据、透明收费。对环保、工商、质监、国土资源等部门和单位收费开展专项检查，对检查中发现的向企业乱收费行为依法进行查处，切实维护企业合法权益。

设立省级和市级企业技改投资和担保公司，由其对域内中小企业进行调查摸底，根据企业效益、抵质押物、需求程度等进行分类筛选，并纳入技术改造和技术创新项目储备备案库，以市场化运作方式选择那些有市场前景、经济效益好的项目予以支持；积极推进支柱产业和千亿产业的产业链融资，由经信委组织产业链上下游企业与金融机构对接，如定期向金融机构提供企业资金需求信息和经营信息，邀请专家对企业负责人进行财务金融知识培训等，同时促成相关企业之间形成联保、实现共赢；鼓励各级党委、政府统一领导相关部门会同金融机构走访企业，了解企业需求。

7.2.2 在技术转移中实现创新创业人才培养[1]

创新创业人才队伍建设是我国实施创新驱动发展战略的重要保障，如何培养创新创业人才不仅是政府和产业界关注的焦点，也是高等教育改革讨论的热点。英国高校在促进科技与产业融合的实践中探索出一种产学研合作教育模式，与传统的偏重理论教育的人才

---

[1] 彭峰.产学研合作教育与创新创业人才培养：以沃里克大学为例[J].高教学刊，2016(3)：25-27.

培养模式相比，这种模式将生产、教学和科研有机结合，充分发挥企业、高校和科研机构各方在人才培养中的特有优势，促使学生将理论学习与工作实践结合起来，不仅能够提升学生的实践应用能力，还能够激发学生的创新创业思维，因而被实践证明是培养创新创业人才的有效途径。作为英国产学研合作教育的杰出代表，创建于20世纪60年代的沃里克大学，在缺乏政府财政支持的情况下，坚持"学术与创业相结合"的办学理念，用50年的时间成长为世界一流大学，更为英国培养了大批创新创业人才。当前我国高校人才培养也面临着社会需求与内部供给的矛盾，沃里克大学在产学研结合中培养创新创业人才的实践模式对我国高校具有较强的借鉴意义。本书总结了英国沃里克大学在产学研合作教育中的成功经验，结合我国产学研合作培养创新人才实践中的突出问题，对我国创新创业人才培养提出了对策建议。

1. 沃里克大学的产学研合作教育实践

沃里克大学(University of Warwick)创立于1965年，校址位于英国中部工业中心地带的考文垂市。它是英国政府在第二次世界大战后为适应高等教育变革而设立的七所新大学之一，与其他六所大学(约克大学、苏塞克斯大学、兰卡斯特大学、厄塞克斯大学、东盎格里亚大学和肯特大学)一样，沃里克大学从建校时就拥有大学地位和自治权，首任校长杰克·巴特沃思(Jack Butterworth)认为学校不仅要以学术为中心，还应满足当地工商业发展需要，他积极主张加强学校与工商界和当地社区的联系，走"学术与创业相结合"的发展道路。

20世纪80年代，受经济危机的影响，执政的保守党政府(撒切尔夫人)着手改善英国的工业，推行工业私有化政策，对教育财政支出进行了大幅缩减。建校只有十几年的沃里克大学也面临着资金紧缺的严峻形势，在这种背景下，学校在一些私人机构资助下成立了由工程系教授巴塔查儒亚(Kumar Bhattacharyya)领导的沃里克制造业集团。这个集团充分发挥工程学科优势，集研究开发、成果转化和教学培训于一体。其产学研开发项目涉及汽车制造、医疗技术、数码技术、航空航天等多个领域。由于能使合作企业在产学研合作中实现共赢，集团获得了大量研发资金和创业收入，为后续高水平研发和技术转移创造了条件，这又进一步强化了集团与产业界的联系。创业带来的成效激励着学校和相关利益者，为了促进全面创业，沃里克大学与考文垂市议会、沃里克郡议会以及中西部企业集团共同出资建立了"沃里克科学园区"，这个园区旨在为科技企业孵化，特别是中小科技企业孵化提供支持平台，吸引大批从事计算机软件开发、机械制造、电器工程、生物医药、通信设备的科技企业入驻，科学园区不仅强化了沃里克大学与工商界的联系，还为学生提供了实地创新创业机会，让所有学生都受到这种创新创业氛围的熏陶和影响。①

沃里克大学商学院的发展也体现了"学术与创业相结合"的特色。商学院成立了中小企业成长、健康服务改革和地方公共管理等多个研究机构，并提供咨询和培训服务。学院注重立足市场，整合多方资源，以"学以致用"为人才培养目标，选择相应的培训模式提高员工的竞争力。培训的项目包括汽车制造、航空制造业等不同行业的管理人才。学院每年还从不同行业聘请了500多名专家一起培训企业高级管理人员。目前，沃里克大学在欧洲、新加坡、马来西亚、泰国和中国都设立了培训中心，为来自各地的不同行业高级管理人员提供培训课程。

在形成全面的创业态势后，沃里克大学开始以创业促进学科发展。学校从整体战略高度将创业所得收入按学科发展规划统一分配，利用创业能力强的院系（如工程系和商学院）所获收入补助那些不容易创业的院系（如历史系和社会学系），以实现学科的协调发展。沃里克大学凭借其完善的创新创业平台，不惜重金引进卓越学术人才和有学术潜质的学者，让学生在一流导师指导下得到最大收获。尽管沃里克大学采用企业运作方式实现了资源的有效配置，但并没有偏离以人才培养为核心的轨道，而是将创新创业精神贯穿

---

① 刘力. 产学研合作的沃里克模式和教学公司模式——英国的经验[J]. 外国教育研究, 2005, 32 (184): 39-43.

于人才培养的各个环节。①

2. 我国产学研合作培养创新创业人才面临的主要问题

我国在20世纪90年代才提出利用产学研结合培养学生创新创业能力，尽管产学研合作逐渐演变为一种国家战略，但创新创业人才培养仍处在摸索阶段，仍然存在一些突出问题，主要表现在以下几个方面：

(1) 对产学研合作教育的理解存在偏差。产学研合作教育不仅是为了提升学生的实践能力，更是为了培养学生分析解决问题的能力，使其从科技与产业融合过程中形成创新创业思维。然而大多数高校迫于就业压力，模仿职业教育的方式参与产学研合作，以学生获得职业技能为主要目标。企业参与产学研合作不是为了解决生产管理中的实际问题，而是为了配合学校将学生从非熟练工人转换为熟练工人。在这种情况下，学生所获得的只是一种例行规则和方法。由于高校和企业都没有让学生对生产过程中出现的问题进行分析和思考，因而也就无法培养学生的创新创业思维。

(2) 产学研合作教育层次不高。根据产学研主体进行划分，存在以"学研"为主的校办公司模式和以"产"为主的实践基地模式。前者是指由高校或者高校教师凭借科研成果或者专业优势自行创办公司，高校师生参与产品设计、生产管理和市场营销，校办公司不仅能为学生提供科学研究和理论实践的场所，还能使学生在专业协作中培养创新创业能力。随着校办公司的聚集，在高校周围会逐步形成科学园区。后者是高校与企业签署协议，企业为高校师生提供实践场所，这种模式多以项目协议的形式展开。校办公司模式使高校成为创新源和创新平台，在创新人才培养上更为有效。② 然而，这种模式不仅要求高校有较强的科研能力满足市场需求，有创新创

---

① 郝永林. 权变理论视角下创业型大学战略规划——以沃里克大学2015战略规划为例[J]. 北京理工大学学报(社会科学版). 2014, 16 (1): 155-160.

② 张英彦. 论高校实践教学目标[J]. 教育研究, 2006(5): 46-49.

业的制度环境,还需要足够的资金投入,因而在我国高校中并不多见。实践基地模式是我国高校产学研合作教育的主要模式,这种模式不需要高校有大量的资金投入,但在这种模式下学生的创新创业思维易受实践企业和所在行业的制约。①

(3)师资力量不能满足创新创业人才培养需要。在产学研合作教育中,学生受到高校导师和企业导师的双重指导,导师素质对学生创新能力培养有着重要影响,师资力量不能满足创新创业人才培养需要是制约我国产学研合作教育的一大突出问题。一些高校没有企业所需的科研成果,缺乏从企业引进具有实践经验和创新思维的专业人员任教的有效机制,教师很少深入企业实践学习,或者与相关行业生产服务部门进行交流沟通;② 一些企业生产工艺和管理方式落后,缺乏能指导学生实践的技术人员,合作项目对学生缺乏吸引力。这些因素都在不同程度上导致创新创业人才培养目标难以实现。

(4)产学研合作培养创新创业人才的保障体系不完善。尽管我国在多个规划纲要中提出鼓励产学研合作教育,但现有规划对创新创业人才培养缺乏针对性和可操作性。例如对接受学生实践的企业给予多大程度的税收优惠,各参与主体在产学研合作人才培养中的权利义务都缺乏政策规定。③ 此外,产学研合作教育需要较大的资金投入,目前我国的产学研合作财政投入主要集中在重大项目和前沿技术攻关,这些项目没有对创新创业人才培养作出说明。地方政府在设立用于支持区域经济社会发展的产学研合作专项基金中,也很少对产学研合作培养创新创业人才进行要求。

---

① 李宇,刘美玉.基于预孵化的产学研一体化实践教学模式创新[J].现代教育管理,2012(6):75-79.

② 邢赛鹏,陈琴弦,陶梅生.基于产学研合作教育的应用型本科"双能+双证"人才培养模式与机制[J].现代教育管理,2015(4):86-90.

③ 孙颖.从合格评估看新建院校的产学研合作教育[J].黑龙江高教研究,2014(5):29-32.

3. 如何通过产学研合作培养创新创业人才

总结沃里克大学在产学研合作培养创新创业人才上的成功经验，可以发现，在产学研结合中促进创新创业人才培养需要做到以下几点：

(1)完善创新创业人才培养体系。改变传统的"以学备用"的人才培养观念，由产学研合作各方共同制定创新创业人才培养方案。在教学中开设创新创业课程，为学生提供创业指导、创新创业案例讨论、职业生涯规划和创业素质训练，培养学生的职业规划能力。通过创新创业实践平台促进学生积极参与学科竞赛和创作发明，成立学生创业指导中心为学生创新创业提供支持。在对学生的培养中引入企业实践环节，考核的内容不仅要包括实践能力、工作态度和团队精神，还应包括学生的学习能力、创造性和分析判断能力。以企业现实生产服务需求为出发点，采取"以用促学，学用相长"的方式，激发学生解决生产问题和创新创业的兴趣，实现企业发展需求与创新创业人才培养的有机结合。

(2)满足地方产业发展需求。产学研合作教育需要以产业需求为导向，这种导向不仅表现在大学的科研以解决产业发展的实际问题和提高企业的产出水平为目标，还表现在根据产业发展需要调整学科和专业设置，为产业发展培养所需人才。[①] 科技与产业的联系在学科发展中得到强化，而完善的法律制度为研究人员与企业建立伙伴关系，以及为科技成果产业化提供激励和保障。大学的资金和生源依赖于地方经济发展，因而大学不仅要为地方经济发展开展科学研究，还要提供专业技术人员和管理培训。通过加强大学与地方产业部门的协同创新，服务地方经济发展，在满足地方产业发展需求中鼓励高校学生参与项目研究，与科学家和工程师交流合作，从

---

① 卢现祥. 美国高校产学研合作的制度创新、特色及其对我国的启示[J]. 福建论坛(人文社会科学版), 2015(5): 60-66.

而提高研究水平和获得行业工作经验。①

(3) 发挥政府主导作用。产学研合作培养创新创业人才需要政府发挥主导作用，并提供持续的财政支持。政府要为企业、高校、科研院所进行合作牵线搭桥，协调教育、科技、产业等部门的关系，推动产学研各方共同制定人才培养标准，引导中介服务机构、行业协会共同建立合作教育平台，推动项目实施和创新创业人才培养。地方政府可从产业发展出发，协调设立促进产学研合作的项目管理委员会，通过项目基金资助来促使产学研各方建立伙伴关系，从而实现创新创业人才培养。这个项目首先由具有合格导师的企业根据发展需要向项目管理委员会提出项目启动计划，企业与大学或科研机构共同制定项目申报书时应就创新创业人才培养目标做出说明，而第三方评估机构负责对项目完成效果和创新创业人才培养情况进行考核。

(4) 重视与中小企业合作。中小企业是我国产学研合作教育的重要实践基地。与大型企业相比，中小企业研发能力较弱，也缺乏必要的研发资金投入，因而其有着强烈的产学研合作意愿，迫切希望从高校和科研院所获得技术和人力资源支持。因而，高校可选择具有一定理论基础和实践能力的学生作为项目助理进驻企业，负责对项目进度进行跟踪和协调，由高校导师和企业导师共同指导项目助理进行实践学习，既能保证产学研合作项目顺利完成，又能促使学生参与项目研发和实践学习。

(5) 促进导师队伍建设。创新创业人才培养要求学生在不同领域导师的联合指导下进行学习实践，在产学研合作过程中形成创新思维和创业精神，因而指导老师不仅需要具有较高的理论素养，还需要有较强的实践能力。在人才培养过程中，要注重从企业选聘具有一定理论基础的中高级技术人员和经营管理者作为实践指导老师；还需要激励高校教师去企业挂职锻炼，参与企业项目研发来提升实践指导能力。通过产学研合作，将高校师生与企业在职人员联

---

① 武学超. 美国产学研协同创新联盟建设与经验——以 I/UCRC 模式为例[J]. 中国高教研究, 2012(4)：47-50.

系起来组成学习共同体，在"以用促学，学用相长"的互动中实现导师创新能力提升。

7.3 研究局限与展望

本书建立了高技术产业中技术转移与效率变化关系研究的系统分析框架。基于中国省际高技术产业面板数据，实证考察了技术转移对高技术产业效率的影响。高技术产业包括医药制造业、航空航天器制造业、电子及通信设备制造业、电子计算机及办公设备制造业、医疗设备及仪器仪表制造业等行业，这些行业通过技术转移和自主研发提升效率时所需考虑的技术特性不尽相同，行业政策和技术基础也存在差异，需要根据各行业的具体情况进行深入分析。

本书在核算省际高技术产业污染排放的基础上，利用方向性距离函数和 SBM 模型测度高技术产业环境技术效率。比较分析了在考虑环境因素和不考虑环境因素情况下，技术转移对产业效率的影响差异。然而，技术转移与产业效率的关系可能并非简单的线性关系，严格的环境规制也可能会阻碍产业发展，受数据资料的限制，本书没有深入探讨各省市不同的环境规制政策如何影响到技术转移方式选择和研发投入的决策，进而对产业效率产生影响，这些都将是下一步的研究重点。

参 考 文 献

[1] Acharya R C, Keller W. Technology Transfer Through Imports [J]. Canadian Journal of Economics, 2009, 42 (4): 1411-1448.

[2] Aeki R, Tauman Y. Patent Licensing with Spillovers [J]. Economic Letters, 2001, 73 (1): 125-130.

[3] Aitken B J, Harrison A E. Do Domestic Firms Benefit from Direct Foreign Investment? Evidence from Venezuela [J]. American Economic Review, 2006, 89 (3): 605-661.

[4] Alvarez R, Crespi G, Ramos J. The Impact of License on a "Late Starter" LDC: Chile in the 1990s [J]. World Development, 2002, 30 (8): 1445-1460.

[5] Amiti M, Konings J. Trade Liberalization, Intermediate Inputs, and Productivity: Evidence from Indonesia [J]. American Economic Review, 2007, 97 (5): 1611-1638.

[6] Amsden A H. Asia's Next Giant: South Korea and Late Industrialization [M]. Oxford University Press, 1992.

[7] Amiti M. Location of Vertically Linked Industries: Agglomeration Versus Comparative Advantage [J]. European Economic Review, 2005, 49(4): 809-832.

[8] Andersson M, Loof H, Johansson S. Productivity and International Trade: Firm Level Evidence from a Small Open Economy [J]. Review of World Economics, 2008, 144 (4): 774-800.

[9] Arbia G, Espa G, Giuliani D, Mazzitelli A. Clusters of Firms in an Inhomogeneous Space: The High-tech Industries in Milan [J]. Economic Modelling, 2012, 29(1): 3-11.

[10] Autant-Bernard C, Guironnet J P, Massard N. Agglomeration and Social Return to R&D: Evidence from French Plant Productivity Changes [J]. International Journal of Production Economics, 2011, 132 (1): 34-42.

[11] Baldwin R, Martin P, Ottaviano G. Global Income Divergence, Trade and Industrialization: The Geography of Growth Take-off[J]. Journal of Economic Growth, 2001, 6 (1): 5-37.

[12] Barro R J, Sala-i-Martin X. Economic Growth [M]. Cambridge: MIT Press, 2003.

[13] Battese G E, Coelli T J. A Model for Technical Inefficiency Effects in a Stochastic Frontier Production Function for Panel Data [J]. Empirical Economics, 1995, 20 (2): 325-332.

[14] Behrens K, Bougna T. An Anatomy of the Geographical Concentration of Canadian Manufacturing Industries[J]. Regional Science and Urban Economics, 2015, 51: 47-69.

[15] Belussi F, Arcangeli F. A Ttypology of Networks: Flexible and Evolutionary Firms[J]. Research Policy, 1998, 4(27):415-428.

[16] Bernard A B, Jensen J B. Exceptional Exporter Performance: Cause, Effect, or Both [J]. Journal of International Economics, 1999, 47 (2): 1-25.

[17] Biesebroeck J. Exporting Raises Productivity in Sub-Saharan African Manufacturing Firms [J]. Journal of International Economics, 2005, 67 (2): 373-391.

[18] Bilgin M H, Lau C K M, Karabulut G. Technology Transfer and Enterprise Performance: A Firm-level Analysis in China [J]. Journal of Business Economics and Management, 2012, 13 (3): 489-498.

[19] Blalock G, Gertler P. Welfare Gains from Foreign Direct Investment through Technology Transfer to Local Suppliers [J]. Journal of International Economics, 2008, 74 (2): 402-421.

[20] Borensztein E, Gregorio J D, Lee J W. How does Foreign Direct

Investment Affect Economic Growth [J]. Journal of International Economics, 1998 (45): 115-135.

[21] Bottazzi L, Giovanni P. Innovation, Demand, and Knowledge Spillovers: Evidence from European Patent Data [J]. European Economic Review, 2003, 47 (4): 687-710.

[22] Bozeman B. Technology Transfer and Public Policy: A Review of Research and Theory [J]. Research Policy, 2000, 29 (4-5): 627-655.

[23] Brander J A, Spencer B J. Strategic Commitment with R&D: The Symmetric Case [J]. Bell Journal of Economics, 1983, 14 (1): 225-235.

[24] Branstetter L, Ogura Y. Is Academic Science Driving a Surge in Industrial Innovation? Evidence from Patent Citations [J]. NBER Working Paper, No. w11561, 2005.

[25] Breschi S, Malerba F, Orsenigo L. Technological Regimes and Schumpeterian Patterns of Innovation [J]. Economic Journal, 2000, 110 (463): 388-410.

[26] Brock W A, Xepapadeas A, Yannacopoulos A. Spatial Externalities and Agglomeration in a Competitive Industry [J]. Journal of Economic Dynamics & Control. 2014, 42(3): 143-174.

[27] Casanueva C, Castro I, Galan J L. Informational Networks and Innovation in Mature Industrial Clusters[J]. Journal of Business Research, 2013, 66(5): 603-613.

[28] Caselli F, Coleman W J. Cross-Country Technology Diffusion: The Case of Computers [J]. American Economic Review, 2001, 91 (2): 328-335.

[29] Cassiolato J E, Lastres H M M. Local Systems of Innovation in the Mercosur Countries [J]. Industry and Innovation, 2000, 7 (1): 33-53.

[30] Castellacci F. Innovation and the Competitiveness of Industries: Comparing the Mainstream and the Evolutionary Approaches [J].

Technological Forecasting and Social Change, 2008, 75 (7): 984-1006.

[31] Caves R. Multinational Firms, Competition and Productivity in Host Country Market [J]. Economica, 1974, 41 (162): 176-193.

[32] Cerina F, Mureddu F. Is Agglomeration Really Good for Growth? Global Efficiency, Interregional Equity and Uneven Growth [J]. Journal of Urban Economics, 2014, 84: 9-22.

[33] Cetindamar D, Phaal R, Probert D. Technology Management Activities and Tools [M]. London: Palgrave MacMillan, 2010.

[34] Chen S Y, Jefferson G H, Zhang J. Structural Change, Productivity Growth and Industrial Transformation in China [J]. China Economic Review, 2011, 22 (1): 133-150.

[35] Chung Y H, Fare R, Grosskopf S. Productivity and Undesirable Outputs: A Directional Distance Function Approach [J]. Journal of Environmental Management, 1997, 51 (3): 229-240.

[36] Clerides S K, Lach S, Tybout J R. Is Learning by Exporting Important? Micro-dynamic Evidence from Colombia, Mexico, and Morocco [J]. Quarterly Journal of Economics, 1998, 113 (3): 903-947.

[37] Coe D, Helpman E. International R&D Spillovers [J]. European Economic Review, 1995, 39 (5): 859-887.

[38] Coe D T, Helpman E, Hoffmaister A W. North-South R&D Spillovers [J]. Economic Journal, 1997, 107 (440): 134-149.

[39] Coelli T J, Rao D S P, O'Donnell C J, et al. An Introduction to Efficiency and Productivity Analysis [M]. New York: Springer-Verlag, 2005.

[40] Comin D, Hobijn B. Cross-Country Technology Adoption: Making the Theories Face the Facts [J]. Journal of Monetary Economics, 2004, 51 (1): 38-83.

[41] Comin D, Hobijn B. Lobbies and Technology Diffusion [J]. Review of Economics and Statistics, 2009, 91 (2): 229-244.

[42] Comin D, Hobijn B. The Intensive Margin of Technology Adoption [J]. Harvard Business School Working Papers, No.11-26, 2010.

[43] Comin D, Hobijn B. An Exploration of Technology Diffusion [J]. American Economic Review, 2010, 100 (5): 2031-2059.

[44] Comin D, Hobijn B, Rovito E. A New Approach to Measuring Technology with an Application to the Shape of the Diffusion Curves [J]. The Journal of Technology Transfer, 2008, 33 (2): 187-207.

[45] Connolly M. The Dual Nature of Trade: Measuring Its Impact on Imitation and Growth [J]. Journal of Development Economics, 2003, 72 (1): 31-35.

[46] Cooper W W, Seiford L M, Tone K. Data Envelopment Analysis: A Comprehensive Text with Models, Applications, References and Dea-solver Software [M]. Springer-Verlag New York Inc. 2nd ed. 2007.

[47] Crespo J, Martin C, Velazquez F J. International Technology Diffusion through Imports and Its Impact on Economic Growth [J]. European Economy Group Working Papers, No.12, 2002.

[48] De Loecker J. Do Exports Generate Higher Productivity? Evidence from Slovenia [J]. Journal of International Economics, 2007, 73 (1): 69-98.

[49] Diggle P J, Chetwynd A G. Second-order Analysis of Spatial Clustering for Inhomogeneous Populations [J]. Biometrics, 1991, 47 (3): 1155-1163.

[50] Dovis M, Milgram-Baleix J. Trade, Tariffs and Total Factor Productivity: The Case of Spanish Firms [J]. World Economy, 2009, 32 (4): 575-605.

[51] Dubey P, Wu C W. When Less Competition Induces More Product Innovation [J]. Economics Letters, 2002, 74 (3): 309-312.

[52] Duranton G, Puga D. Micro-foundations of Urban Agglomeration Economies [J]. NBER Working Paper, No. 9931, 2003.

[53] Duranton G, Overman H G. Testing for Localization Using Micro-Geographic [J]. Review of Economic Studies, 2005, 72 (4): 1077-1106.

[54] Eaton J, Kortum S. Trade in Capital Goods [J]. European Economic Review, 2001, 45 (7): 1195-1235.

[55] Elkan R V. Catching Up and Slowing Down: Learning and Growth Pattens in an Open Economy [J]. Journal of International Economics, 1996, (41): 95-111.

[56] Ellison G, Glaeser E L. Geographic Concentration in U. S. Manufacturing Industries: A Dartboard Approach [J]. The Journal of Political Economy, 1997, 105 (5): 889-927.

[57] Engel D, Procher V. Export, FDI and Firm Productivity [J]. Applied Economics, 2012, 44 (15): 1931-1940.

[58] Engers M, Mitchell S K. R&D Policy with Layers of Economic Integration [J]. European Economic Review, 2006, 50 (7): 1791-1815.

[59] Fagerberg J. Technological Progress, Structural Change and Productivity Growth: A Comparative Study [J]. Structural Change and Economic Dynamics, 2000, 11 (4): 393-411.

[60] Falck O, Heblich S. Kipar S. Industrial Innovation: Direct Evidence from a Cluster-Oriented Policy [J]. Regional Science and Urban Economics, 2010, 40 (6): 574-582.

[61] Fare R, Grosskopf S, Norris M, et al. Productivity Growth, Technical Progress, and Efficiency Change in Industrialized Countries [J]. American Economic Review, 1994, 84 (1): 66-83.

[62] Fauli-Oller R, Sandonis J. Welfare Reducing Licensing [J]. Games and Economic Behavior, 2002, 41 (2): 192-205.

[63] Fenge R, Ehrich M V, Wrede M. Public Input Competition and Agglomeration [J]. Regional Science and Urban Economics, 2009, 39(5):621-631.

[64] Findlay R. Relative Backwardness, Direct Foreign Investment, and the Transfer of Technology: A Simple Dynamic Model [J]. Quarterly Journal of Economics, 1978, 92 (1): 1-16.

[65] Forslid R, Wooton I. Comparative Advantage and the Location of Production[J]. Review of International Economics, 2003, 11(4): 588-603.

[66] Freeman C. Technology and Economic Performance: Lessons from Japan [M]. London: Pinter Publishers, 1987.

[67] Fu X L. Foreign Direct Investment and Managerial Knowledge Spillovers through the Diffusion of Management Practices [J]. Journal of Management Studies, 2012, 49 (5): 970-999.

[68] Fujita M. Towards the New Economic Geography in the Brain Power Society [J]. Regional Science and Urban Economics, 2007, 37(4):482-490.

[69] Fujita M, Mori T. Frontiers of the New Economic Geography [J]. Papers in Regional Science, 2005, 84 (3): 377-405.

[70] Gerschenkron A. Economic Backwardness in Historical Perspective [M]. Cambridge, MA: Harvard University Press, 1962.

[71] Gilchrist S, Williams J. Transition Dynamics in Vintage Capital Models: Explaining the Postwar Catch-up of Germany and Japan [J]. NBER Working Paper, No. 10732, 2004.

[72] Girma S, Greenaway D, Wakelin K. Who Benefits from Foreign Direct Investment in the UK [J]. Scottish Journal of Political Economy, 2001, 48(2): 119-133.

[73] Glass A J, Saggi K. Licensing Versus Direct Investment: Implication for Economic Growth [J]. Journal of International Economics, 2002, 56 (1): 131-153.

[74] Glass A J, Saggi K. Exporting Versus Direct Investment under Local Sourcing [J]. Review of World Economics, 2005, 141 (4): 627-647.

[75] Globerman S. Foreign Direct Investment and "Spillover" Efficiency

Benefits in Canadian Manufacturing Industries [J]. Canadian Journal of Economics, 1979, 12 (1): 42-56.

[76] Gorg H, Strobl E. Spillovers from Foreign Firms through Worker Mobility: An Empirical Investigation [J]. Scandinavian Journal of Economics, 2005, 107 (4): 693-709.

[77] Graham S J H, Higgins M J. The Impact of Patenting on New Product Introductions in the Pharmaceutical Industry [J]. MPRA Paper, No. 4574, 2007.

[78] Haddad M, Harrison A. Are There Positive Spillovers from Direct Foreign Investment? Evidence from Panel Data for Morocco [J]. Journal of Development Economics, 1993, 42 (1):51-74.

[79] Hanna K, Harri H, Jukka R. Analysis of Technology Management Functions in Finnish High Tech Companies [J]. The Open Management Journal, 2009, (2): 1-10.

[80] Harmse C, Abuka C. The Links between Trade Policy and Total Factor Productivity in South Africa's Manufacturing Sector [J]. South African Journal of Economics, 2005, 73 (3): 389-405.

[81] Haskel J, Pereira S, Slaughter M. Does Inward Foreign Direct Investment Boost the Productivity of Domestic Firms [J]. Review of Economics and Statistics, 2007, 89 (3): 482-496.

[82] Hayato K.The Importance of Government Commitment in Attracting Firms: A Dynamic Analysis of Tax Competition in an Agglomeration Economy[J]. European Economic Review, 2015,74: 57-78.

[83] He C F, Ye X Y, Wang J S. Industrial Agglomeration and Exporting in China: What is the Link? [J] Regional Science Policy & Practice,2012, 4 (3): 317-333.

[84] He C F,Wei Y H, Xie X Z. Globalization,Institutional Change and Industrial Location: Economic Transition and Industrial Concentration in China[J]. Regional Studies,2008, 42(7): 923-945.

[85] Hu C, Xu Z Y, Yashiro N. Agglomeration and Productivity in China: Firm Level Evidence[J]. China Economic Review, 2015,

33: 50-66.

[86] Hollenstein H, Woerter M. Inter- and Intra-firm Diffusion of Technology: The Example of E-commerce: An Analysis Based on Swiss Firm-level Data [J]. Research Policy, 2008, 37 (3): 545-564.

[87] Holmes T J, Schmitz J A. A Gain from Trade: From Unproductive to Productive Entrepreneurship [J]. Journal of Monetary Economics, 2001, 47 (2): 417-446.

[88] Hsiao B, Chern C C, Yu M M. Measuring the Relative Efficiency of IC Design Firms Using the Directional Distance Function and a Meta-frontier Approach [J]. Decision Support Systems, 2012, 53 (4): 881-891.

[89] Hu A G Z, Jefferson G H, Qian J C. R&D and Technology Transfer: Firm-level Evidence from Chinese Industry [J]. Review of Economics and Statistics, 2005, 87 (4): 780-786.

[90] Javorcik B, Spaatareanu M. Tough Love: Do Czech Suppliers Learn from Their Relationships with Multinationals [J]. LICOS Discussion Papers, No. 24909, 2009.

[91] Javorcik B. Does Foreign Direct Investment Increase the Productivity of Domestic Firms? In Search of Spillovers Through Backward Linkages [J]. American Economic Review 2004, 94 (3): 605-627.

[92] Kabiraj T, Yang C L. Licensing vs. Innovation Incentives under Uncertain Government Policies [J]. International Review of Economics & Finance, 2001, 10 (3): 247-261.

[93] Kamien M I, Schwartz N L. Market Structure and Innovation: A Survey [J]. Journal of Economic Literature, 1975, 13 (1): 1-37.

[94] Kaplan S, Tripsas M. Thinking about Technology: Applying a Cognitive Lens to Technical Change [J]. Research Policy, 2008, 37 (5): 790-805.

[95] Ke T Y, Hu J L, Li Y, et al. Shadow Prices of SO2 Abatements

for Regions in China [J]. Agricultural and Resources Economics, 2008, 5(2): 59-78.
[96] Keller W. The Geography and Channels of Diffusion at the World's Technology Frontier [J]. NBER Working Paper, No. 8150, 2001.
[97] Keller W. Geographic Localization of International Technology Diffusion [J]. American Economic Review, 2002, 92 (1): 120-142.
[98] Keller W. International Technology Diffusion [J]. Journal of Economic Literature, 2004, 42 (3): 752-782.
[99] Keller W. International Trade, Foreign Direct Investment, and Technology Spillovers [J]. NBER Working Papers, No. 15442, 2009.
[100] Keller W, Yeaple S. Multinational Enterprises, International Trade, and Productivity Growth: Firm-level Evidence from the United States [J]. Review of Economics and Statistics, 2009, 91 (4): 821-831.
[101] Keller W. International Technology Diffusion [J]. Journal of Economic Literature, 2004, 42 (3): 752-782.
[102] Kim L. Imitation to Innovation: The Dynamics of Korea's Technological Learning [M]. Harvard Business School Press, 1997.
[103] Kim S. Expansion of Markets and the Geographic Distribution of Economic Activities: The Trends in U. S. Regional Manufacturing Structure, 1860-1987 [J]. The Quarterly Journal of Economics, 1995, 110 (4): 881-908.
[104] Kinoshita Y. R&D and Technology Spillovers via FDI: Innovation and Absorptive Capacity [J]. William Davidson Institute Working Paper, No. 349, 2000.
[105] Kokko A. Technology, Market Characteristics, and Spillovers [J]. Journal of Development Economics, 1994, 43 (2): 279-293.
[106] Konings J. The Effects of Foreign Direct Investment on Domestic

Firms: Evidence from Firm Level Panel Data in Emerging Economies [J]. Economics of Transitio, 2001, 9 (3): 619-633.

[107] Kowol U, Kuppers U. Innovation Networks: A New Approach to Innovation Dynamics' in van Geenhuizen [M]//Gibson D V, Heitor M V (eds.). Regional Development and Conditions For Innovation in the Network Society. Purdue: Purdue University Press, 2003: 123-131.

[108] Kruger J J. Productivity Dynamics and Structural Change in the US Manufacturing Sector [J]. Industrial and Corporate Change, 2008, 17 (4): 875-902.

[109] Krugman P. Increasing Returns and Economic Geography [J]. Journal of Political Economy, 1991, 99(3): 483-499.

[110] Kyriakopoulou E. Xepapadeas A. Environmental Policy, First Nature Advantage and the Emergence of Economic Clusters[J]. Regional Science and Urban Economics, 2013, 43(1):101-116.

[111] Lai Y L, Hsu M S, Lin F J, et al.The Effects of Industry Cluster Knowledge Management on Innovation Performance[J]. Journal of Business Research, 2014, 67(5), 734-739.

[112] Lall S. Technological Capabilities and Industrialization [J]. World Development, 1992, 20 (2): 165-186.

[113] Lee K, Lim C. Technological Regimes, Catching-up and Leapfrogging: Findings from the Korean Industries [J]. Research Policy,2001, 30 (3): 459-483.

[114] Levy M. Modernization and the Structure of Societies: A Setting for International Affairs [M]. Princeton, NJ: Princeton University Press, 1966.

[115] Lhuillery S. Absorptive Capacity, Efficiency Effect and Competitors' Spillovers [J]. Journal of Evolutionary Economics, 2011, 21 (4): 649-663.

[116] Libaers D, Meyer M. Highly Innovative Small Technology Firms, Industrial Clusters and Firm Internationalization[J]. Research

Policy, 2011, 40 (10): 1426-1437.

[117] Liu C H. The Effects of Innovation Alliance on Network Structure and Density of Cluster [J]. Expert Systems with Applications, 2011, 38 (1): 299-305.

[118] Loof H, Andersson M. Imports, Productivity and Origin Markets: The Role of Knowledge-intensive Economies [J]. World Economy, 2010, 33 (3): 458-481.

[119] Long N V, Soubeyran A. Cost Heterogeneity, Industry Concentration and Strategic Trade Policies [J]. Journal of International Economics, 1997, 43 (1):207-220.

[120] Lundvall B A. National Systems of Innovation: Towards a Theory of Innovation and Interactive Learning [M]. London: Pinter Publishers, 1992.

[121] MacGarvie M. Do Firms Learn from International Trade [J]. Review of Economics and Statistics, 2006, 88 (1): 46-60.

[122] Mansfield E. Technical Change and the Rate of Imitation [J]. Econometrica, 1961, 29(4): 741-766.

[123] Marcon E, Puech F. Measures of the Geographic Concentration of Industries: Improving Distance-based Methods [J]. Journal of Economic Geography, 2010, 10 (5): 745-762.

[124] Marcon E, Puech F. Evaluating the Geographic Concentration of Industries Using Distance-based Methods[J]. Journal of Economic Geography, 2003, 3 (4): 409-428.

[125] Melitz M J. The Impact of Trade on Intra-industry Reallocations and Aggregate Industry Productivity [J]. Econometrica, 2003, 71 (6): 1695-1725.

[126] Mendi P. Trade in Disembodied Technology and Total Factor Productivity in OECD Countries [J]. Research Policy, 2007, 36 (1):121-133.

[127] Moser P. How do Patent Laws Influence Innovation? Evidence from Nineteenth-century World's Fairs [J]. The American

Economic Review, 2005, 95 (4): 1214-1236.

[128] Muniagurria M E, Singh N. Foreign Technology, Spillovers, and R&D Policy [J]. International Economic Review, 1997, 38 (2): 405-430.

[129] Murakami Y. Are Multinational Enterprises More Productive: A Test of the Selection Hypothesis [J]. Journal of Asian Economics, 2005, 16 (2): 327-339.

[130] Murray F, Stern S. Do Formal Intellectual Property Rights Hinder the Free Flow of Scientific Knowledge? An Empirical Test of the Anti-commons Hypothesis [J]. Journal of Economic Behavior and Organization, 2007, 63 (4): 648-687.

[131] Myerson R. Effectiveness of Electoral Systems for Reducing Government Corruption: A Game Theoretic Analysis [J]. Games and Economic Behavior, 2003, 5 (1): 118-132.

[132] Nawaz S. Project Evaluation Framework for Industrial Technology Capability Enhancement [J]. Technology Analysis & Strategic Management, 1994, 6(3): 92-93.

[133] Nelson A J. Measuring Knowledge Spillovers: What Patents, Licenses and Publications Reveal about Innovation Diffusion [J]. Research Policy, 2009, 38 (6): 994-1005.

[134] Nelson R R. National Innovation Systems: A Comparative Analysis [M]. Oxford: Oxford University Press, 1993.

[135] Nelson R, Winter S. An Evolutionary Theory of Economic Change [M]. Cambridge: Harvard University Press, 1982: 101-111.

[136] Nill J. Diffusion as Time-dependent Result of Technological Evolution, Competition, and Policies: The Case of Cleaner Iron and Steel Technologies [J]. Journal of Cleaner Production, 2008, 16 (1): 58-66.

[137] OECD. The Knowledge-Based Economy [R]. Paris: OECD, 1996.

[138] Ortega-Argiles R, Potters L, Vivarelli M. R&D and Productivity:

Testing Sectoral Peculiarities Using Micro Data [J]. Empirical Economics, 2011, 41 (3): 817-839.

[139] Paija L. ICT Cluster-the Engine of Knowledge-Driven Growth in Finland, Working Paper to be Presented in the OECD Cluster Focus Group Workshop[J]. New York: Harper Collins, 2000.

[140] Palivos T, Wang P. Spatial Agglomeration and Endogenous Growth[J]. Regional Science and Urban Economics, 1996, 26 (6): 645-669.

[141] Parameswaran M. International Trade, R&D Spillovers and Productivity: Evidence from Indian Manufacturing Industry [J]. Journal of Development Studies, 2009, 45 (8): 1249-1266.

[142] Park K H, Lee K. Linking the Technological Regime to the Technological Catch-up: Analyzing Korea and Taiwan Using the US Patent Data [J]. Industrial and Corporate Change, 2006, 15 (4), 715-753.

[143] Park S O, Markusen A. Generalizing New Industrial Districts: A Theoretical Agenda and an Application from a Non-Western Economy [J]. Environment and Planning A, 1995, 27 (1): 81-104.

[144] Patrick C. Import Price Pressure on Firm Productivity and Employment: The Case of US Textiles [J]. Center for Economic Studies, US Bureau of the Census Working Paper, No. CES-WP-06-09, 2006.

[145] Pavcnik N. Trade Liberalization, Exit, and Productivity Improvements: Evidence from Chilean Plants [J]. Review of Economic Studies, 2002, 69 (1): 245-276.

[146] Poole J P. Knowledge Transfers from Multinational to Domestic Firms: Evidence from Worker Mobility [J]. Working Paper, University of California at Santa Cruz, 2009.

[147] Porter M E. The Competitive Advantage of Nations [M]. New York: Macmillan, 1990.

[148] Posner M V. International Trade and Technical Change [J]. Oxford Economic Papers, New Series. 1961, 13 (3), 323-341.

[149] Qiu L D, Tao Z G. Policy on International R&D Cooperation: Subsidy or Tax [J]. European Economic Review, 1998, 42 (9): 1727-1750.

[150] Rauscher M. Concentration, Separation and Dispersion: Economic Geography and the Environment [J]. Thünen-Series of Applied Economic Theory, Working Paper No.109, 2009.

[151] Roveda C, Vecchiato R. Foresight and Innovation in the Context of Industrial Clusters: The Case of Some Ltalian Districts [J]. Technological Forecasting and Social Change, 2008, 75 (6): 817-833.

[152] Scherer F M. New Perspectives on Economic Growth and Technological Innovation [M]. Brookings Institution Press, 1999.

[153] Scott A J. The Collective Order of Flexible Production Agglomerations: Lessons for Local Economic Development Policy and Strategic Choice [J]. Economic Geography, 1992, 68 (3): 219-233.

[154] Sen D, Tauman Y. General Licensing Schemes for a Cost-reducing Innovation [J]. Games and Economic Behavior, 2007, 59 (1): 163-186.

[155] Silva D G D, McComb R P. Geographic Concentration and High-tech Firm Survival [J]. Regional Science and Urban Economics, 2012, 42(4): 691-701.

[156] Sood A, Tellis G J. Technological Evolution and Radical Innovation [J]. Journal of Marketing, 2005, 69 (3):152-168.

[157] Strobl E, Walsh F. Efficiency Wages and Effort: Are Hard Jobs Better [J]. IZA Discussion Papers, No.661, 2002.

[158] Tallman S, Jenkins M, Henry N, Pinch S. Knowledge, Cluster, and Competitive Advantage [J]. Academy of Management Review, 2004, 29 (2): 258-271.

[159] Taylor M, Taylor A. The Technology Life Cycle: Conceptualization and Managerial Implications [J]. International Journal of Production Economics, 2012, 140 (1):541-553.

[160] Teixeira A A C, Fortuna N. Human Capital, R&D, Trade, and Long-run Productivity. Testing the Technological Absorption Hypothesis for the Portuguese Economy, 1960-2001 [J]. Research Policy, 2010 (39): 335-350.

[161] Tokunaga S, Kageyama M, Akune Y, Nakamura R. Empirical Analysis of Agglomeration Economies in Japanese Assembly-type Manufacturing Industry for 1985-2000: Using a Flexible Translog Production Function [J]. Review of Urban & Regional Development Studies. 2014, 26(1): 57-79.

[162] Trefler D. The Case of the Missing Trade and Other Mysteries [J]. The American Economic Review, 1995, 85 (5): 1029-1046.

[163] Udo-Ernst H. Innovation Quality: A Conceptual Framework [J]. International Journal of Production Economics, 2002, 80 (1): 31-37

[164] Utar H. Learning by Exporting through Access to Foreign Technical Service Markets [J]. University of Colorado, Working Paper, 2009.

[165] Venables A J. Equilibrium Locations of Vertically Linked Industries [J]. International Economic Review, 1996, 37 (2): 341-359.

[166] Wagner J. Exports and Productivity: A Survey of the Evidence from Firm-level Data [J]. World Economy, 2007, 30 (1): 60-82.

[167] Wang L, Madhok A, Xiao L S. Agglomeration and Clustering over the Industry Life Cycle: Toward a Dynamic Model of Geographic Concentration [J]. Strategic Management Journal, 2014, 35 (7): 995-1012.

[168] Wang L, Szirmai A. Comparative Analysis of Capital Productivity in China's High-tech Industries [J]. China & World Economy, 2005, 13 (2): 93-105.

[169] Wätzold F, Drechsler M. Agglomeration Payment, Agglomeration Bonus or Homogeneous Payment? [J]. Resource and Energy Economics, 2014, 37: 85-101.

[170] Weerawardena J, O'Cass A, Julian C. Does Industry Matter? Examining the Role of Industry Structure and Organizational Learning in Innovation and Brand Performance [J]. Journal of Business Research, 2006, 59 (1): 37-45.

[171] Widodo W, Salim R, Bloch H. Agglomeration Economies and Productivity Growth in Manufacturing Industry: Empirical Evidence from Indonesia [J]. Economic Record. 2014, 90: 41-58.

[172] Xu B. Multinational Enterprises, Technology Diffusion, and Host Country Productivity Growth [J]. Journal of Development Economics, 2000, 62 (2): 477-493.

[173] Xu B, Wang J M. Capital Goods Trade and R&D Spillovers in the OECD [J]. Canadian Journal of Economics, 1999, 32 (5): 1258-1274.

[174] Yang C H, Chen Y H. R&D, Productivity, and Exports: Plant-level Evidence from Indonesia [J]. Economic Modelling, 2012, 29 (2): 208-216.

[175] Yang C H, Lin H L, Li H Y. Influences of Production and R&D Agglomeration on Productivity: Evidence from Chinese Electronics Firms [J]. China Economic Review, 2013, 27: 162-178.

[176] Zhang C H, Liu H Y, Bressers H T A, et al. Productivity Growth and Environmental Regulations-Accounting for Undesirable Outputs: Analysis of China's Thirty Provincial Regions Using the Malmquist-Luenberger Index [J]. Ecological Economics, 2011, 70 (12): 2369-2379.

[177] Zhang P, He C F, Sun Y F. Agglomeration Economies and Firm R&D Efforts: An Analysis of China's Electronics and Telecommunications Industries[J]. Annals of Regional Science, 2014, 53 (3): 671-701.

[178] Zhang R, Sun K, Delgado M S, et al. Productivity in China's High Technology Industry: Regional Heterogeneity and R&D [J]. Technological Forecasting and Social Change, 2012, 79 (1): 127-141.

[179] 陈爱贞,刘志彪,吴福象. 下游动态技术引进对装备制造业升级的市场约束——基于我国纺织缝制装备制造业的实证研究[J]. 管理世界,2008(2):72-81.

[180] 陈建军. 长江三角洲地区产业结构与空间结构的演变[J]. 浙江大学学报(人文社会科学版),2007,37(2):88-98.

[181] 陈建军,胡晨光. 产业集聚的集聚效应——以长江三角洲次区域为例的理论和实证分析[J]. 管理世界,2008(6):68-83.

[182] 陈杰. 日本经济增长过程中的技术创新体系研究[D]. 上海:复旦大学,2004.

[183] 陈琳,罗长远. FDI的前后向关联和中国制造业企业生产率的提升——基于地理距离的研究[J]. 世界经济研究,2011(2):48-53.

[184] 陈劲,梁靓,吴航. 开放式创新背景下产业集聚与创新绩效关系研究——以中国高技术产业为例[J]. 科学学研究,2013,31(4):623-629.

[185] 陈向东. 国际技术转移的理论与实践[M]. 北京:北京航空航天大学出版社,2008.

[186] 陈羽,朱子凯,贺扬. 技术差距如何影响FDI技术溢出效应?——基于中国制造业面板数据的实证分析[J]. 世界经济研究,2012(6):70-74.

[187] 成力为,孙玮,王九云. 引资动机、外资特征与我国高技术产业自主创新效率[J]. 中国软科学,2010(7):45-57.

[188] 程进,韩玉启,陈小文. 我国技术引进创新时滞的实证分析

[J]. 科研管理,2005, 26 (4): 1-7.

[189] 程萍,赵玉林. 湖北省高技术产业创新效率实证分析[J]. 中南财经政法大学学报,2014 (4): 32-37.

[190] 仇怡,吴建军. 国际贸易、产业集聚与技术进步——基于中国高技术产业的实证研究[J]. 科学学研究,2010, 28 (9): 1347-1353.

[191] 多西·G. 技术进步与经济理论[M]. 经济科学出版社,1992.

[192] 高鸿鹰. "超回波效应"的动态分析——"技术能力"的循环累积过程[J]. 经济评论, 2005 (1): 65-70.

[193] 高凌云,王洛林. 进口贸易与工业行业全要素生产率[J]. 经济学(季刊),2010, 9 (2): 391-414.

[194] 高宇,高山行,沈灏. 合作方技术获取对企业绩效的作用机制研究[J]. 科研管理,2011,32(9):108-116.

[195] 官建成,陈凯华. 我国高技术产业技术创新效率的测度[J]. 数量经济技术经济研究,2009(10):19-33.

[196] 贺京同,冯尧,徐璐. 创新模式、技术引进策略与差别化专利宽度[J]. 南开经济研究,2011(6):94-108

[197] 洪勇,苏敬勤. 发展中国家企业技术能力提升因素的实证研究[J]. 管理科学,2009, 22 (4): 12-22.

[198] 胡鞍钢,郑京海,高宇宁,等. 考虑环境因素的省级技术效率排名(1999—2005)[J]. 经济学(季刊),2008,7(3):933-960.

[199] 华海岭,高月姣,吴和成. 大中型工业企业技术改造和获取投入效率的DEA分析[J]. 科研管理,2011,32(4):43-50.

[200] 黄先海,杨高举. 中国高技术产业的国际分工地位研究:基于非竞争型投入占用产出模型的跨国分析[J]. 世界经济, 2010 (5): 82-100.

[201] 黄庆华,周志波,刘晗. 长江经济带产业结构演变及政策取向[J]. 经济理论与经济管理,2014(6): 92-101.

[202] 黄烨菁. 外国直接投资的技术溢出效应——对中国四大高技术产业的分析[J]. 世界经济研究,2006(7):9-15.

[203] 黄烨菁. 开放条件下的技术进步——从技术引进到自主创新

[J].世界经济研究,2008(6):14-18.

[204] 黄志斌.国外技术能力理论评述[J].经济学动态,2002(3): 76-78.

[205] 蒋殿春,张宇.行业特征与外商直接投资的技术溢出效应:基于高技术产业的经验分析[J].世界经济,2006(10):21-29.

[206] 蒋殿春,张宇.经济转型与外商直接投资技术溢出效应[J].经济研究,2008(7):26-38.

[207] 金雪军,欧朝敏,李杨.技术引进对我国R&D投入总量和结构的影响[J].科研管理,2008,29(1):97-101.

[208] 金雪军,欧朝敏,李杨.全要素生产率、技术引进与R&D投入[J].科学学研究,2006,24(5):702-705.

[209] 李宾.国内研发阻碍了我国全要素生产率的提高吗?[J].科学学研究,2008,28(7):1035-1042.

[210] 李春顶,赵美英.出口贸易是否提高了我国企业的生产率?——基于中国2007年制造业企业数据的检验[J].财经研究,2010,36(4):14-24.

[211] 李光泗,徐翔.技术引进与地区经济收敛[J].经济学(季刊),2008,7(3):983-996.

[212] 李玲,陶锋.中国制造业最优环境规制强度的选择——基于绿色全要素生产率的视角[J].中国工业经济,2012(5):70-82.

[213] 李鹏飞,王缉慈,林涛.同行业不同发展阶段产业集群内技术扩散对比研究——以山东临朐和广东大沥铝型材产业集群为例[J].中国软科学,2008(5):67-73.

[214] 李世杰,胡国柳,高健.转轨期中国的产业集聚演化:理论回顾、研究进展及探索性思考[J].管理世界,2014(4):165-169.

[215] 李小平,卢现祥,朱钟棣.国际贸易、技术进步和中国工业行业的生产率增长[J].经济学(季刊),2008,7(2):549-564.

[216] 李小平.自主R&D、技术引进和生产率增长——对中国分行业大中型工业企业的实证研究[J].数量经济技术经济研究,2007(7):15-24.

[217] 李燕萍,彭峰.国际贸易、自主研发与高技术产业生产率增长

[J]. 经济评论,2012(1):133-139.

[218] 李宇. 企业生命周期与技术生命周期的联动机制及其组织结构特征研究[J]. 当代经济管理,2010,32(7):38-42.

[219] 李正卫,池仁勇,Cindy Millman. 技术引进和出口贸易对自主研发的影响——浙江高技术产业的实证研究[J]. 科学学研究,2010,28(10):1495-1501.

[220] 李正卫. 技术动态性、组织学习与技术追赶:基于技术生命周期的分析[J]. 科技进步与对策,2005(7):8-11.

[221] 林毅夫,张鹏飞. 后发优势、技术引进和落后国家的经济增长[J]. 经济学(季刊),2005,5(1):53-74.

[222] 刘春霞. 产业地理集中度测度方法研究[J]. 经济地理,2006,26(5):742-747.

[223] 刘建新,王毅,吴贵生,等. 后发国家产业技术追赶模式新探:单路径、双路径与多路径[J]. 科学学与科学技术管理,2011,32(11):93-99.

[224] 刘茂长,李柏洲. 技术创新扩散演化理论研究综述[J]. 中国科技论坛,2012(5):68-73.

[225] 刘伟,张辉. 中国经济增长中的产业结构变迁和技术进步[J]. 经济研究,2008(11):4-15.

[226] 刘志迎,叶蓁,孟令杰. 我国高技术产业技术效率的实证分析[J]. 中国软科学,2007(5):133-137.

[227] 吕铁. 制造业结构变化对生产率增长的影响研究[J]. 管理世界,2002(2):87-94.

[228] 毛日昇,魏浩. 所有权特征、技术密集度与FDI技术效率外溢[J]. 管理世界,2007(10):31-42.

[229] 彭峰,李燕萍. 技术转移方式、自主研发与高技术产业技术效率的关系研究[J]. 科学学与科学技术管理,2013,34(5):44-52.

[230] 彭峰,李燕萍. 技术转移与中国高技术产业环境效率[J]. 软科学,2014(8):84-87.

[231] 彭峰. 高技术产业中技术转移与效率变化:中国工业企业的证

据[D].武汉:武汉大学,2013.

[232] 彭新敏,吴晓波,卫冬苇.我国 IT 企业新产品开发中的技术获取模式研究[J].科学学研究,2007,25(5):927-934.

[233] 彭宇文.产业集群创新动力机制研究评述[J].经济学动态,2012(7):77-81.

[234] 钱学锋,王菊蓉,黄云湖,王胜.出口与中国工业企业的生产率——自我选择效应还是出口学习效应[J].数量经济技术经济研究,2011(2):37-51.

[235] 沙文兵,李桂香.FDI 知识溢出、自主 R&D 投入与内资高技术企业创新能力——基于中国高技术产业分行业动态面板数据模型的检验[J].世界经济研究,2011(1):51-56.

[236] 沈可挺,龚健健.环境污染、技术进步与中国高耗能产业——基于环境全要素生产率的实证分析[J].中国工业经济,2011(12):25-34.

[237] 沈能,刘凤朝.从技术引进到自主创新的演进逻辑——新制度经济学视角的解释[J].科学学研究,2008,26(6):1293-1299.

[238] 宋宝香,彭纪生,王玮.外部技术获取对本土企业技术能力的提升研究[J].科研管理,2011,32(7):85-95.

[239] 宋天华,于光,石春生.通信设备巨头技术创新布局与扩散比较研究[J].科研管理,2011,32(11):18-24.

[240] 孙建,吴利萍,齐建国.技术引进与自主创新:替代或互补[J].科学学研究,2009,27(1):133-138.

[241] 孙玮,王九云,成力为.FDI 质量对高技术产业自主创新效率的溢出效应——基于企业所有制结构视角的中国数据实证研究[J].科研管理,2011,32(8):57-66.

[242] 孙文杰,沈坤荣.技术引进与中国企业的自主创新:基于分位数回归模型的经验研究[J].世界经济,2007(11):32-43.

[243] 孙玉涛,刘凤朝.能力导向的中国技术引进溢出效应[J].科学学与科学技术管理,2011,32(9):11-16.

[244] 唐春晖,唐要家.技术模式与中国产业技术追赶[J].中国软科

学,2006(4):59-65.

[245] 汪和平,钱省三,胡建兵.引进技术消化吸收中的知识产权保护研究[J].科学学研究,2006,24(5):747-750.

[246] 王春法.关于国家创新体系理论的思考[J].中国软科学,2003(5):99-104.

[247] 王华,赖明勇,柴江艺.国际技术转移、异质性与中国企业技术创新研究[J].管理世界,2010(12):131-142.

[248] 王缉慈,等.超越集群——中国产业集群的理论探索[M].北京:科学出版社,2010.

[249] 王军,杨惠馨.2006—2008年中国省际高技术产业效率实证研究[J].统计研究,2010,27(12):46-50.

[250] 王玲,Adam Szirmai.高技术产业技术投入和生产率增长之间关系的研究[J].经济学(季刊),2008,7(3):913-931.

[251] 王乃静.基于技术引进消化吸收的企业自主创新路径探析——以潍柴动力股份有限公司自主创新经验为例[J].中国软科学,2007(4):15-23.

[252] 王欣.FDI、知识溢出与生产率增长——基于DEA方法和状态空间模型的经验研究[J].世界经济研究.2010(7):62-68.

[253] 王永刚.技术创新与产业生命周期[J].商业研究,2002(5):55-157.

[254] 王永齐.融资效率、劳动力流动与技术扩散:一个分析框架及基于中国的经验检验[J].世界经济,2007(1):69-80.

[255] 王玉,许俊斌.中国高技术产业发展效率的影响因素[J].经济管理,2011(9):17-25.

[256] 吴佩,陈继祥.自主创新模式下企业技术能力提升机理研究[J].科学学与科学技术管理,2011,32(4):127-133.

[257] 吴伟伟,于渤,吴冲.基于技术生命周期的企业技术管理能力评价研究[J].科学学与科学技术管理,2012,33(5):115-121.

[258] 吴延兵.R&D与生产率——基于中国制造业的实证研究[J].经济研究,2006(11):60-71.

[259] 吴延兵. 自主研发、技术效率与生产率——基于中国地区工业的实证研究[J]. 经济研究, 2008(8): 51-63.

[260] 谢建国. 市场竞争、东道国引资政策与跨国公司的技术转移[J]. 经济研究, 2007(6): 87-97.

[261] 谢申祥, 王孝松. 不对称市场、技术获取与FDI的区位选择[J]. 世界经济研究, 2011(11): 63-68.

[262] 谢伟, 吴贵生. 技术学习的功能和来源[J]. 科研管理, 2000, 21(1): 8-13.

[263] 邢斐, 张建华. 外商技术转移对我国自主研发的影响[J]. 经济研究, 2009, (6): 94-104.

[264] 徐涛. 引进FDI与中国技术进步[J]. 世界经济, 2003(10): 22-27.

[265] 姚利民, 饶艳. 中国知识产权保护地区差异与技术引进的实证研究[J]. 科学学研究, 2009, 27(8): 1177-1184.

[266] 殷醒民, 陈昱. FDI技术溢出效应中"人力资本门槛"的实证研究——来自长江三角洲16个城市的证据[J]. 世界经济文汇, 2011(2): 73-85.

[267] 余泳泽, 武鹏. FDI、技术势能与技术外溢——来自我国高技术产业的实证研究[J]. 金融研究, 2010(11): 60-76.

[268] 余泳泽. FDI技术外溢是否存在"门槛条件"——来自我国高技术产业的面板门限回归分析[J]. 数量经济技术经济研究, 2012(8): 49-63.

[269] 喻世友, 史卫, 林敏. 外商直接投资对内资企业技术效率的溢出渠道研究[J]. 世界经济, 2005(6): 44-52.

[270] 袁海红, 张华, 曾洪勇. 产业集聚的测度及其动态变化——基于北京企业微观数据的研究[J]. 中国工业经济, 2014(9): 38-50.

[271] 袁建新, 刘幸赟. 技术引进促进经济增长作用省际差异性影响因素分析[J]. 中国工业经济, 2010(5): 78-87.

[272] 张凤海, 侯铁珊. 技术创新理论述评[J]. 东北大学学报(社会科学版), 2008, 10(2): 101-105.

[273] 张海洋. R&D 两面性、外资活动与中国工业生产率增长[J]. 经济研究,2005(5):107-117.

[274] 张海洋. 中国工业部门 R&D 吸收能力与外资技术扩散[J]. 管理世界,2005(6):82-88.

[275] 张建清,孙元元. 进口贸易和 FDI 技术溢出的比较研究——基于技术溢出内生性的实证检验[J]. 世界经济研究,2011(11):51-58.

[276] 赵文红,梁巧转. 技术获取方式与企业绩效的关系研究[J]. 科学学研究,2010,28(5):741-746.

[277] 甄丽明,唐清泉. 技术引进对企业绩效的影响及其中介因素的研究——基于中国上市公司的实证检验[J]. 管理评论,2010,22(9):14-23.

[278] 周密. 技术差距理论综述[J]. 经济社会体制比较,2009(3):186-191.

[279] 朱平芳,李磊. 两种技术引进方式的直接效应研究——上海市大中型工业企业的微观实证[J]. 经济研究,2006(3):90-101.

[280] 张宗益,李森圣. 高技术产业集聚外部性特征的动态性和差异性研究——基于时变参数估计的分析[J]. 产业经济研究,2014(3):22-31.

[281] 朱有为,徐康宁. 研发资本累积对生产率增长的影响——对中国高技术产业的检验(1996—2004)[J]. 中国软科学,2007(4):57-67.

[282] 朱英明,杨连盛,吕慧君,沈星. 资源短缺、环境损害及其产业集聚效果研究——基于 21 世纪我国省级工业集聚的实证分析[J]. 管理世界,2012(11):28-44.